Gewandhaus zu Leipzig

Weinkauf · Große

Bernd Weinkauf · Gerald Große

GEWANDHAUS zu Leipzig

zwei Variationen über ein Thema

Mitteldeutscher Verlag
Halle · Leipzig 1987

ISBN 3-354-00080-5

Lizenz-Nr. 444-300/145/87 · 7002
Printed in the German Democratic Republic
Gesamtausstattung: Wolfgang Geisler
Gesamtherstellung: Grafische Werke Zwickau – III/29/1
Best.-Nr. 639 248 4

03900

Auf dem Einband:
Nicht ausgeführter Entwurf
der Berliner Architekten Müller und Aus'm Weerth
für ein Neues Concerthaus in Leipzig

Bernd Weinkauf

Briefe, das Gewandhaus zu Leipzig betreffend

Dem Mitteldeutschen Verlag Halle · Leipzig, der mir den Auftrag, dies Buch zu schreiben, erteilt hat, meiner Familie und meinen Freunden, allen Damen und Herren, die mir bei dieser Arbeit auf die vielfältigste Weise behilflich gewesen sind, schulde ich Dank, den ich mit dem vorliegenden Buche, zumindest zum Teil, hoffe abstatten zu können. In diesen Dank sind all jene ausdrücklich eingeschlossen, die in keiner Zeile eine Spur ihrer Hilfe zu erkennen glauben.

Bernd Weinkauf

Erster Brief, Nachricht über das Leipziger Universalphänomen sowie ein Zahlenspiel mit Leipziger Straßennamen enthaltend

Lieber Peter, Du hast die Geschichte gleich am Nerv getroffen: schickst mir zehn Mark, im Gedenk-Stück, um dafür Informationen über das Gewandhaus einzuhandeln. Seit ich jüngst gesehen habe, daß im schönsten Shop, unter Merkurs schielenden Augen, der Ladenpreis jener silbrigen Münze gegenüber ihrer Nominale einen ganz enormen Wertzuwachs ausweist, sei es durch kletternden Materialwert oder durch prosperierende Gedenkwertigkeit, ist mir klargeworden, daß ich allerhand an Dich «liefern» muß, bis sich Deine Investition amortisiert haben wird. Was immer ich Dir in diesem Zusammenhange an Lobendem und Lächerlichem zu schreiben vermag, auch beim Gewandhaus stand am Anfang: das Geld!

Es ist nicht verwunderlich, daß in der Stadt, die seit ihrer Gründung – und vom Jahre 1497 ab sogar höchstprivilegiert – Reichsmessen abhielt, gerade der Kaufmannsstand der tonangebende war. Aus ihm heraus wurde seit dem Jahre 1743 ein «Großes Concert» finanziert, das die Leute deshalb auch in verdeutlichender Absicht das «Kaufmannsconcert» genannt haben. Ein alter Stadtführer, der auch die Städter «vorführte», ging sogar so weit zu sagen: «Den Charakter des *wahren* Leipzigers bezeichnet man als einen *kaufmännischen*, mit allen seinen Folgen.» Erstaunlich, wie deutlich man sich damals zu charakterisieren traute! Zu den kaufmännischen Tugenden wird gezählt, ein waches Auge dafür zu haben, was unterm Strich herauskommt. So zeigte denn der Leipziger Bürgermeister Carl Wilhelm Müller per Schreiben vom 27. April 1780 dem «E. E. Hochw. Rath» an, auf welche Weise «jährlich 150. Thaler, auch vielleicht wohl 200. Thaler» zusätzlich ins Stadtsäckel geleitet werden könnten: indem «ein grosser geräumiger Platz, der bisher ganz ungenützt geblieben, ... zu einem Concertsaale eingerichtet» und an eine «musikübende Gesellschaft» vermietet würde. Entdeckt hatte er diesen Platz «über dem Tuchboden auf dem alten Bibliotheksgebäude», das volksmündlich und auch aktenschriftlich zumeist «Gewandhaus» genannt worden ist. In etwa einjähriger Bauzeit, «mithin von Michael 1780 bis dahin 1781», ist der Konzertsaal mit einem Kostenaufwand von annähernd 3400 Talern errichtet worden. «Zur Verzierung und zum Ameublement» desselben wurden durch «Privat-Subskription» zusätzlich 1140 Taler aufgebracht; «Herr Kaffetier Richter» stiftete zwei sechzehnarmige Kronleuchter. Am 25. November 1781 erlebten schätzungsweise 400 Musikenthusiasten das erste Große Konzert mit einem auf 30 Musiker verstärkten Orchester im Gewandhaus, das erste Gewandhauskonzert. Das «Gewandhaus zu Leipzig» ist bis auf den heutigen Tag nicht schlechthin eine «musikübende Gesellschaft» geblieben, ich will es ohne Scheu vor großen Worten ein Leipziger Universal-Phänomen nennen, das auf so vielfältige Weise dieser Stadt verbunden ist, daß man getrost in den reichen Kranz ihrer schmükkenden Beinamen auch diesen flechten könnte: die Gewandhausstadt.

Die Musik machte in diesem hohen geschmackvollen Saale eine herrliche Wirkung. Herr Berger spielte mit allgemeinem Beyfalle ein Concert auf der Violine, und man konnte die zärtesten und feinsten Töne in der äußersten Entfernung des Saales vernehmen. Doch war auch die Stille des Auditoriums außerordentlich. Über dem Orchester, in dessen Mitte eine Orgel zum Gebrauche des Concerts spirituels stehet, sind zwey Logen, die eine für den Pauker und die andere für die Trompeter; dadurch wird nun wohl der Platz auf dem Orchester gewonnen: allein wenn die Stimmen nicht stärker besetzt werden, als sie es heute waren, so schlagen die Pauken und Trompeten zu sehr durch und beleidigen das Ohr. Die Einweihungshymne war von Herrn Reichard gesetzt und wurde von allen Kennern als ein Meisterstück gerühmt. Mir gefiel sie ganz ausnehmend.

aus einem Erlebnisbericht
in: Neue Miscellaneen historischen, politischen, moralischen ... Inhalts
1781

Wie ich Dich kenne, nimmst Du das lächelnd für lipsiophile Propaganda, solange die Behauptung nicht einleuchtend bewiesen ist. Überzeugt Dich das: Nicht weniger als 5% der Leipziger Straßennamen, 94 von 1768, leiten ihre Bedeutung

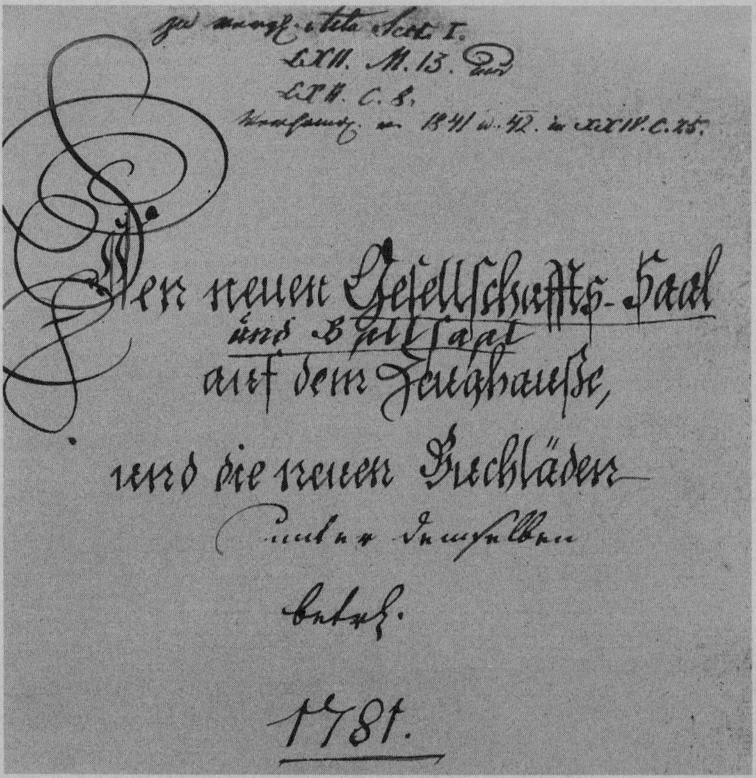
Den neuen Gesellschafts-Saal
und Ballsaal
auf dem Zeughause,
und die neuen Buchläden
betref.
1781.

direkt oder mittelbar aus der Existenz des Gewandhauses her. Allerdings ist dieser Umstand wohl auch nicht allen gewandhausliebenden Leipzigern völlig vertraut, denn einer von diesen sagte mir neulich, er wohne in der «Straße des berühmten Käses». Weil ich hinter diesem Rätsel weder grundsätzliche Destruktion noch aktuelle Architekturkritik vermutete, kam ich dahinter, daß er die «Limburger» meinte. Der Mann sah mich sehr skeptisch an, als ich ihn darüber aufklärte, daß die kommunalen Taufpaten für diese Häuserzeile dereinst den Namen des Vorsitzenden des Gewandhausdirektoriums, Paul Bernhard Limburger, auserkoren hatten. Diesem ehrenamtlichen Kreise anzugehören, gar sein Vorsitzender zu sein, war fast das Höchste an Ehre, dessen man in Leipzig teilhaftig werden konnte. Und natürlich mußte man dieser Ehre auch würdig sein. Die des besagten Herrn Limburger bestand beispielsweise darin, daß er als Konsul die Interessen der Freien Stadt Frankfurt, des Königreiches Italien und des Großherzogtums Baden in Leip-

Ergebenstes P. M.

Bey bevorstehender Ruge will Endesunterschriebener, als Vorsteher der Bibliothek E. E. Hochw. Raths, über folgende zwey Puncte zu berathschlagen ergebenst bitten

1.

Unter dem grossen Bibliotheksaal befindet sich bekanntlich ein Tuchboden. Es ist unglaublich, wie sehr und gewaltig bey dem Hinaufbringen der Tuchwaaren und bey dem Herunterräumen derselben das neue Bibliothekgebäude erschüttert wird. Ich habe mich verschiedenemal gerade zu der Zeit, da die Tuchhändler kamen, und oft auch, wenn sie räumeten, auf der Bibliothek befunden und ich versichere, dass ich bey jedem Ballen der hinaufgebracht oder heruntergeschafft wurde, den Einsturz des Saales nahe zu seyn geglaubet habe. Das schöne Gebäude leidet dadurch ganz unstreitig, und eben daher mögen auch die grossen Risse entstanden seyn, die man, an der Ecke des alten Neumarkts, daran wahrnimmt. Sollte es nicht thunlich seyn, den Tuchhändlern das Gewandhaus, oder doch einen Theil davon, einzuräumen und sie von dem neuen Bibliothekgebäude ganz hinwegzuweisen?

2.

Über dem Tuchboden auf dem alten Bibliothekgebäude befindet sich ein grosser geräumiger Platz, der bisher ganz ungenützt geblieben ist. Wenn derselbe zu einem Concertsaale eingerichtet würde, wozu er sich besser als vielleicht irgend ein Platz in der Stadt, schicket: so könte jährlich 150. Thaler, auch vielleicht wohl 200. Thaler, daraus genommen werden, und der Rath würde nicht nur dabey gewinnen, sondern es würde auch den Klagen so vieler Einheimischen und Fremden über den Mangel eines anständigen Concertsaals in Leipzig, abgeholfen werden können. Noch in dieser Woche hat der Herzog v. Weimar, als er die Harmonie auf dem Saale im Thomäischen Hause gehöret, über den engen und fast gefährlichen Eingang sich gewundert, und geäussert, dass er geglaubt, er werde in Leipzig einen andern Concertsaal sehen. Wenn dieser Vorschlag Beyfall fände, und die Einrichtung in diesem Sommer veranstaltet würde: so könte die Vermiethung schon zu Michaelis dieses Jahres zuverlässig ihren Anfang nehmen.

Leipzig am 7ten April 1780

Karl Wilhelm Müller

zig wahrnahm und – vor allem – ein florierendes Seiden-, Woll- und Garngeschäft betrieb, das er vom Großvater Jacob Bernhard Limburger geerbt hatte. Womöglich hatte ihm der Großvater auch den Sitz in der Gewandhausdirektion «vererbt», den dieser vom Jahre 1799 an bis zu seinem Tode innegehabt hatte. Als er am 26. Februar 1847 gestorben war, hat ihm die Stadt einen Nachruf gewidmet, in dem zu lesen steht: «Wo Menschen seiner bedurften, da fand er seinen Beruf, nicht eilfertig gebend, sondern sorgsam prüfend, leutselig sich unterhaltend, nach allen Seiten hin emsig forschend und endlich still und unerkannt helfend. Wo Menschen fröhlich waren, da fand er seine Stätte, nicht blos geniessend, sondern schaffend. Er wurde der Waisen Vater, er wurde der Sänger Führer, er wurde der Bedrängten Hort, und der Tage, die ihn im Stillen wohlthun sahen, wie viele, viele mögen in seinem langen Leben gewesen seyn? Darum ehrte ihn die Welt, schätzte ihn sein Leipzig; darum soll ihm dieser Nachruf ein kleines Denkmal seyn, aus reiner Hochachtung gesetzt.» Besonders nachhaltig hat dieses Zeitungs-Denkmal für den verstorbenen Vorsitzenden des Gewandhausdirektoriums offenbar nicht gewirkt.

Wenn auch viele Väter der Leipziger Musiktradition in Vergessenheit geraten sind, das Gewandhaus selbst ist es durchaus nicht! Fast könnte man sich verwundert fragen: Wie kommt es, daß sich eine so alte Einrichtung noch immer ungebrochener Beliebtheit und aktuellster Wertschätzung erfreut? Und das nicht nur in Leipzig, sondern auch in der weiten Welt? – Die Antwort scheint ganz leicht zu sein: Das macht eben der «Zauber der Musik». Aber musiziert wird doch auch anderswo, große Orchester gibt es ebenso in anderen Städten, anderen Ländern. Das «Geheimnis» liegt in der alle Zeiten, Veränderungen, Krisen und Kriege überdauernden Kraft dieser Institution begründet, die – um es mit einem geradezu modernistischen Terminus zu sagen – Bestandteil

Gewandgäßchen
zwischen Neumarkt und Universitätsstraße, begrenzte den Bibliotheksflügel des alten Gewandhauses.

Hillerstraße
erinnert an Johann Adam Hiller (1749–1804), den ersten Gewandhauskapellmeister (1781–1785) und späteren Thomaskantor.

Dauthestraße
erinnert an Carl Friedrich Dauthe (1749–1816), der als Stadtbaudirektor die Ausstattung des Konzertsaales im Gewandhaus geleitet hat.

Oeserstraße
erinnert an Adam Friedrich Oeser (1717–1790), der als Direktor der Kunstakademie das Deckengemälde im ersten Gewandhaussaal geschaffen hat.

Mozartstraße
erinnert an den großen Komponisten Wolfgang Amadeus Mozart (1756–1791), der am 12. Mai 1789 im Gewandhaus gastiert hat. Zwischen Mozart- und Beethovenstraße stand das «Neue Concerthaus».

Mendelssohnstraße
erinnert an Felix Mendelssohn Bartholdy (1809–1847), Gewandhauskapellmeister (1835–1847) und Gründer des Konservatoriums (1843).

Reineckestraße
erinnert an Carl Reinecke (1824–1910), Gewandhauskapellmeister im alten Saal und im neuen Haus (1860–1895).

Davidstraße
erinnert an Ferdinand David (1810–1873), Konzertmeister am Gewandhaus (1835–1873).

Nikischplatz
erinnert an die Wohnstätte Arthur Nikischs (1855–1922), Gewandhauskapellmeister (1895–1922).

Hauptmannstraße
bezieht sich nicht auf Gerhart, sondern auf Moritz Hauptmann (1792–1868), Komponist (im Gewandhaus aufgeführt), Thomaskantor und Lehrer am Konservatorium.

Röntgenstraße
bezieht sich nicht auf Conrad, sondern auf Engelbert Röntgen (1829–1897), Konzertmeister am Gewandhaus (1849–1897).

Rochlitzstraße
erinnert an Johann Friedrich Rochlitz (1769–1842), Musikschriftsteller und Mitglied der Gewandhausdirektion (1798–1819).

Holsteinstraße
ist ohne geografischen Bezug, sie erinnert an Franz Friedrich von Holstein (1826–1878), Komponist (im Gewandhaus aufgeführt) und Begründer des «Holstein-Stift für arme Musikschüler».

Gottschallstraße
erinnert an den Schriftsteller Rudolf von Gottschall (1823–1909), mit dessen Prolog das «Neue Concerthaus» geweiht wurde (1884).

Konwitschnystraße
sollte an Franz Konwitschny (1901–1962), Gewandhauskapellmeister (1949–1962), erinnern, gibt es aber noch nicht.

der Leipziger Identität geworden ist. Mehrfach sind die Konzerte in ihrer Existenz bedroht gewesen: Als Friedrich II., König von Preußen und Freund des Flöten- wie des Windspiels, während des Siebenjährigen Krieges Leipzig besetzt hielt, hatte die Musik in der Stadt zu schweigen. – Nach der Völkerschlacht von 1813 zog der blutige Ernst des Krieges in den zum Lazarett umgerüsteten Gewandhaussaal. – Während des ersten Weltkrieges stand das Konzertunternehmen kurz vor dem Zusammenbruch, eine «vertrauliche Aufforderung an die Freunde des Gewandhauses» sicherte mühsam den Fortbestand. – Im Oktober 1931 machte der damalige Gewandhauskapellmeister Bruno Walter darauf aufmerksam: «In Anbetracht aber dieser hohen Aufgaben des Gewandhauses verlangen wir den Schutz für seine ungeschmälerte Existenz, ungeschmälert in dem Sinn, daß es seinen Aufgaben gerecht werden kann. Denn wenn unsere Kulturinstitutionen bedroht werden, so ist eben das in Gefahr, was dem Leben der Nation überhaupt Sinn und Wert gibt, und ein Vielfaches bedeutet der seelische Halt in einer Zeit materieller Verelendung.» – Als die Zeit der faschistischen Barbarei vorüber war, lag das Gewandhaus in Trümmern, von den ehemals zehn Mitgliedern des Gewandhauskuratoriums waren noch zwei in der Stadt. Vieles deutete auf das Ende dieser privat initiierten, bürgerlichen Einrichtung hin. Doch die verantwortlichen Männer jener Zeit bekannten sich ohne Zaudern zu diesem großen humanistischen Erbe. Zwar wurde das nur noch aus zwei Mitgliedern bestehende Gewandhausdirektorium 1949 aufgehoben, aber das an Tradition und Musikerfahrung so reiche Orchester blieb bewahrt.

Materielle wie geistige Verelendung hat das Gewandhaus überstanden, weil es zu allen Zeiten Menschen gegeben hat, Musiker und Musikfreunde, die ihre Verantwortung vor der Geschichte und der Zukunft ernst genommen haben. So haben sie «das Feuer des Anbeginns» bis heute bewahrt. Du darfst nicht denken, daß ich agitatorisch übertreibe, wenn ich so schreibe, es ist wahrhaft phänomenal, wie in diesem Orchester jene Tendenzen, die sich im Laufe seiner langen Geschichte entwickelt und als nützlich erwiesen haben, täglich wirksam sind. Seit Mendelssohns Zeiten werden am Gewandhaus musikalische Zyklen aufgeführt, die den musikalischen Geist einer bestimmten Epoche direkt erlebbar machen. So hat dieses Orchester, und darin ist es einzig in der Welt, noch

Ehe wir von den Gewandhauskonzerten auf ein Halbjahr Abschied nehmen, möchten wir noch erst ihren 40 bis 50 Vertretern im Orchester einen Ehrenkranz aufsetzen. Wir haben keine Solisten, wie Brod in Paris oder Harper in London; doch möchten sich selbst diese Städte eines solchen Zusammenspiels in der Symphonie rühmen können. Und dies liegt in der Natur der Verhältnisse. Die Musiker bilden hier eine Familie, die sich täglich sehen, täglich üben; es sind immer dieselben, so daß sie wohl die Beethovenschen Symphonieen ohne Notenblatt spielen könnten.

Robert Schumann
1838

zu Lebzeiten Beethovens einen Zyklus mit Werken dieses Meisters der Wiener Klassik aufgeführt. – Von Anfang an haben Musiker mehrerer Generationen miteinander im Orchester gesessen, haben Väter mit den Söhnen, Lehrer gemeinsam mit ihren Schülern musiziert. Über das Festkonzert zum fünfzigjährigen Jubiläum der Gewandhauskonzerte am 24. November 1831 wurde berichtet: «Der gefeierte Mann dieses Tages war der Contrabassist Carl Gottfried Wilhelm Wach, welcher als Jubelgreis noch immer frisch und rüstig mitwirkte, so wie er einst als Jüngling vom ersten Concerte an (25. Nov. 1781) durch sein meisterliches Wirken dem Ganzen Haltung und Gediegenheit zu geben wußte.»

Drei Jahrzehnte später, am 5. Oktober 1864, feierte man im Gewandhaus Gotthold Moritz Klengel, der an diesem Tage seit fünfzig Jahren als Violinist fest beim Orchester angestellt war. Zuvor hatte er schon als «Substitut» gespielt. Die Musikzeitschrift «Signale» errechnete damals, daß Klengel allein zwischen 1814 und 1864 in 1020 Gewandhauskonzerten mitgewirkt hat. Sein Enkel, Julius Klengel, war Solocellist des Gewandhausorchesters von 1876 bis 1924 und hat während dieser Zeit als Lehrer am Konservatorium wiederum zahllose Schüler ausgebildet. – Im heutigen Orchester sitzt Karl Suske, der inzwischen längst selbst Professor und 1. Konzertmeister ist, abwechselnd mit seinem ehemaligen Lehrer, dem 1. Konzertmeister Prof. Gerhard Bosse, am 1. Pult der 1. Violinen. Darüber hinaus gehören heute noch 18 weitere Bosse-Schüler dem Gewandhausorchester an. Und jüngst konnten wir während der Gewandhausfesttage «Junge Künstler international» sogar ein «echtes Familienkonzert» erleben: «Die Wiedergabe des Konzertes für vier Violinen und Streichorchester h-Moll von Antonio Vivaldi mit dem Ersten Konzertmeister Karl Suske, seinem Sohn, dem stellvertretenden Ersten Konzertmeister Conrad Suske, der stellvertretenden Konzertmeisterin Hiltrud Ilg und ihrem Sohn, dem Musikstudenten Edwin Ilg, deckte ein Geheimnis der Gewandhaus-Tradition auf, nämlich die lückenlose Überlieferung von einer Generation zur anderen, das Hineinwachsen der Jungen im gemeinsamen Musizieren mit den Älteren und hier dazu noch mit den Eltern.»

Ein weiteres «Geheimnis» des seit 200 Jahren ungebrochenen Erfolges des Gewandhauses liegt darin, daß Du es hier mit einem ausgesprochenen «Live»-Orchester zu tun hast. Du kannst das daran spüren, daß es den Musikern und wohl auch den Dirigenten in erster Linie – nimm meine Formulierung nicht als Spitzfindigkeit – mehr um das

Musizieren geht als um die Musik. Ich mutmaße, daß die meisten Leute, die die Konzerte hören, so ähnlich empfinden wie ich, daß es sie nicht stört, wenn ein Satz «prestissimo gespielt (wird), obwohl

Musik hat immer in der Gefahr geschwebt, durch Kennerschaft der Bildung eingereiht zu werden; denn ein anderer als der Kenner und Fachmann kam, in Büchern und Conzertkritiken, über Musik kaum je zu Worte. Dennoch war Musik in ihrer tatsächlichen Existenz die einzige neuere Kunst, die nicht *bildungsmäßig genossen ward; ist sie noch heute die einzige Kunst, die von einer großen Gesammtheit, fast von einer Volkheit, unmittelbar* erlebt *wird. Trotz aller zünftigen Kritik und Kennerschaft, trotz aller Zugeständnisse an bildungsmäßige Moden, wenden sich unsre Conzerte nicht an den Kenner, sondern an den Laien: der Laie ist's, ohne daß er und der Kenner es weiß, der diesen Conzerten Sinn giebt, mag es sich um eine Bach'sche Passion oder um eine Beethoven'sche Symphonie handeln.*

Richard Benz
Die Stunde der deutschen Musik
1927

‹molto vivace› darübersteht» (wie tags drauf der Kritiker in der Zeitung reklamiert), wenn sie nur das schwer beschreibbare Gefühl, die fromme Illusion haben, die Musik werde ganz persönlich für sie gespielt. Ich gebe gern zu, daß ich Musik «mit dem Bauch» höre, wie die Musiker das freundlich-ironisch nennen; überhaupt ist ja Kunst nicht allein zum Verstehen da. Vielleicht kann ich mich in vieles unserer neuen Musik deshalb so schwer einfühlen, weil die Komponisten in den Programmheften jede Wendung und jede Windung so ganz genau erklären können.

Ist Dir nicht auch aufgefallen, wie das kollektive Luftanhalten des Auditoriums durch die Musik bestimmt wird? Und wie diese «atmosphärischen Vibrationen» des Publikums auf die Musiker rückwirken? Es braucht immer beides für ein wirkliches Musikerlebnis. Ein Freund gestand

Ich bin begeistert von der Liebe zur Musik, die man bei jedem Musiker des Orchesters spürt. Man findet diese Liebe das ganze Konzert hindurch. Viele berühmte Orchester der Welt sind so blasiert geworden; sie spielen schön, aber nicht mit Liebe. Das Gewandhausorchester ist ganz anders. Es hat sich die Liebe zur Musik bewahrt.

Claudio Arrau
nach einem gemeinsamen Konzert in München
1959

mir, daß er unser Orchester dann besonders gern höre, wenn es gerade von einer anstrengenden Reise zurückgekehrt ist, «dann spielt es besonders aufgekratzt».

Wie universell das Gewandhausorchester mit seiner intensiven Art zu musizieren auf das Gesamtbefinden der Leipziger einwirkt, magst Du daran ermessen, daß mir mehrfach versichert wurde, man bevorzuge den Winter als liebste Jahreszeit, weil man sommers der Konzerte entbehren müsse.

Zweiter Brief,

darin von der urbanen Dominanz der verschiedenen Leipziger Gewandhäuser erzählt wird

Ein Beweis, meinst Du, bewiese überhaupt nichts. Wenn es Dir um nichts anderes geht, als die stadtbeherrschende Rolle des Gewandhauses glaubhaft erklärt zu bekommen, so findest Du mich nicht in Beweisnot, und ich will Dir einen weiteren nicht länger schuldig bleiben: Bisher gab es in Leipzig vier Gebäude, die man Gewandhaus hieß. Allein vom Standort eines jeden kannst Du ihre von mir behauptete «urbane Dominanz» deutlich erkennen.

Das alleralterälteste Gewandhaus stand dicht beim Rathaus, es war den Leipziger Tuchmachern, die von den Zünften der Stadt die mächtigste und angesehenste waren, per Urkunde vom 6. November 1341 vom Landesherren übereignet worden. Ob dieses Gewandhaus aber auch von jedermann so genannt worden ist, geht aus dem Schriftstück nicht hervor: «Wir Friedrich, von Gottes Gnaden Landgraf von Thüringen, Markgraf von Meißen und Osterland, Herr von Pleißnerland, bekennen, daß wir, bewogen durch den aufrichtigen Eifer des gottesfürchtigen, frommen Mannes, unseres Bruders Theodor Musolf, Priors des Dominikanerkonvents zu Leipzig, der in seinem und desselbigen seines Konvents Namen uns demütig bat, dem Hermann Cruecziger, Heyso von Querinfurt, Heinrich von Bunsdorf, Kueno von der Neugasse, Johannes Lantgreve und deren anderen Leipziger Tuchmachergefährten in dieser Zunft ein Haus in der Nähe der Kaufleute dieser unserer Stadt, an der Straße gelegen, die gemeinhin Das Loch genannt wird, zu erbrechtlichem Besitz übergeben haben, damit sie daselbst ihre Tuche von nur zweierlei Farbe, grauer nämlich und weißer, nur ganz und nicht nach Ellen geteilt, und die durch sie selbst hergestellt werden, verkaufen können, und wir legen in diesem Schreiben fest, daß dennoch infolge derartiger Verleihung unserer Rechtssatzung in durchaus nichts etwas abgesprochen werden dürfe, wenn etwas in diesem Haus oder dasselbe oder seine vorgenannte Bestimmung betreffend gegenwärtig sich zutrüge oder in Zukunft auf uns und unsere Nachkommen zukommen könnte, sondern es verbleibe uns die uneingeschränkte Vollmacht, über das genannte Haus anders und nach Wunsch, wann auch immer es günstig erscheinen möge, zu befinden.»

Vielleicht hat sich der Leipziger Rat, mit landesherrlicher Einwilligung, auf die letzte Klausel der Urkunde berufen, als er um das Jahr 1480 herum auf die Idee kam, an Stelle des alten ein neues Rathaus zu bauen. Dieses sollte natürlich, proportional zum gewachsenen Ansehen der Stadt, auch schöner, sprich größer sein. Da war das Gewandhaus im Wege. Es zog sich aber beträchtlich hin mit der Verwirklichung des Planes. So wurde das Haus des Tuchhandels zunächst «veramtet», einige Abteilungen der Stadtverwaltung zogen ein; das Gewandhaus war Filiale des Rathauses geworden.

Der frühe Leipziger Baueifer tobte sich erst einmal darin aus, daß um die Wende vom 15. zum 16. Jahrhundert gleichzeitig alle Kirchen der Stadt, fünf an der Zahl, von denen zwei erhalten geblieben sind, umgebaut, ausgebaut und neugebaut wurden. Ein einziger Profanbau entstand zur selben Zeit, wenn jetzt auch nicht mehr am Markt, so doch am Neumarkt: das Gewandhaus. Denn schließlich war es die Gilde der Tuchhändler, die durch den Messehandel das meiste Geld in die Stadt holte. Ein solches Verdienst zieht allezeit gewisse Bevorzugungen nach sich! Der Rathausneubau mußte übrigens noch ein halbes Jahrhundert zurückstehen; erst im Jahre 1556 bekam die Stadt ihr neues, das heutige Alte Rathaus.

Von Musik aber ist bisher noch nicht die Rede gewesen, wenngleich belegt ist, daß in der Nachbarschaft des Gewandhauses der erste städtische Beamte gewohnt hat, zu dessen Dienstobliegenheiten das Musizieren auf einem Blasinstrument gehörte. Das war jedoch nicht, wie Du vielleicht sofort vermutest, der Nachtwächter, sondern der Stadthirt, der mit seinem Horn die städtischen Rindviecher zum Sammeln rief.

In der Stadtansicht, die Wolf Eberhard Felßecker im Jahre 1662 in Nürnberg gedruckt hat, dominiert das riesige Dach vom «Gewand- und Zeughaus»; nur überragt durch die Türme der «S. Niclauskirch», der «S. Paulinerkirch» und von «S. Thomas». Als gut hundert Jahre später der Konzertsaal eingebaut wird, hatte sich zum Glück der erste Teil des Namens durchgesetzt. Daß «Zeug-

Das driet ist das Gewandthaus, so gros und weit umbfangen, ist naulicher weil wegen des Pfefferhandels, so angerichtet werden solt, durch und durch gewelbet, mit eysern gittern und Läden wol verwahret. Darauff hatt für neünzig Jharen der löbliche Fürst herzog Georg zu Sachsen mit eyner Königin aus Polen sein ehliches Beilager gehalten.

An das stösset die Kupfferwage und der Stadt Zeughaus, so mit geschütz und anderer notturfft zur Municion *wohl vorsehen ist. Desgleichen der Zimmerhoff, darinnen des Raths vorrath von Zimmer Holtz und Bredten behalten wird.*

Ulrich Groß
Warhafftige Beschreibung der Stadt Leiptzigk, so im Osterlande unnd Meissen die fürnemste und Heubtstadt
1587

hauskonzerte», die alleweil die schrillen Töne von Tschingderassabum- und Militärmusikkapellen heraufbeschwören, auch ein so langes Leben gehabt hätten, hoffe ich bezweifeln zu dürfen.

Der dritte Bau, speziell als Konzerthaus konzipiert, doch traditionsbewußt-mutwillig ebenfalls Gewandhaus genannt, wurde «auf der grünen Wiese», in des Wortes wahrster Bedeutung, errichtet. Zwar hatte man sich als Standort zunächst den Königsplatz ausgeguckt, aber das mußte – gerade in Leipzig – ins Auge gehen. Königsplatz – das klingt so hoch und hehr, so majestätisch, zentral und dominant; doch der wichtigste Platz in Leipzig ist und heißt: der Markt! Die Bürgerstadt, die niemals in ihrer wechselvollen Geschichte eine Residenzstadt gewesen ist, hatte – Du siehst, wie bewußtseinsabhängig Städtebau ist – den «Königsplatz» draußen vor der Stadt. Ursprünglich Sandgrube, hatte er sich im Laufe der Jahrhunderte zu einer Esplanade der inneren Vorstadt gemausert, auf der inmitten eines Baumrondells von seinem viel zu großen Postament ein Königsstandbild blickte, das namensgebend gewirkt hatte. Als die ehrenwerten Herren (Natürlich. *Nur* Herren!) der Gewandhausdirektion im Jahre 1865 dem Rat der Stadt ihr Begehren mitteilten, anstelle des aus allen Fugen platzenden Konzertsaales im Gewandhaus ein richtiges Konzerthaus erbauen zu wollen, erbaten sie sich Baugrund an eben diesem Platz. Der Rat beriet und – lehnte ab. Das gab viel Verdruß bei den Bürgern, aber weder für gutes Gold noch für goldene Worte wollte der Rat diese «Reservefläche» hergeben. Dem *wahren* Charakter der Leipziger entsprechend, wurde dann später hier die Markthalle gebaut! Der Gewandhausdirektion wurde als Bauplatz ein Stück Land vor der Stadt überlassen; ein Wiesengrundstück am Ufer der plätschernden Pleiße, nahe bei einem damals beliebten Ausflugsziel, dem Inselchen Buen Retiro. Doch das 1884 fertiggestellte Gewandhaus stand nicht lange allein; die Bauwut der Gründerzeit ließ um diesen Zentralbau herum das in Leip-

In Anwesenheit Sr. Majestät des Königs und Ihrer Majestät der Königin wird das

Neue Gewandhaus

Donnerstag, den 11. December a. c.,

durch das erste der drei, der Einweihung des Hauses gewidmeten Abonnement-Concerte eröffnet werden.

Programm des ersten Concerts.

Erster Theil.

„Zur Weihe des Hauses“, Ouverture Op. 124, von Ludwig van Beethoven.

Prolog, gedichtet von Rud. von Gottschall, gesprochen von Frau Olga Lewinski-Precheissen.

Toccata und Fuge (D moll) für die Orgel, von Joh. Seb. Bach, vorgetragen von Herrn Paul Homeyer.

Der 114. Psalm, für achtstimmigen Chor und Orchester, von Felix Mendelssohn-Bartholdy.

Zweiter Theil.

Neunte Symphonie mit Schlusschor über Schiller's Ode „An die Freude“ von L. van Beethoven. Die Soli gesungen von Frau Melitta Otto-Alvsleben, Königl. Sächs. Kammersängerin, Frau Metzler-Löwy und den Herren G. Lederer und Otto Schelper.
I. Allegro un poco maestoso. III. Adagio molto e cantabile.
II. Molto vivace. IV. Finale.

Das Concert beginnt bei Ankunft Ihrer Königlichen Majestäten gegen 7½ Uhr.

Das Publicum wird ersucht, im Ballanzug zu erscheinen und von 7¼ Uhr an die eingenommenen Plätze nicht mehr zu verlassen.

Das **zweite** und **dritte** Abonnement-Concert findet

Freitag, den 12. December,
Sonnabend, den 13. December,

statt.

Programm des zweiten Concerts.

Der Messias. Oratorium nach Worten der heiligen Schrift von G. F. Händel. (Nach der Mozart-Robert Franz'schen Bearbeitung.) Die Soli gesungen von Frau Melitta Otto-Alvsleben, Fräulein Hermine Spies, Herrn Emil Götze und Herrn Siehr.

Programm des dritten Concerts.

Erster Theil.

Symphonie (Es dur, No. 3 der Breitkopf & Härtel'schen Ausgabe) von Joseph Haydn.

Arie aus „Titus“ von W. A. Mozart, gesungen von Fräulein Hermine Spies.

Concert für Violine (A dur) von W. A. Mozart, vorgetragen von Herrn Joseph Joachim.

Zweiter Theil.

Ouverture zu „Leonore“ (No. 3) von Beethoven.

Adagio aus dem Concerte für Violine (No. 6) von Spohr, vorgetragen von Herrn Joachim.

Lieder mit Pianoforte von Franz Schubert und C. M. von Weber, gesungen von Fräulein Spies.

Symphonie (D moll, No. 4) von Robert Schumann.

Das zweite und dritte Concert beginnt um 7 Uhr.

Leipzig, den 8. December 1884.

Die Concert-Direction.

zig so genannte Musikviertel entstehen, mit Konservatorium, Kunstakademie, Universitätsbibliothek, Reichsgericht, mit Fabrikantenvillen und Bürgerhäusern, aus deren hundertjährigen Grimassen auch heute noch manch ein Restchen Jugendschönheit lugt. Langes Leben war diesem Gewandhaus allerdings nicht beschieden, schon nach sechzig Jahren, am 20. Februar 1944, wurde es bei einem Fliegerangriff durch Phosphorbomben in Brand gesetzt. Die Leipziger, ungebrochen in ihrer Liebe zum Gewandhaus, hätten es gern neu aufgebaut gesehen. Wenn Leipziger wollen, haben sie ein Gedächtnis wie ein Elefant; als 1968 der Abriß der Ruine beschlossene Sache war, da fiel ihnen doch prompt wieder ein, daß Oberbürgermeister Dr. Erich Zeigner bei der Enthüllung des Mendelssohn-Denkmales am 4. November 1947 auch davon gesprochen hatte, daß eines Tages das Gewandhaus in Leipzig wieder aufgebaut sein würde. Ob er gesagt hatte: «an dieser Stelle» – das weiß die Erinnerung nicht zu reproduzieren.

Ungefähres bestimmt auch die Erinnerung an einen anderen Umstand: Da sei doch gleich nach dem Kriege Geld gesammelt worden, da habe sich doch manch Leipziger einen Gewandhausgroschen vom Munde abgespart, da wurden doch wohl Sonderkonzerte veranstaltet, um die Kosten für den Wiederaufbau zusammenzubringen ... wer weiß, was mit dem Geld passiert ist?! – Ja wirklich, ein Sonderkonzert unter der Leitung des Gewandhauskapellmeisters Franz Konwitschny hat stattgefunden und erbrachte 5000,– Mark für den Wiederaufbau. Daß sich dieser Grundbetrag nicht rasant vergrößert hat, darf uns angesichts der Zeitumstände nicht wundern. Aber damit das zerstörte Konzerthaus aufbauen? Verlorengegangen ist das Geld nicht, es wurde auch nicht «irgendwie verbraten»; es sollte dem Orchester zugute kommen. In der Elsterstraße war ein Saal gefunden worden, der als Probenraum geeignet erschien. Die 5000,– Mark reichten, um ihn zu renovieren und einzurichten. Allerdings bemerkten die Musiker schon nach kurzer Zeit, daß der Raum nicht die in ihn gesetzten Erwartungen rechtfertigte. Trotz der guten Absicht hat das Gewandhaus also wenig von dem Geld gehabt. Gänzlich futsch war es für Leipzig allerdings nicht, das Kabarett «Pfeffermühle» fand für einige Jahre Heimat in dem Saal.

Der Abriß der Ruine des alten Gewandhauses, ungeschickter- oder demonstrativerweise während der «Jubiläumsspielzeit: 225 Jahre Gewandhaus-Orchester» vollzogen, war wohl keine ganz einfache Angelegenheit. «Die große Eisenkugel schlug gegen die Mauer, es dröhnte dumpf und bedrohlich wie eine Totenklage. Aber weiter passierte nichts. Es dauerte Stunden, bis die erste Bresche in die Mauer geschlagen war. Die Mauern waren ja noch gut und fest, man hat's ja gesehen. Aber wir konnten nichts machen, wir standen hinter der Absperrung und haben geweint», erinnert sich ein Augenzeuge. Und selbst heute noch, da längst das vierte Gewandhaus steht, triffst Du mitunter Leipziger, die lieber das alte wiederhaben möchten. Gerade diese Stimmen wurden lauter, wenn auch nicht direkt laut, als der Wiederaufbau der Semper-Oper in Dresden beschlossen worden war. Da schaffte sich die sächsische Urfehde zwischen der «Hauptstadt» Dresden und der

Dagegen ist die seit Jahren lebhaft betriebene Einrichtung einer Hochschule für Musik und redende Künste noch nicht möglich gewesen, hauptsächlich um deswillen, weil die rivalisierenden Schwesterstädte Dresden und Leipzig einander diese Hochschule nicht gönnen. Bei den derzeitigen politischen Verhältnissen erscheint es kaum möglich, durch einen Regierungsakt der einen oder der anderen Stadt eine solche Hochschule zuzuweisen. Dazu ist der Konkurrenzneid dieser beiden größten Städte des Landes zu stark. So wird es bis auf weiteres der tatsächlichen Entwicklung überlassen werden müssen, welches von den Konservatorien in Dresden und Leipzig sich dem Charakter einer Hochschule am stärksten nähern wird. Zur Zeit hat das Leipziger Konservatorium einen weiten Vorsprung vor dem im wesentlichen nach kaufmännischen Grundsätzen geleiteten Dresdner Konservatorium. Das Leipziger Konservatorium mit seiner ruhmvollen Geschichte, seinem vorzüglichen Lehrgebäude und reichen Inventar hat zwar durch die Inflation schwer gelitten, weil diese die reichen Stiftungen entwertet hat, auf denen es beruhte. Es ist aber mit Hilfe des Staates und der Stadt Leipzig saniert worden und hat sich außerdem eine sehr beträchtliche Nebeneinnahme dadurch gesichert, daß es während der Ferien seine Räume den Musikverlegern und Instrumentenfirmen für die Messe zur Verfügung stellt.

Dr. Alfred Schulze
in: Aufgaben und Probleme der öffentlichen Kunstpflege in Sachsen
1928

«heimlichen Hauptstadt» Leipzig Luft: «Es ist doch wieder mal typisch! Die in Dresden, wo ihre Oper viel kaputter war wie unser schönes Gewandhaus, die kriegen's alte wieder neuhinrenoviert, und uns stellen sie den Klotz auf den Karl-Marx-Platz!»

Die Stadtplaner in Leipzig haben sich lange und gründlich umgesehen, bis sie endlich den Bauplatz gefunden hatten; in 13 Jahren prüften sie – welche Häufung symbolkräftiger Zahlen! – 7 Standortvarianten für den Neubau. Die Fläche an der Nürnberger Straße, gegenüber der Anatomie, ist inzwischen – der Nachbarschaft wohl anverwandter – mit einer Sporthalle bebaut worden.

Als Bauplatz verworfen wurde auch das Areal am Peterssteinweg, benachbart dem Königsplatz, der nach dem Kriege den Namen Wilhelm Leuschners erhielt, jenes SPD- und Gewerkschaftsfunktionärs, der nach dem Attentat vom 20. Juli 1944 auf den Diktator hingerichtet worden war.

THOMASKIRCHE ZU LEIPZIG

Gewandhaus zu Leipzig

Weihnachtsoratorium

Sonnabend, 3. Dez. 1983, 15 Uhr

Mittelschiff links

M 7,– Sitz Nr. 196

Variante 3, in der Nähe der Friedrich-Ebert-Straße und hinter meinem geliebten Literaturinstitut gelegen, bot zu schlechten Baugrund.

Ob auch technische Gründe gegen den Bauplatz an der Zentralstraße, der jetzt noch Parkplatz ist, gesprochen haben, war nicht so genau zu erfahren. Wenn auch die Thomaskirche und das Schauspielhaus in der Nähe stehen, so wäre das Gewandhaus an dieser Stelle aus städtebaulicher Sicht jedenfalls wenig wirksam geworden.

Der Matthäikirchhof, jener Felssporn, an dem Leipzig mutmaßlich seinen Anfang genommen hat, war nach Meinung der Experten zu schwer ans Straßennetz anzuschließen, zudem hätten Parkplätze gefehlt, die das jetzt dort emporragende Verwaltungsgebäude offenbar nicht benötigt.

In den Jahren, da Leipzig zwar ein Gewandhaus-Orchester, aber kein Gewandhaus hatte, wurde in der Kongreßhalle des Zoologischen Gartens konzertiert; Standortvorschlag Nummer 6, kaum fünfhundert Meter Luftlinie von dort entfernt, war wohl mit Rücksicht darauf erwogen worden, daß den Musikern das Trompeten der Elefanten und der brünftige Bariton der Löwen nach jahrelanger Gewöhnung fehlen könnte.

Leipzigs Oberbürgermeister, Dr. Karl-Heinz Müller, somit ein Zweidrittel-Namensvetter seines Amtsvorgängers von vor 200 Jahren, hat mir anvertraut, weshalb er der Variante 7 den Vorzug gegeben hat: «Ich war für den Standort Karl-Marx-Platz, weil es mir in der Seele weh tut, wenn ich sehen muß, daß wir in Leipzig an vielen Enden und Ecken etwas anfangen und es im großen und ganzen doch nicht zu Ende führen können. Ich wollte vor allem auch einmal erleben, daß während meiner Amtsperiode etwas ganz fertig wird, und das ist uns ja nun mit dem Karl-Marx-Platz gelungen.» Es ist ein sehr schönes Gefühl, zu erleben, daß dir dein Bürgermeister, den du in einer Großstadt eben auch nicht täglich im Ratskeller beim Dienstbier antriffst, derart aus der Seele spricht. Damit dieser Vollendungsgedanke nicht in Vergessenheit gerate, wurde er am Gewandhaus, gewissermaßen als «Schlußstein des Karl-Marx-Platzes», auch kunstschriftlich dauerhaft sichtbar gemacht.

Indizien deuten darauf hin, daß der Gewandhausbau sogar dem Alten Rathaus seinen Rang als «Bauwerk Nr. 1» in der Stadt streitig zu machen beginnt. Meine Aufmerksamkeit wurde durch ein «Legespiel für Kinder ab 7 Jahre» erregt; aus mehreren einzelnen Spielkarten können «interessante Bauwerke» zusammengesetzt werden, die – so sagt die Spielanleitung – «für ihre Stadt zum Wahrzeichen geworden sind». Neben dem Wernigeroder Rathaus, der Erfurter Krämerbrücke, dem Kronentor des Zwingers in Dresden und dem Roten Rathaus von Berlin findest Du Leipzig vertreten durch – das neue Gewandhaus.

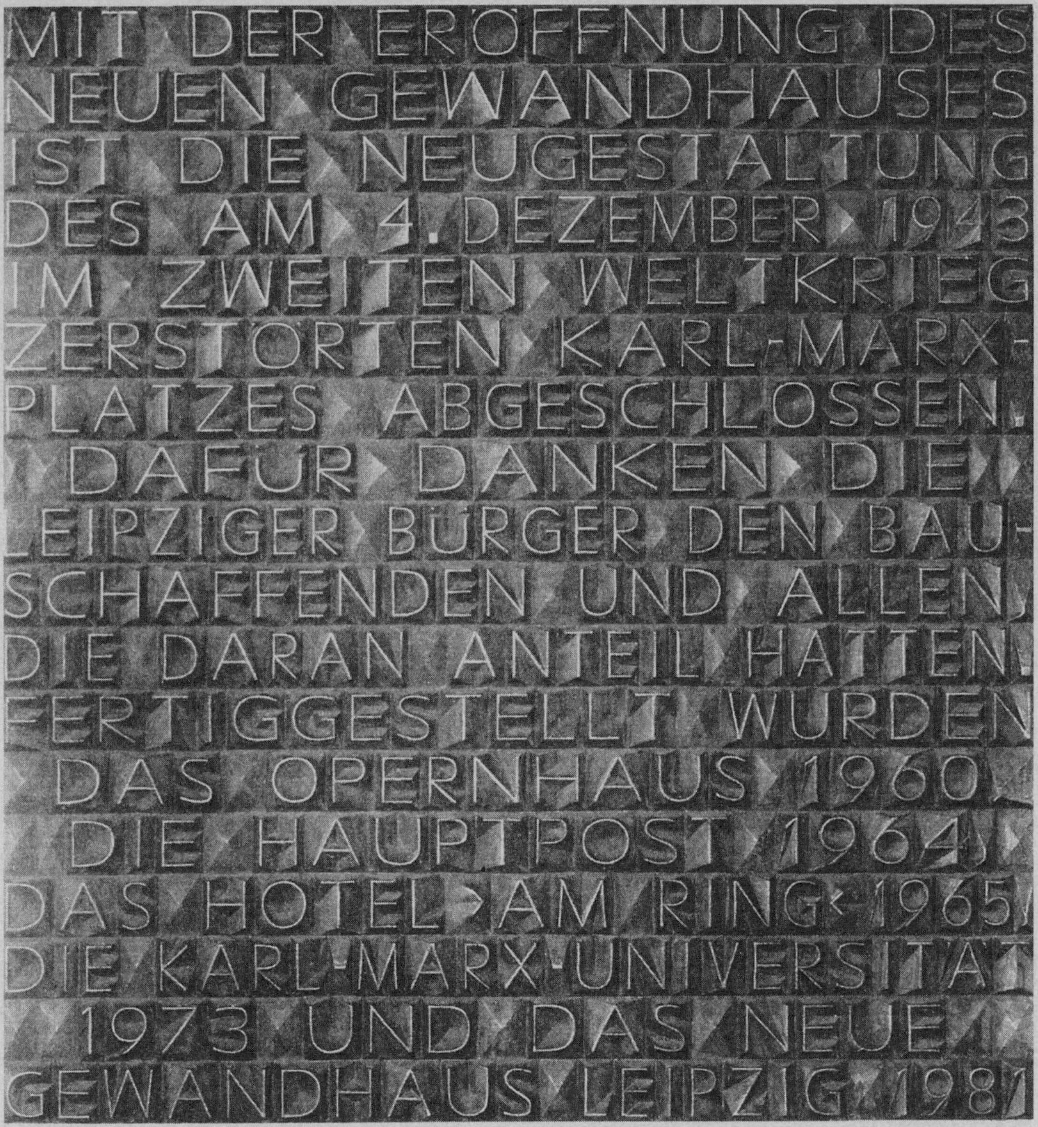

Dritter Brief, welcher etwas von der sozialen, erotischen und sprachbildenden Wirksamkeit des Gewandhauses verrät

Besonders konservativ sind die Leipziger, zumindest was den Umgang mit ihrer Stadt angeht, nicht, wie Du, lieber Freund, glaubst dem letzten Brief entnehmen zu können. Aber alles ist anders, wenn's um das Gewandhaus geht! Zu Konservatismus, im Sinne von: das Bestehende bewahren, hatten sie zu keiner Zeit so recht Gelegenheit. Ich glaube, es gibt keine ähnlich abrißfreudige Stadt im Land. Das große Geschäft war eben immer die Messe, und je moderner der Quadratmeter Ausstellungsfläche ausgestattet war, um so höher war sein Mietzins. Das zählte! Als im Jahre 1904 die beiden ältesten Häuser der Stadt weggerissen wurden, um Platz zu schaffen für den Messepalast «Specks Hof», störte das fast niemanden. Ja, sogar Leipzigs schönster Bau, das Alte Rathaus, wäre um ein Haar, oder konkreter: um eine Stimme im Stadtparlament, noch im Jahre 1906 abgebrochen worden, zugunsten eines geldbringenden Messehauses! Aber wenn es um das Gewandhaus geht, ist alles anders. Hier geht es um ein Stück Identität! Der wahre Leipziger lebt und stirbt mit seinem Gewandhaus!

Der Wissenschaft, der klinischen Lehre war sein Dasein geweiht, vergeistigt, verschönt und gehoben durch die holde Göttin Kunst, die den Knaben schon frühe an die Hand nahm..., ja auch ihn aufrichtend und tröstend, wenn er dessen einmal bedurfte, wie es ihm einst mit Beethovens C-Moll-Sinfonie im Gewandhause geschah, als ihn Zweifel vor dem Antritt einer Berufung beschleichen wollte.

Ueber Strümpells Tod erfahren wir noch, daß er nach einer kurzen, aber schweren Lungenerkrankung verschieden ist. Noch in der ersten Januarwoche hat er gewohnheitsmäßig das Gewandhauskonzert besucht und ist seiner Arbeit nachgegangen, obwohl er sich eine starke Erkältung zugezogen hatte.

aus dem Nachruf
auf den Leipziger Arzt
Prof. Dr. Adolf von Strümpell
Leipziger Tageblatt
11.1.1925

Es ist bestimmt nur ganz leicht übertrieben, wenn ich Dir sage, daß jeder – ja, jeder Leipziger irgend etwas mit dem Gewandhaus zu tun hat. Unlängst mußte ich auf ein paar Wochen ins Krankenhaus. Das Zimmer teilte ich, nacheinander, mit drei Herren. Das schönste am Kranksein ist, sofern man nicht «richtig krank» ist, daß man Zeit hat, viel Zeit, Zeit zum Reden. So erfuhr ich, daß alle drei Herren über ganz persönliche Gewandhauskontakte verfügten, ohne jemals dort ein Konzert gehört zu haben. Der eine war zusammen mit einem Gewandhaushornisten beim «Barras», weswegen er Hornkonzerte noch heute besonders mag, der andere hatte für den Ersten Konzertmeister Prof. Bosse, bei dessen Namensnennung er stets «ein feiner Mann» hinzufügte, eine Garage gemauert, und der dritte schließlich hat gemeinsam mit der Tochter des gegenwärtigen Gewandhauskapellmeisters die Schulbank gedrückt, wodurch er den Vorzug erlangte, von Prof. Masur höchstpersönlich eine Einführung zu «irgendwas von Beethoven» zu hören, was der junge Mann aber «nicht so stark» fand und darum auch weiterhin «mehr auf Rock steht».

Wie man es sich in Residenzstädten zur Ehre anrechnete, vom Hofe gekannt zu werden, sich gar «Hoflieferant» nennen zu dürfen, so war – und ist – man in Leipzig auf seine Beziehungen zum

Auf kein Druckwerk, das unserem Betriebe zur Herstellung in Auftrag gegeben wurde, haben wir mit größerem Stolze unseren Firmennamen als Drukker gesetzt, als auf die Programme des Gewandhauses zu Leipzig, deren künstlerischer Inhalt der gesamten musikalischen Welt zum Vorbild dient, und deren typographische Gestaltung wir stets mit besonderer Sorgfalt betreut haben.

der Leipziger Musikverlag Breitkopf & Härtel
in seiner Festgabe zum 150jährigen Jubiläum der Gewandhauskonzerte
1931

Gewandhaus stolz. Alle Konzertinstitute der Welt haben ihr Publikum, nur wenige haben eine «Gemeinde». Das Gewandhaus hat sie! Der Unterschied liegt darin, daß ihr Interesse an guter und großer Musik noch übertroffen wird vom Bewußtsein der Zugehörigkeit zu einer fest gefügten – abonnierten – Gemeinschaft. Die Gestaltung des Saales unterstützt das noch dadurch, daß sich die Leute, die ringsherum um das Orchester sitzen, während des Konzerts auch immer andere Leute anschauen können. So schult das Gewandhaus

nicht nur die musikalische, sondern auch die soziale Sensibilität, indem es das Erlebnis des Nachbarn ermöglicht. Dennoch geschieht es, daß selbst ein gewandhausabonniertes Ehepaar sich scheiden läßt. Mit viel Einfühlungsvermögen und strategischem Geschick muß sich dann bisweilen die Anrechtsabteilung um ein sehr spezielles Problem der Güterteilung kümmern. Wenn keiner der beiden Partner auf seinen Sitz im Konzert verzichten will, muß ein diskreter Tausch, am besten mit einer anderen Anrechtsserie, arrangiert werden. Sollten jedoch einem Partner beide Plätze zufallen, so kann das durchaus der Grundstein einer neuen Gemeinsamkeit sein.

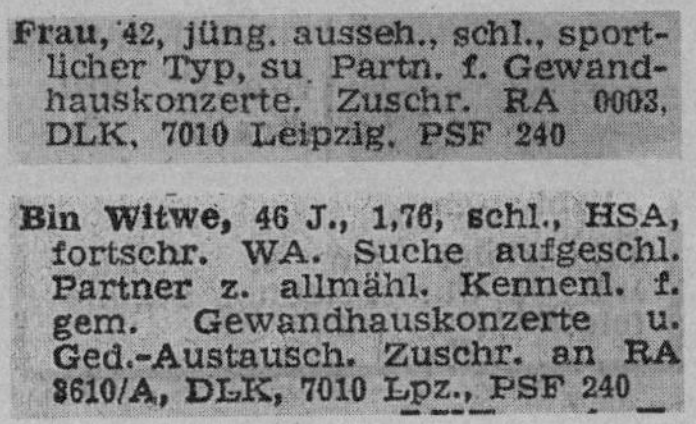
Frau, 42, jüng. ausseh., schl., sportlicher Typ, su. Partn. f. Gewandhauskonzerte. Zuschr. RA 0003, DLK, 7010 Leipzig, PSF 240

Bin Witwe, 46 J., 1,76, schl., HSA, fortschr. WA. Suche aufgeschl. Partner z. allmähl. Kennenl. f. gem. Gewandhauskonzerte u. Ged.-Austausch. Zuschr. an RA 8610/A, DLK, 7010 Lpz., PSF 240

Am 7. Januar 1984 erschien, mit Schleier und Kranz, ein Brautpaar zum ersten Orgelkonzert des neuen Jahres. Im ausverkauften Hause thronte das Paar hoch droben auf der Orgelempore, und es gab gewiß niemanden im Saal, der sich der Rührung, die solch ein Anblick alleweil hervorruft, hat entziehen können. Auch die Gewandhaussängerin, Frau Regina Werner, schien von dem ungewohnten Anblick so angetan, daß es sich anhörte, als hätte sie das Ave Maria zum Schlusse des Konzertes ganz ausschließlich für diese beiden gesungen.

Ich wollte und konnte meine Neugier nicht unterdrücken, um möglichst genau zu erfahren, warum ein Hochzeitspaar an seinem wichtigsten Tag hierher ins Gewandhaus kommt. Hatten sie sich hier kennengelernt? Waren die raren Karten ein Geschenk? Gehörten sie vielleicht zum Personal des Hauses? Hatten sie schon die Karten vor längerer Zeit gekauft und die Hochzeit war ihnen nun «dazwischengekommen»? – Nein, es war keine Blitzheirat. Bereits ein halbes Jahr zuvor hatte das junge Paar im Gewandhaus angefragt, ob es für diesen Tag, diesen einmaligen, ausnahmsweise bevorzugt... Hochzeit sei zwar kein zwingender Grund, lautete die Antwort, aber zwei Karten könne man schon mal abzweigen; jedoch vierzehn – für die ganze Hochzeitsgesellschaft – unmöglich! Du mußt wissen, daß unter Angabe der exorbitantesten Gründe pro Tag etwa 1500 Karten beim Gewandhaus vorbestellt werden! Allein die Liebe weiß Wege durch Wirren und Wände, kennt göttliche Listen und teuflische Tricks! So saßen die Krippenerzieherin und ihr Mann, ein Werkzeugmacher, mit all ihren Gästen doch zur Feier des Tages im Orgelkonzert. Warum es unbedingt eine «Gewandhaushochzeit» sein sollte, haben die beiden so schön begründet, daß Du es auch wissen sollst: «Wir finden es so schöner, als wenn wir eine Feier veranstaltet hätten, bei der nur gegessen, getrunken und erzählt wird, so etwas macht man ja sehr oft. Aber gerade solch ein Tag ist viel feierlicher, wenn man ein Orgelkonzert im Gewandhaus hören kann. Das ist eine Erinnerung fürs ganze Leben.»

Dies wissend, wirst Du ermessen können, daß es den Leipziger geradezu schockiert, wenn er lesen muß, daß es woanders ebenfalls ein Gewandhaus geben soll. Eine Frau wandte sich im März 1983 in ihrer Betroffenheit sogar an die Öffentlichkeit in Gestalt der «Leipziger Volkszeitung»: «Kürzlich las ich in der LVZ, das VII. Zentrale Treffen junger Talente im Fach Klavier sei mit einem Preisträgerkonzert im Zwickauer Gewandhaus beendet worden. Mich hat das in Verwunderung gesetzt. Nichts gegen die Geburtsstadt Robert Schumanns, jedoch habe ich noch nie gehört, daß diese Stadt auch ein ‹Gewandhaus› besitzt. Welche Bewandtnis hat es damit?» Da brechen Welten zusammen, da fühlen sich Leipziger in ihrer «Identität» bedroht, wenn man sie zu erfahren nötigt, daß es in Zwickau, Stralsund oder Braunschweig, ja selbst in Dresden! ebenfalls ein Gewandhaus gibt. Eine Ausnahme machen die Leipziger allerdings: daß in Boston, Massachusetts, die etwas vergrößerte Kopie des vorigen Leipziger Gewandhauses steht, das gehört bei ihnen zum Grundwissen, wie Du der im folgenden wiedergegebenen Gesprächspassage entnehmen kannst: «Da treff'ch doch neilich 'ne Dame, und wie ich mit der ins Reden gomme, da ist die doch aus Boston in Ameriga. Genn'se sich vorstelln, die wußde nichema, daß die ihr Gonzerthaus orischinal die Gobbie von unserm scheenen alten Kewandhaus ist! Genn'se sich das vorstelln! Da ist die von Boston und weeß das nich! 's ist mir unbekreiflich!»

Die Berühmtheit des «alten» Neuen Gewandhauses auf Grund seiner akustischen und architektonischen Gestaltung war so groß, daß auch heute noch eine Reihe von Kopien dieses Hauses in verschiedenen Musikzentren der Welt zu finden ist. Die glücklichen Zuhörer, die den Saal bevölkern, wissen das, und erwarten nun, daß der Neubau in unserer Zeit dem Altbau in nichts nachsteht.

Prof. Kurt Masur,
Gewandhauskapellmeister
1981

Solltest Du Schwierigkeiten beim Lesen dieses Zitats gehabt haben, laß Dir einen gutgemeinten sprecherzieherischen Tip geben. Sächsisch ist keine Schreibe, sondern eine Sprache. Am besten wirst Du den Text verstehen, wenn Du ihn Dir laut vorliest. Dabei mußt Du alle Muskeln des Sprechapparates schön schlaff hängen lassen, das Kinn etwas nach vorn schieben und den Zungenrücken möglichst breit machen und etwas anheben. Laß den Sprachstrom fließen. Je weniger Du versuchst, die Laute auszuformen, um so genauer wird Dir die Aussprache gelingen! Durch die ewige Bespöttelung ihrer Sprechweise sind die Leipziger schon seit langem erheblich verunsichert. Deswegen bemühen sie sich, wenn sie sich in der Öffentlichkeit beobachtet wissen oder zu besonderen Anlässen, deren höchster ein Gewandhausbesuch ist, zur Hebung ihres Selbstbewußtseins «kanz kepiltet» zu sprechen. Dabei vertauschen sie stimmhafte und stimmlose Konsonanten, verschlucken oder überdehnen Vokale so kunstvoll unregelmäßig, daß auf diese Weise eine ganz neue Sprache, das Gewandhaussächsisch, entstanden ist, das die Leipziger als bestes Bühnendeutsch empfinden. Damit Du diese Rarität auch recht genießen kannst, will ich Dir sogleich eine weitere Kostprobe servieren: Der Frau des 1. Gewandhausflötisten Wilhelm Barge, der Ende des vorigen Jahrhunderts im Orchester geblasen hat, wird nachgeredet, sie habe jeweils vor den Konzerten zu dem Fleischermeister an der Ecke gesagt: «Gäben Se mir heide ein halpes Pfund Gehacktes mehr, mei Mann muß nämlich heide Apent im Kewanthaus das Solo bläsen.»

Bei aller Hingabe an das hohe Haus verliert die Leipzigerin jedoch nicht den Blick für «die Dinge des Lebens». In diesem Urteil bestärkten mich auch jene beiden Damen, die während einer Konzertpause die Vor- und Nachteile des amphitheatrischen und fensterlosen Saales gegeneinander aufwogen: «Also ich weiß nicht, mir kommt es vor, als wenn ich in den Zirkus komme.» – «Aber daß er keine Fenster hat, das finde ich sehr praktisch, da brauchen sie nie Gardinen zu waschen.»

Vierter Brief, der vom rechten Winkel und von sich daran wetzenden spitzen Zungen handelt

Jawohl, lieber Peter, es ist so: der große Saal im Gewandhaus ist völlig fensterlos, der kleine übrigens auch. Das mag vielleicht nicht sofort jedermanns Geschmack sein, ist aber sehr einleuchtend. Am Anfang aller Überlegungen zum Bau des neuen Hauses stand das Hören, und erst in zweiter Linie das Sehen. Sowieso finden die meisten Veranstaltungen abends, zudem im Winterhalbjahr, statt, wenn es draußen ohnehin dunkel ist. Fenster haben, trotz aller modernen Konstruktionen, den Nachteil, daß sie außer Licht, Luft und Sonne auch Krach und – und das ganz besonders in unserem geliebten Industriezentrum Leipzig – beträchtliche Mengen «industrieller Abprodukte» – im Volksmund meist Dreck genannt – hindurchlassen. Licht und Luft werden für den Konzertsaal also «künstlich» erzeugt, Sonne – bringt die Musik!

Wären nicht die Treppenstufen, Du könntest denken, der Saal, ja das ganze Haus sei in der Zeit vor der Erfindung des rechten Winkels gebaut worden. Mir wurde das erst so recht bewußt, als ich von den Schwierigkeiten einer Schulklasse beim Zeichnen des Gebäudes erfuhr. Großgeworden mit der Erfahrung unserer verrechtwinkelten Neubaublockstädte, äußerten die Kinder hemmungslos: «An dem Haus stimmt doch gar nichts! Und das soll halten?!» Es ist zwar nicht unbekannt, daß der «rechte» Winkel im Städtebau nicht unbedingt 90 Grad betragen muß; wenn ein neues Bauwerk jedoch dieser Erkenntnis Rechnung trägt, macht das erst einmal stutzig.

«Bei jeder Konstruktion steht die Frage: Hält sie oder ...?» überlegte sich natürlich auch – zeitig genug – der Chefstatiker des Baues. Etwa 3000 Seiten statischer Berechnungen gaben ihm – und

Das Neue Gewandhaus ist ein ungewöhnliches Bauwerk, was die Geometrie, aber auch die Bautechnologie und den Baufortschritt im Gesellschaftsbau angeht. Daraus haben sich manche Probleme ergeben. Wissen Sie, Schwierigkeiten gab es schon bei der Gründung. Wir fanden ganz unterschiedliche Verhältnisse vor: zum Beispiel die Restfundamente des Bildermuseums, das im Krieg zerstört wurde. Daneben hatten wir es mit dem Schlamm des alten Stadtgrabens zu tun, der Anfang des vorigen Jahrhunderts verfüllt wurde, und auch mit den gewachsenen eiszeitlichen Sanden – Sanden, die sich im Laufe der Zeiten abgelagert haben. Also mußten wir uns dann herzhaft für Gründungskonzeptionen entscheiden, um nicht in der ersten Phase schon an Zeit zu verlieren. Wir haben nun, diesen Bedingungen entsprechend und im Interesse einer angemessenen Sicherheit, unterschiedlich gegründet.

Dipl.-Ing. Rolf Seifert,
Chefstatiker
1981

dem Haus – so viel Sicherheit, daß er vor «oder» auch getrost einen Punkt hätte machen können. Das Fehlen des rechten Winkels hat sogar die

Maurer und Zimmerleute verunsichert; ich habe gehört, daß ein Meister, nachdem er die Bauzeichnung gesehen hatte, erst einmal nachfragen gegangen ist, ob das so alles seine Ordnung habe. Nachdem alles fix und fertig gebaut war, auch die schwierigen Saalemporen, meinte der Meister, etwas skeptisch zwar, ob das die besten Plätze seien, draufsetzen würde er sich immer, schließlich habe er sie sicher und solid gebaut.

Für diese Emporen haben die Baumeister übrigens den Ausdruck «Schwalbennester» geprägt. Im ersten Konzertsaal nannte man die zuletzt eingebauten und vergitterten Emporen «Hühnerställe». Du siehst, gewisse sehr weitläufige Traditionen wurden gewahrt. Die dickste Traditionslinie aber zeichnet der Klang. Nicht nur der gute Klang des Namens Gewandhaus, sondern auch die gerühmte Akustik der beiden Vorgängersäle. Den ersten hat man, seiner Form und ihrer materiellen Beschaffenheit wegen, als «länglichrunde Holzschachtel» beschrieben, die demzufolge ähnliche Klangeigenschaften aufwies wie ein Geigenkörper. Die Leute saßen gewissermaßen drin in der Geige. Nicht weniger gerühmt wurde die Akustik des zweiten Saales, so daß für die Architekten die Grundbedingung galt, den neuen gleichwertig zu erbauen. Da es hierzulande Usus ist, derartige Zielstellungen gern eine agitatorische Nummer zu groß zu formulieren, konnte man bald auch in den Zeitungen lesen: «Das dritte soll das beste sein!» So richtete der Chefarchitekt des neuen Gewandhauses, Dr. Rudolf Skoda, sein Augen- und in diesem Falle auch das Ohrenmerk besonders auf diese Vorgabe.

Um das hochgesteckte Ziel erreichen zu können, war es ratsam, aus den Fehlern anderer zu lernen. «Entgegen kam mir», erzählte der Architekt, «daß ich mehrere Male mit dem Gewandhausorchester gereist bin. So konnte ich mir einige bewährte Konzertsäle Europas ansehen und vor allem, ich konnte mit den Leuten sprechen, die diese Häuser betreiben. Das war das wichtigste, denn man kann der Literatur natürlich vieles entnehmen, aber meistens steht nichts darin, was negativ ist.»

Was den amphitheaterartig konzipierten Gewandhaussaal betrifft, so sind wir hier einer Tendenz gefolgt, die sich in den letzten Jahren international entwickelt hat. Der nämlich, auch optimale Sichtverhältnisse zu schaffen, das heißt, daß man möglichst auf allen Plätzen nicht nur gut hört, sondern auch gut sieht. ... Zwar ist wissenschaftlich nicht ganz zu belegen, daß man auch gut hört, wenn man gut sieht, aber etwas Wahres ist dran. Nach unserer Konzeption sitzen im Prinzip die Zuhörer um das Orchester herum. Die letzte Reihe ist etwa 32 Meter vom Podium entfernt; ein für einen Saal dieser Größenordnung relativ geringer Abstand. Trotz seiner fast zweitausend Plätze – genau sind es eintausendneunhundertzwanzig – wirkt er relativ intim, hat die Atmosphäre eines Kammermusiksaales. Daß man das so empfindet, war eigentlich mit so eine Zielvorstellung von uns. Ich strebe an, mit so wenig wie möglich an Materialien auszukommen. Die gestalterische Geschlossenheit des Saales wird unter anderem dadurch erreicht, daß sämtliche Wände, das Gestühl und die Orgelgehäuse mit dem gleichen Eichenholzfurnier verkleidet sind. Wir glauben, daß die Wahl eines relativ dunklen Tons – grünbraun, nicht ganz so eindeutig zu definieren – in Verbindung mit den weinroten Bezügen einen soliden und festlichen Eindruck machen wird, und sind überzeugt, daß wir mit unseren Mitteln einen Saal geschaffen haben, der zwar modern, jedoch nicht modernistisch im üblichen Sinne ist, auch eingedenk der Tatsache, daß hier ein traditionsreiches Orchester musizieren wird.

Dr. Rudolf Skoda,
Chefarchitekt
1981

Ich meine, wir sollten – trotz alledem – von Architektur doch hin und wieder als von «Bau-Kunst» sprechen, weil doch, wie beim Bau eines Gedichtes, der Konstruktion eines Bildes oder der Komposition einer Musik, immer das Quentchen Unwägbarkeit im Spiel ist. So ist mir auch verständlich, daß den Architekten mehr noch als die Form seines Baues sein Funktionieren interessierte: «Für mich war der Höhepunkt jener Tag, als die Musiker zum ersten Mal in den Saal kamen. Wir haben sicher auch ein bißchen Glück dabei gehabt, denn mit der Akustik ist das noch immer so eine Sache. Alle vergleichbaren Säle der letzten fünfundzwanzig Jahre mußten aus akustischen Gründen umgebaut werden.»

Stehplätze

Der Konzertsaal im Gewandhaus hatte vor dem Umbau 322 feste Sitzplätze. Es wurden aber zusätzlich noch so viele Stehplätze verkauft, daß mitunter bis zu 800 Personen darin gewesen sind.

Im großen Saal des «Neuen Concerthauses» standen bei kleinem Orchester 1533 Sitzplätze, bei großem 1453 zur Verfügung. Die Vorsteherloge bot zusätzlich 55 Personen Platz. Durch die Vergabe von Stehplätzen konnten jedoch bis zu 1700 Personen die Konzerte hören.

Für jede Person, die während des Konzertes im Saal des neuen Gewandhauses einen Stehplatz einnimmt, wird die Gewandhausdirektion von den Sicherheitsinspektoren mit einem Strafgeld in Höhe von 500 Mark belegt.

Wovon hängt die Größe des Raumes ab? Vom Zulauf der Musikinteressierten, könnte man fix sagen. Als Argument ließe sich anführen, daß der Saal im Gewandhaus dereinst gebaut worden ist, weil jener im Gasthaus «Zu den drey Schwanen» zu beengt war, und daß er wiederum, trotz mehrerer Erweiterungen nicht mehr alle Interessenten fassend, durch ein großes Konzerthaus ersetzt werden mußte. Wenn Größe aber das einzige Kri-

Wie ist das möglich:
Leere Plätze im Gewandhaus?

Anrechtsbesitzer lassen ihre Karten verfallen, was ich für rücksichtslos gegenüber den vielen halte, die gern ein Konzert besuchen würden. Es wäre doch eine kleine Mühe, uns zu verständigen, zumal Karten auch telefonisch freigemeldet werden können – unsere Kasse hat fünf Anschlüsse ...

Besondere Sorge machen uns die Dienstags- und Orgelkonzerte mit der größten Zahl nicht besetzter Anrechtsplätze. Vielleicht sollte man sein Anrecht fairerweise zurückgeben, falls keine Zeit oder kein Interesse mehr besteht ...

Natürlich können wir einmal verkaufte Plätze nicht noch einmal verkaufen. Aber für alle, die an der Abendkasse warten, gibt es Einlaßscheine ohne Anspruch auf einen bestimmten Platz. Bei den Serienkonzerten sind es erfahrungsgemäß 50 bis 100 Scheine, die wir ausgeben.

Horst Lehmann,
Direktor für Veranstaltungswesen,
antwortet auf eine Frage
der Leipziger Volkszeitung
12.1.1984

terium wäre, hätte man wohl auch das 100000-Mann-Stadion als Konzertpodium herrichten lassen können, denn als das Gewandhausorchester die Silvesterkonzerte des Jahrganges 1978 in der Messehalle 2 gespielt hat, haben 8000 Karten für zwei Abende auch nicht gereicht.

Obwohl möglichst vielen Freunden der Musik Platz geboten werden soll, eine gewisse Intimitätsgrenze darf der Saal ungestraft nicht überschrei-

Der tschechische Gewandhauskapellmeister Vaclav Neumann, porträtiert von dem Leipziger Grafiker Arnd Schultheiß

ten. In westlichen Ländern wird die Raumgröße von Konzertsälen nach der Höhe der Honorare bemessen, die Stardirigenten und Starsolisten verlangen und auch erhalten. Herbert von Karajan, als er nach seinem Gewandhausgastspiel im Dezember 1981 zum erstenmal wieder am Pult der Westberliner Philharmonie gestanden hat – deren Saal ja deutlich erkennbar das Vorbild für den Leipziger war –, soll gesagt haben: «Ich glaube, wir haben wohl doch etwas zu groß gebaut.» Sein Haus hat 2300 Plätze, unseres 1920, unter denen es, nach Meinung des Architekten, «nur sechs schlechte» gibt. Den großen Konzertsaal nennt er «das Herzstück des Gewandhauses». Von flachbrüstigen Frauen sagt man in Stuttgart: Wer von außen kein Herz hat, der hat auch innen keins. Kann sein, daß der Architekt auf seinen Reisen dies von einem Schwaben gehört hat, jedenfalls war es sein erklärter Wunsch und Wille, daß man das Herz des Gewandhauses ebenfalls von außen erkennen möge. Er selbst hat es, etwas prosaischer, so formuliert: «Die einzelnen Funktionen wurden, nach außen ablesbar, sozusagen baulich umhüllt.»

Daß diese originelle Hülle, die nun zu jeder Tages- und Nachtzeit zu sehen ist, viel bestaunt und bewundert wird, versteht sich wohl von selbst. Aber auch die Leipziger Lästermäuler haben ihre Zungen spitz gemacht! Daß das neue Haus bei Nacht, wenn das Wandbild durch die Glasfassade strahlt, «wie ein riesiger Farbfernseher» anzusehen sei, scheint mir ja noch ein ganz freundlicher Vergleich zu sein. Hingegen findet der vertrackte Hang der Leipziger, eine Neuheit erst einmal etwas geringschätzig zu betrachten, Ausdruck in dem Vergleich, das Gebäude würde so «klobig und massiv» aussehen «wie ein Panzer».

Einen sehr originellen Vergleich hat der ehemalige Gewandhauskapellmeister Vaclav Neumann angestellt, als er das neue Gewandhaus zum erstenmal gesehen hat: «Na bitte, Haus mit Mütze.»

Gerechterweise darf aber nicht unerwähnt bleiben, daß auch die echten Gewandhaus-Fans an seiner Entstehung und Fertigstellung reges Interesse bekundet haben. Mir ist eine Leipzigerin bekannt, die während der Bauzeit die wohl originellste Gewandhaussammlung angelegt hat. Von den Materialien, die beim Bau verwendet wurden, sei es das grün-braune Eichenholz von der Wandverkleidung des großen oder das grau-grüne Ahornholz vom kleinen Saal, seien es Fußbodenbeläge, Geländer- oder Fensterrahmenprofile, Meißner Granit, bulgarischer Kalkstein oder Cottaer Sandstein, von allem hat sie Proben zusammengetragen; manches Stück vom zuständigen Meister signiert.

Fünfter Brief,

die Verknotigung von Wissenschaft und Musik erläuternd; beispielshalber daran, wie ein cand. theol. zum ersten Paukenschläger Deutschlands wurde

Der Wolkenkratzer, den Du auf dem Bild gesehen hast, ist das neben dem Gewandhaus stehende Hochhaus der Universität. Im Sprachgebrauch der Leipziger heißt er auch «Weisheitszahn» oder «Professorensilo»; die symbolträchtige Rechtfertigung der unzweckmäßigen Form des Turmes, «ein nach Osten geöffnetes Buch», hört man nur noch höchst selten.

Die Nachbarschaft der beiden Institutionen besteht nicht zufällig, sie ist, wie man so schön zu sagen pflegt, «historisch gewachsen». Diese engen Beziehungen haben die Architekten durch einen Brückenschlag von der Universität zum Gewandhaus für jedermann sichtbar gemacht. Auch dieses Detail hat seinen Namen bekommen, zumindest im Gewandhaus wird es diskret «Seufzerbrücke» genannt.

Wenn ich Dir nun noch erzähle, daß in Sicht- und Hörweite unserer «Ponte dei Sospiri» zwei hammerschwingende Eisenmänner, ganz wie am Marcusplatz, die Stundenglocke schlagen, könntest Du berechtigt fragen, warum man Leipzig nicht längst das sächsische Venedig nennt. Pleiß-Athen und Klein-Paris reichen als Pseudonyme völlig aus, meine ich. Es käme sonst wohl noch so heraus, daß es hier gar nichts Eigenes gibt. Und vielleicht ist es sogar an dem, denn hast Du je davon gehört, daß z.B. die Amerikaner eine ihrer vielen Städte «das Leipzig des Westens» nennen? Oder daß irgendeine Stadt der Welt so albern wäre, sich des Beinamens «Klein-Leipzig» zu rühmen? Genug geseufzt!

Der Sachverhalt ist der: Universität und Gewandhaus standen in Leipzig seit ewig auf Tuchfühlung. Der erste Konzertsaal lag in jenem Flügel des weitläufigen Gewandhauses, der an die Universitätsstraße grenzte. Das neuere Konzerthaus wurde zwar weitab gebaut, aber schon drei Jahre nach seiner Errichtung zog es die Universität in seine Nähe. Da sie ihre Bibliothek schon fern vom Universitätsgelände bauen mußte, wollte sie wenigstens in vertrauter Nachbarschaft zum Gewandhaus bleiben.

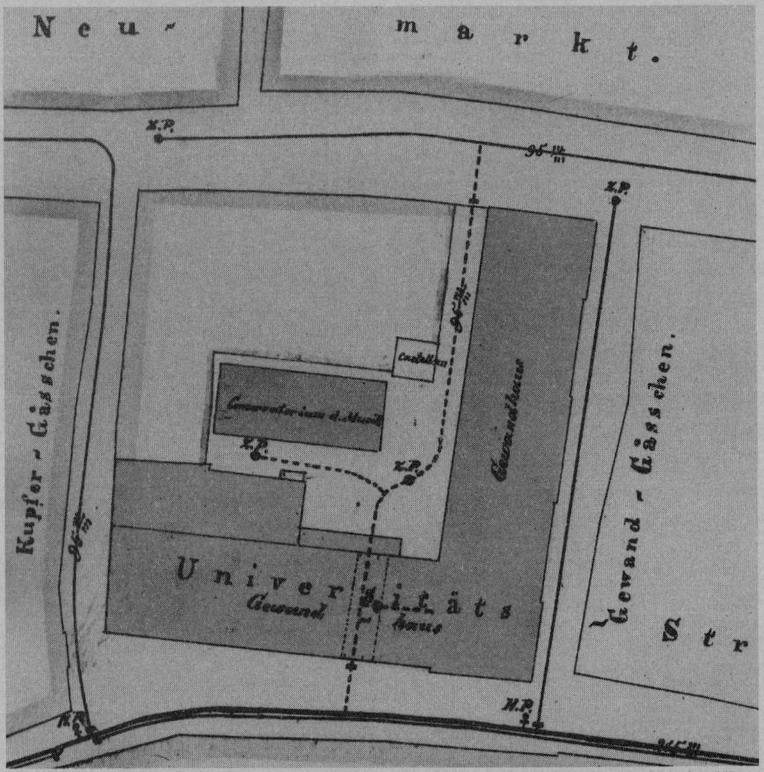

Die innigste Verflechtung beider Institutionen begann aber mit der Planung des Universitätsneubaues Ende der sechziger Jahre. Der damals veröffentlichte Modellentwurf zeigte neben dem Hochhaus einen tortenähnlichen Rundbau, das Auditorium maximum. Dieser Mehrzwecksaal mit 1200 Sitzplätzen sollte nebenbei auch dem Gewandhausorchester eine Heimat bieten. Die Begeisterung über diese Lösung – hielt sich in Grenzen. Hatte man doch den Wiederaufbau der Ruine außer aus technischen und ökonomischen Gründen auch deswegen verworfen, weil man ein größeres Platzangebot haben wollte. Das alte Haus hatte immerhin 1450 Plätze gehabt. Und überhaupt: ein Mehrzwecksaal, in dem wechselseitig geredet, getagt, gefeiert, konferiert und dann und wann auch einmal musiziert wird, war nicht das, was sich die inzwischen welterfahrenen Musiker erträumt hatten.

Derweilen hub der Universitätsbau an zu wachsen, und als er 1973 mit Hauptgebäude und Hochhaus in Leipzigs selten blauen Himmel ragte, war zwar alles Geld verbaut, aber dort, wo die Mehrzwecktorte prangen sollte, gähnte noch immer ein Loch. Also: kein Audimax = kein Gewandhaus? Das wäre keine zeitgemäße Lösung gewesen! Schon Gewandhauskapellmeister Franz Konwitschny, der 1962 gestorben war, hatte dringend für den Neubau eines eigenen Konzerthauses plädiert. Als Kurt Masur dann 1970 aus Dresden nach Leipzig kam, tat er dies zwar «nicht des Hauses wegen. Aber die Leipziger Aufgabe hat mich natürlich sehr gereizt, und ich spürte, wie in dieser Stadt Dinge verlorengegangen wären, wenn man sich nicht darum gekümmert hätte.»

Darüber, wie sich der neue Gewandhauskapellmeister um die Verwirklichung der Idee, ein neues Haus bauen zu wollen, gekümmert hat, schreibt Gewandhausdirektor Dr. Zumpe in der Festschrift von 1981: «Mit unermüdlicher Einsatzbereitschaft und nie erlahmender Energie gelang es ihm, vom Staatsratsvorsitzenden bis zum Zimmermann Verbündete zu gewinnen, die ihn tatkräftig unterstützten, das Projekt zu realisieren.» Die Leipziger danken ihm diesen Eifer, indem sie das neue Haus, ganz sacht überhöhend, «Masurium» nennen. Die «Verbündeten» beschlossen im Mai 1976 dies: «Zur Befriedigung der wachsenden geistig-kulturellen Bedürfnisse gehört es ebenso, durch Kunstwerke von hoher Meisterschaft tief wirkende Kunsterlebnisse zu schaffen, wie andererseits durch Rekonstruktion, Modernisierung und Ausbau sowie den Neubau von Kultureinrichtungen die Voraussetzungen für den Kunstgenuß und die Durchführung kultureller Veranstaltungen zu verbessern.» So stand es in der «Direktive des IX. Parteitages der SED zum Fünfjahrplan

für die Entwicklung der Volkswirtschaft der DDR in den Jahren 1976–1980» und bedeutete für Leipzig: Das Gewandhaus wird gebaut! Kein Provisorium, kein Mehrzwecksaal, sondern ein hochspezialisiertes Konzerthaus. Zu seiner Einweihung hatten sich am Nachmittag des 8. Oktober 1981 110000 Leipziger eingefunden; so die offizielle Zählung, der 40000 Quadratmeter große Karl-Marx-Platz war jedenfalls beachtlich gefüllt. Vor dem Gewandhaus war eine Tribüne errichtet worden, davor gähnte das nicht allzu tiefe Loch für den noch zu errichtenden Brunnen; eine Polizistenkette sorgte dafür, daß niemand so nahe herankam, daß er hineinstürzen konnte. Nachdem der Minister für Bauwesen die Erbauer und Nutzer des Hauses begrüßt hatte, hielt kein Geringerer als der Staatsratsvorsitzende und Generalsekretär der Partei, die den Bau beschlossen hatte, die Festansprache. Altem Brauch folgend, las der Obermeister den Weihespruch und überreichte abschließend einen riesigen Schlüssel an den glücklichen Hausherrn. Darauf schmetterten von den vier Ecken des Platzes Bläser des Gewandhausorchesters eine Fanfare.

Jetzt entstand eine kleine unnatürliche Pause, die Leute erwarteten wohl ein paar Worte des Hausherrn, des Gewandhauskapellmeisters. Aber bei Veranstaltungen, zu denen das Protokoll vorher geschrieben wird, muß man sich an dieses halten, da kann nicht einfach reden, wer will. So rettete der Erste Mann des Staates persönlich die Situation, indem er den Leipzigern fröhlich zurief: «So, und jetzt gehen wir das neue Haus aufschließen! Mit dem großen Schlüssel da! Alles Gute!»

Damit war der erste spezielle Konzerthausbau der DDR seiner Bestimmung übergeben, von dem sein Architekt gesagt hat: «Wir haben uns bemüht, daß man mit dem großen Saal möglichst wenig anderes anstellen kann, als Konzerte darin zu veranstalten.» Ein kleiner Teil des Gewandhauses gehört sogar der Universität, eine Abteilung der mathematischen Sektion ist in den Trakt beim kleinen Saal integriert. Aus gutem Grund: Nicht nur, daß ein gewisser Teil der Gewandhausbausumme aus dem Etat der Universität stammt, wenn die Studenten nicht gewesen wären, wer weiß, ob wir uns dann heute noch der reichen musikalischen Tradition in der Stadt erfreuen könnten.

Den 575. Jahrestag ihrer Gründung beging die Alma mater lipsiensis am 2. Dezember 1984 mit einem akademischen Festakt im großen Saal des Gewandhauses. Zur Feier dieses Tages wurden 17 Persönlichkeiten zu Ehrendoktoren der Karl-Marx-Universität ernannt.
Den Ehrentitel verlieh die Fakultät für Kultur-, Sprach- und Erziehungswissenschaften auch «dem Gewandhauskapellmeister Prof. Kurt Masur für seine interpretatorischen Leistungen als langjähriger Dirigent großer Klangkörper, insbesondere des Gewandhausorchesters».

Bei Studenten galt zwar zu allen Zeiten «tres faciunt collegium», aber für ein Orchester braucht es schon mehr als drei Leute. Als das «Große Concert» noch in den «Drey Schwanen» veranstaltet wurde, waren nur neun der Orchestermitglieder fest engagierte Fachmusiker, während siebzehn weitere aushilfsweise von der Alma mater, vor allem von der juristischen Fakultät, kamen. Du siehst an dem Zahlenverhältnis, daß die Musik der «Profis» ohne akademische Verstärkung sicher recht dünn geklungen hätte. Zudem hatten die Studenten auch einen gewissen «kulturhistorischen Vorsprung», ihr Collegium musicum war schon um 1700 gegründet worden, übrigens von keinem Geringeren als von Georg Philipp Telemann, der eigentlich statt Bach Thomaskantor hatte werden sollen, aber er fand den Hamburger Senat in Besoldungsfragen großzügiger als den Leipziger Rat. Mit dieser studentischen Musikvereinigung beginnt im Grunde das bürgerliche Konzertleben in Leipzig; Hofmusik hat es ja, wie ich Dir schon schrieb, sowieso nicht gegeben, und Kirchenmusik war zu dieser Zeit auch nicht mehr das Alleinseligmachende.

Ein ehemaliger Jurastudent, Johann Adam Hiller, hat dafür gesorgt, daß das «Große Concert» in der durch den Siebenjährigen Krieg auferlegten Zwangspause nicht völlig in Vergessenheit geraten ist. «Auf Ersuchen einiger hier studierender Kavaliere» ließ er Anfang des Jahres 1762 die Konzerttätigkeit wieder aufleben.

Als der junge Studiosus Goethe drei Jahre später von Frankfurt nach Leipzig kommt, kann er sich auch bei diesen Konzerten zerstreuen. Wenn Du in «Dichtung und Wahrheit» nachliest – in den Paralipomena! –, wirst Du finden, daß er sich offenkundig mehr für die Sängerinnen als für die Musik interessiert hat.

Von zwei dem Gewandhaus und der Musik verfallenen Studenten, die allerdings nicht den Weltruhm des vorigen teilen, will ich Dir berichten: Der erste ist als «Original und ewiger Student» in die Annalen des Gewandhauses und der Universität eingegangen. Mit 22 Jahren kam Christian Gottfried Thomas aus Wehrsdorf in der Lausitz nach Leipzig, um sich dem Studium der Rechtsgelehrtheit zu widmen. Ein halbes Jahr darauf, zu Weihnachten 1770, bläst er beim Kaffetier Richter ein selbstkomponiertes Waldhornkonzert, wofür er 3 Groschen Honorar erhält. Und damit ist er für die Jurisprudenz verloren! Ab 1771 sitzt er dann weniger in den Kollegien, sondern vor allem bei den Musikern des «Großen Concerts», wo er so heimisch wird, daß er 1781 mit ins Gewandhaus umzieht. Aber er versucht auch, die starke Nachfrage nutzend, Musik auf eigene Faust zu verkaufen. Seine Konzerte im Freien bereichert er durch «allegorische Illumination». Für den Winter mietet er den Saal des Schauspielhauses. Auf einem Holzpodest sitzt er dort mit seinen Musikerkollegen «mit Vorziehung dreyer Vorhänge darhinter vor Kälte und Zugluft einigermaßen geschützt». Doch die 180 Subskribenten, die je Konzert 3 Groschen bezahlt haben, wollen natürlich nicht im Takt zittern. Hornist Thomas weiß zwar metallnen Röhren sanfte Töne zu entlocken, das Theater warm zu bekommen stellt sich sehr viel schwerer dar: «... dann ließ ich drittens mit hoher Erlaubnis einen großen Ofen mitten ins Parterre auf ein darzu von Ziegelsteinen eigen erbautes Fußgestell setzen, die Rauchfangsröhren über dem Eingange des Parterres, sodann die Treppe hinauf und zum Fenster der zweyten Etage, über 70 Ellen lang, herausführen lassen. Bei mäßiger Kälte und Witterung machte die Feuerung in diesem Ofen, (welche früh um 9 Uhr schon ihren Anfang nehmen mußte) ziemlichen Effekt; bei der strengen aber sehr wenig.» 1785 ist er des Kämpfens mit den Naturgewalten müde, er gibt sein letztes Konzert, mit 6 Talern Verlust, und beschließt, nie wieder in Leipzig zu konzertieren.

Aber das Wandern ist offenbar nicht des Thomas' Lust; mit 43 Jahren läßt er sich abermals an der Alma mater lipsiensis inskribieren. An Konzerten beteiligt er sich auch wieder, die von ihm verausgabten Programmzettel tragen seit etwa 1800 die weltstädtische Anrede: «Citoyens de Leipsic!» Die Franzosenzeit hat er nicht mehr erlebt, am 12. September 1806, fünf Wochen vor dem Einmarsch napoleonischer Truppen in Leipzig, ist er «unter traurigen Umständen» gestorben: 58jährig als Musicus und – Student.

In Thomas' Sterbejahr wurde Ernst Gotthold Benjamin Pfundt geboren, der später als «cand. theol.» an der Leipziger Universität im hiesigen Theater Chorführer war. Auf die Kanzel ist er nicht gekommen, dafür wurde er aber ein «göttlicher Paukist», Pauker hat er sich nie nennen lassen wollen. Und das kam so: Felix Mendelssohn Bartholdy war mit der Aufführung von Beethovens Es-Dur-Klavierkonzert nicht zufrieden. Besonders unzufrieden war er mit dem Paukenschläger Grenser, dem es nicht gelingen wollte, im letzten Satz, beim Duo von Klavier und Pauke, das vom Komponisten geforderte rhythmische Pochen auf seinem Instrument wirkungsgerecht zu intonieren. Irgend jemand ließ Mendelssohn wissen, daß der Pfundt vom Theater ein hervorragender Paukenschläger sein solle. Mendelssohn ließ ihn bitten, und Pfundt schlug die Pauke so genau nach der Vorstellung des Dirigenten, daß er vom Fleck weg beim Orchester angestellt wurde. Als er drei Jahre später, zugunsten seines Vorgängers, wieder abgeschoben worden ist, setzte sich Robert Schumann im Januar 1841 für den «ersten Paukenschläger in ganz Deutschland» ein: «Bedauern müssen wir den Verlust des früheren Paukers, eines wahren Helden auf seinem Instrumente, der sich zum jetzigen und zu andern wie das Genie zu blossen Talenten verhält ... Sein Wirbel in der B dur Symphonie, einige Stellen in Mendelssohn'schen Ouverturen u.s.w. sind bis jetzt schwerlich übertroffene Meisterstücke, wie man sie kaum in Paris und Newyork hören kann.» Pfundt durfte an seine geliebten Pauken zurückkehren. Er tüftelte im Laufe der Jahre zahlreiche Verbesserungen für dieses Instrument aus und wurde auch ein begehrter Lehrer.

Schumann hatte wohl für den eifrigen Musiker ein besonderes Faible. Am 31. März 1841 veranstaltete Frau Clara Schumann ein «Extraconcert zum Besten des Orchester-Pensionsfonds». An diesem Tage sollte eine neue Komposition aufgeführt werden: «Symphonie von R. Schumann». Es war seine erste, und die Musiker erblickten darin geradezu eine Anmaßung, denn sie kannten Schumann höchstens als Komponisten kleiner Klavierstücke und als Zeitschriftenredakteur. Am be-

Geduldspiel

Der Pauker und Cymbalvirtuose Ernst Gotthold Benjamin Pfundt war wegen seiner weit bekannten Kunst, die Pauke zu schlagen, auch zu einem gesuchten Lehrer geworden. Daß ihm Geduld, Genauigkeit und Gründlichkeit über alles gingen, sollte auch ein englischer Musiker erleben, der den Meister um Unterricht gebeten hatte.

Der Schüler erscheint pünktlich zur ersten Stunde und greift sofort eifrig nach den Schlägeln. Pfundt beginnt seinen Unterricht: «Sehen Sie, Herr Smith, das wichtigste für einen Paukisten ist, daß er Takt halten und ganz famos zählen kann. Damit Sie das gründlich lernen, wollen wir das üben. Ich habe Ihnen deshalb Beethovens Pastoralsinfonie aufgelegt. Bitte, fangen Sie an.»

Im ersten und zweiten Satz dieser Sinfonie hat Beethoven, um möglichst zarte Bilder entstehen zu lassen, auf Trompeten, Posaunen und Pauken ganz verzichtet. Der Engländer zählt und zählt, und wenn er sich verzählt, läßt Pfundt ihn von vorn beginnen. Endlich hat er sich bis zum dritten Satz durchgezählt, an dessen Ende die Pauke mit ihrem gewittrigen Gegrummel das «lustige Zusammensein der Landleute» stören darf. Mister Smith hebt in Erwartung der befreienden Schläge die Schlägel, und Pfundt, indem er seine Taschenuhr zieht, sagt: «Tja, lieber Herr Smith, hier brechen wir jetzt mal ab, die Stunde ist um. Mit dem ‹Gewitter› wollen wir dann in der nächsten Stunde fortsetzen.»

nach schriftlicher Überlieferung

Exercir-Schule
Turnhalle (Schreberstraße) und Zoologischer Garten.
Anmeldungen zum Weihnachts-Cursus in meiner Wohnung Albertstraße 10, III.
Als passendes Weihnachtsgeschenk für Knaben empfehle ich Exercirgewehre nebst Zubehör.
Louis Brehme,
Turnlehrer an der orth. Heilanstalt.

Neues Gewandhaus.

Heute Freitag, d. 12. December a. c.,
findet das zweite der drei, der Einweihung des Hauses gewidmeten Abonnement-Concerte statt.

Programm:

Der Messias. Oratorium nach Worten der heiligen Schrift von G. F. Händel. (Nach der Mozart-Robert Franz'schen Bearbeitung.) Die Soli gesungen von Frau Melitta Otto-Alvsleben, Fräulein Hermine Spies, Herrn Emil Götze und Herrn Stehr.

Leipzig, den 12. December 1884.

Die Concert-Direction.

Dank.

Die Angehörigen des Königlichen Conservatoriums der Musik zu Leipzig haben Grund erfüllt zu sein von grosser Freude und von tiefempfundenem Danke.

Ein Freund der Kunst, welcher der Entwickelung unseres Institutes sein reges Interesse zuwendet und die Nothlage erkannt hat, in welcher ersteres hinsichtlich der räumlichen Verhältnisse sich befindet, hat uns, um die Frage der Erbauung eines neuen Institutsgebäudes dem Abschlusse nahe zu bringen, die Summe von

300,000 Mark

zum Geschenk gemacht und an diese Schenkung nur die Bedingung geknüpft, dass der Bau spätestens im April nächsten Jahres in Angriff genommen werde.

In dankbarer Erinnerung an vielfache Beweise des Wohlwollens, durch welche bisher unser Institut Seiten derjenigen Kreise ausgezeichnet worden ist, welche für die endgültige Entscheidung der gedachten Frage die massgebenden sind, blicken wir vertrauensvoll in die Zukunft.

Dem Edlen, — dessen Namen zu nennen uns nicht gestattet ist, — der, beseelt von der Liebe zur Kunst und von der Liebe zu unserer Stadt, durch so reiche Gabe uns hoch beglückte, ihm danken wir von ganzem Herzen!

Leipzig, den 11. December 1884.

Das Directorium des Königlichen Conservatoriums der Musik.
Dr. Otto Günther.

kanntesten war er ihnen ohnehin als Stammgast des «Kaffeebaum» und als einer, der sich die Heiratserlaubnis seines Schwiegervaters vor Gericht eingeklagt hatte. Und der soll eine Sinfonie geschrieben haben? Mendelssohn hatte drei Proben angesetzt, um dem Werk seines Freundes auch gerecht werden zu können, denn «fast jedes Instrument hatte eine heiklige Stelle». Die zweiten Violinen schimpften, «das sind Clavier- und keine Geigenpassagen», und selbst dem gewieften Flötisten Grenser, ein Bruder des gerügten Paukers, «widerstrebte die bekannte Cadenz im Finale einigermaßen». Nur einer im Orchester war glücklich, überglücklich: Paukist Pfundt. Robert Schumann hatte ihm zuliebe statt der üblichen zwei Pauken *drei* geschrieben!

Natürlich war es ein ziemliches Wagnis, sich immer darauf zu verlassen, daß einige musikalische Studenten im Orchester schon mittun würden. Der Gedanke, sich selbst um den Musikernachwuchs zu kümmern, liegt nahe. Felix Mendelssohn Bartholdy war einer jener Menschen, die es schaffen, den Sprung von der Idee zur Realität zu bewältigen. Da existierte in der königlich-sächsischen Hofkasse das sogenannte «Blümnersche Legat» in Höhe von 20000 Talern. Nach siebenunddreißigjähriger Mitgliedschaft im Gewandhausdirektorium war am 13. Februar 1839 Oberhofgerichtsrat Heinrich Blümner gestorben, der in seinem Testament festgelegt hatte, das Geld solle «zur Begründung eines neuen oder zur Unterstützung eines bereits bestehenden gemeinnützigen vaterländischen Instituts für Kunst oder Wissenschaft» verwendet werden. Der Gewandhauskapellmeister verstand es, das Blümnersche «oder» in ein «und damit» zu steigern; nachdem Bürgermeister, Kreisdirektor und König von der Notwendigkeit einer gründlichen Ausbildung für Musiker überzeugt sind, beginnt am 2. April 1843 am «Conservatorium der Musik» der Studienbetrieb. Als Lehrer wirken hauptsächlich Musiker des Gewandhausorchesters, und gelehrt wird in einem Gebäude im Hofe des Gewandhauses, woran Du unschwer nicht nur die Verbundenheit beider Institute im Geiste, sondern auch im Orte erkennst.

Heute ist zwar der räumliche Abstand zwischen beiden Häusern größer, aber etwa vier Fünftel des Musikernachwuchses im Gewandhausorchester kommen sozusagen aus eigener Zucht, von der Hochschule für Musik, die inzwischen den Namen ihres Begründers trägt.

Das Signal, mit dem die Gewandhausbesucher zum Konzertbeginn in den Saal gerufen werden, fußt auf den ersten Takten der Sinfonie Nr. 1 in B-Dur von Robert Schumann, welche «Die Frühlingssinfonie» genannt wird.

Daß der Weg ins Gewandhaus auch heute noch über die Universität führen könne, meinten wohl besonders diejenigen, die von den raren Eintrittskarten für die Konzerte der Eröffnungswoche keine abbekommen hatten. Als ein Universitätsprofessor, dessen gute Verbindungen zum Gewandhausorchester bekannt sind, um Karten bestürmt wurde, wußte er sich nicht anders zu helfen als auszurufen: «Also wissen Sie, wer wirklich ins Gewandhaus will, um Musik zu hören, der wird schon noch reinkommen, aber wer unbedingt *jetzt* hinein *muß*, der will sich sowieso nur die

Ich habe, glaube ich, einen relativ natürlichen Weg genommen, den ja etwa fünfundachtzig Prozent der Musiker des Gewandhauses auch gehen: Nämlich in Leipzig ausgebildet zu werden – den Klang dieses Orchesters lieben zu lernen – und zum Maßstab zu nehmen. Ich habe damals nicht daran gedacht, Gewandhauskapellmeister zu werden. Ich wollte einfach ein guter Dirigent sein.

Prof. Kurt Masur
Gewandhauskapellmeister
1982

Kacheln im Klo angucken!» Auch in der Universität habe ich herbe Seufzer über das Verhältnis zum großen kleinen Nachbarn gehört. Die vielen Universitätsprofessoren fühlten sich gegenüber den wenigen Gewandhausprofessoren deutlich zurückgesetzt. Obgleich der knappe Parkraum zwischen den beiden Nachbarn «fair geteilt» wurde, schimpfte ein renommierter Mann des Wortes, eine Stütze der Universität: «Ich muß jetzt durch die halbe Stadt latschen, Hauptsache ‹die Stadtpfeife› kann bis vor die Tür fahren!»

Nun aber komme ich in Verlegenheit. Sie wollen für Geld Billete zu Ihrem eigenen Concert, u. zwar sehr gute. Da hilft mir aber selbst der Doktor nichts. Für Geld ist nichts zu haben, wenigstens nichts was man brauchen könnte: nur Stehplätze in einer dunklen Ecke oder im Nebensaal. Alle guten Sitze sind seit Erschaffung der Gewandhausconcerte abonnirt in erblichem Familienbesitze. Man kann sich höchstens noch hineinheiraten! Leute wie ich kommen immer nur durch Zufall und Güte anderer, die für das Mal auf ihren Sitz verzichten, ins Heiligthum. Dagegen hat die Concertdirektion immer eine genügende Zahl von Plätzen reservirt, die Ihnen selbstverständlich zur Verfügung gestellt werden. Zu kaufen sind sie aber nicht, soviel weiß ich. Es wird nur eines Winkes von Ihnen bedürfen um die 3 Plätze, u. zwar sehr gute, zu bekommen. Diesen Wink ertheilen Sie den Herren aber wohl selber.

Th. W. Engelmann
in einem Brief an Johannes Brahms
vom 22.12.1876

Sechster Brief, der von der Vorläuferschaft der Stadtpfeifer für das Gewandhausorchester berichtet und wie sich einer von ihnen zu Tode geblasen

Anno 1479
Hat der Rath den Bürgern zur Ergötzung Stadt-Pfeiffer angenommen / welchen jährlich 40 alte Schock und eine Hoff-Wand versprochen worden; hingegen sollen sie umbs NeuJahr nicht bitten / auch von einem Bürger für Auffwartung auff einer Hochzeit mehr nicht als 40 Groschen nehmen.

Johann Jacob Vogel
Leipzigisches Geschicht-Buch Oder Annales, Das ist: Jahr- und Tage-Bücher Der Weltberühmten Königl. und Churfürstlichen Sächsischen Kauff- und Handels-Stadt Leipzig
1714

Stadtpfeiffer Eidt.
Dem dienst darzu Ich mich begeben hab, dem will ich getreulich und vleißig vorstehen, des Raths Ehre fördern, und schaden, ob ich den erfahren wurde, melden, warnen, und offenbahren, der Musica in der Kirchen, sowohl dem aveblasen von dem Rathhause vleißig abwarten / die ienigen / so mich und meine gesellen zu Ehren / es sey auff Wirdtschafften oder Gastereyen erfordern, mit dem Lohn nicht ubersetzen, Sondern an dem, was verordnet begnügen, und im auffwarten mich willig und unverdroßen erfinden lassen. / .
Treulich und ungefehrlich, Als mir Gott helffe.

seit 1479

Zugegeben, «Stadtpfeife» klingt nach Verbalinjurie, aber lieber Freund, wie kannst Du denn denken, daß eine hochangesehene Person des öffentlichen Lebens über eine gleichfalls renommierte Persönlichkeit . . .! Der ordentliche Professor hat lediglich von einem, zumindest in Leipzigs kultureller Tieflandbucht, reichlich geläufigen Wort den letzten Buchstaben weggelassen, was eine leichte emotionale Verfratzung des kulturgeschichtlich gesicherten Terminus «Stadtpfeifer» zur Folge hat. Mit denen hat alles angefangen.

Was den Dresdner Fürsten ihre Hofkapelle, waren den Leipziger Bürgern ihre Stadtpfeifer. Im Jahre 1479, am 10. Juli, hatte der Rat «meister Hanßen Nayll mit zweyen seinen sonen» angestellt. Für sie, als vereidigte Ratsbeamte, war das musikalische Wirkungsfeld entschieden weitläufiger als das der Hausmänner auf den Türmen. Es kam inzwischen nicht mehr nur darauf an, durch irgendeinen organisierten Krach Feierabend oder Feuersbrunst zu verkünden; der Ton sollte dem Ohr schmeicheln, sollte kultiviert klingen und bei Fremden und Einwohnern den Eindruck einer musenfrohen Stadt befördern. Jene drei Herren mußten «der Musica in der Kirchen, sowohl dem aveblasen von dem Rathhause vleißig abwarten» und zudem auch «auff Wirdtschafften oder Gastereyen» musizieren. Und letzteres aus gutem Grund, denn das brachte ihnen das Geld. Das Gehalt der beamteten Stadtpfeifer war so knapp bemessen, daß sie sich sogar den größten Teil ihres Lebensunterhaltes bei Hochzeiten, Festlichkeiten, Doktoraten, Magisterien, Lizentiaturen, Prozessionen und Tafelmusiken einspielen mußten. So trugen die Bürger Leipzigs ganz direkt, nicht einmal auf dem schleierhaften Steuerweg, die Kosten für den Unterhalt der Ratsmusikbeamten.

Du weißt, daß der Menschenwille, möglichst alles und jedes streng zu reglementieren, uralt ist. Folgerichtig war Hochzeithalten zur Stadtpfeiferzeit von der Einhaltung eines umfangreichen Regelkatalogs abhängig. Darin war nicht nur festgelegt, wer mit wem, sondern auch wieviel Gäste bei der Feier sein durften. Unsereins hätte vermutlich im kleinen Kreise geheiratet, aber für ganz besonders vornehme Bürger wurden bis zu 10 Tische mit je 12 Gästen bewilligt.

Gäste- und Speisenliste, so verlangte es eine Anordnung aus dem Jahre 1680, mußten 8 Tage vor der Hochzeit im Rathaus zur Genehmigung vorgelegt werden. Wer es richtig festlich haben wollte, der mietete dann auch den Festsaal des Rathauses für die Hochzeitsfeier. Dort kannst Du übrigens heute noch an der Schmalseite eine kleine steinerne Galerie auf zwei Säulen sehen, die «Pfeiferstuhl» genannt wird. Von hier oben schmetterten die Stadtpfeifer ihre Tafel- und Tanzmusik. Als Honorar dafür erhielten sie, ebenfalls laut Anordnung, außer 4 Talern in bar «aus gutem Willen ein kalt Gebratenes, einen Krug Bier, 4 Kannen Wein als Köstigung mit heim». Du wirst Dich erinnern, daß wir in unserer Jugendzeit so einen verrückten Tanz hatten, den Twist, wegen dessen aktiver Ausübung ich um ein Haar nicht hätte studieren dürfen, weil er erst ein halbes Jahr später als «Ausdruck jugendgemäßer Lebensfreude» allerhöchstenorts anerkannt wurde. Die Drehtänze haben auch schon den alten Stadtpfeifern zu schaffen gemacht. Wer so frivol tanzte, wurde bestraft, und so mußte mancher Hochzeitsgast, weil er sich «auf dem Rathause umgedreht» oder gar «eine Frau herum am Tanze geschwenket, daß sie entblößt», ein «Drehgeld» bezahlen. Doch die Härte des Gesetzes traf auch den Musiker, er mußte zahlen, «weil er nicht nach des Raths Vorschrift mit Blasen aufgehöret», sobald er solcher Unzucht ansichtig geworden war. Aber eine Hochzeit war ja schließlich was fürs ganze Leben, und darin sollte es doch wenigstens einmal unbeschwert ausgelassen zugehen. Brautväter, die sich den Rathaussaal leisten konnten, konnten es sich auch leisten, die Strafen für Tänzer und Musiker gewissermaßen pauschal zu bezahlen.

Den guten, weit verbreiteten musikalischen Ruf, den Leipzig *in ganz Deutschland genießt, verdankt es einzig und allein diesem Orchester, dessen Mitglieder sich aufs kümmerlichste, aufs traurigste behelfen müssen; jener gute Ruf ist gewiß nicht ohne materielle Vortheile für die Stadt* Leipzig, *der geistigen Vortheile für die Kunst zu geschweigen; sollen denn die Einzelnen, denen man so günstige Resultate schuldig ist, nach wie vor in einer ihren Leistungen und den Zeitumständen unangemeßnen, in einer drückenden Lage bleiben, während das Ganze durch sie gedeiht, und die Stadt selbst Ehre und Nutzen von ihnen hat?*

aus einem Brief von
Felix Mendelssohn Bartholdy
an den Rat der Stadt Leipzig
3.10.1843

Summa summarum kann das Honorar dieser frühen Stadtmusiker aber nicht besonders üppig ausgefallen sein, denn besagter Meister Hans Nagel hängte schon im Frühjahr 1483 aus pekuniären Gründen seinen prächtigen Stadtpfeiferstaat nebst dem silbernen Zunftschild an denselben. Als auch sein Nachfolger binnen kurzem ausgepfiffen hatte, behalf sich der Rat vier Jahre lang mit hallischen Pfeifern. Erst im Dezember 1488 fanden sich wieder Musiker, die bereit waren, den

Leipziger Stadtpfeiferamtseid zu leisten, dessen gewichtigster Passus ihnen die Verpflichtung abverlangte, «des Rates Ehre fördern» zu wollen. Der Rat seinerseits sorgte aber dafür, daß sich die Pfeifer auch recht in Szene setzen konnten. Im wahrsten Wortsinn wurden sie «über die Masse erhoben». Am Rathausturm, unter der Uhr, kannst Du noch heute den kleinen Balkon sehen, über dessen Zweck ein zeitgenössischer Bericht sagt: «1. Oct. Sonntags vor Ausläutung des Michaelismarkts haben auf itzt erwähntem Gänglein die Stadtpfeifer umb 10 Uhren vormittags erstmahls angefangen, von ihrem eignen Willen, zu blasen.» Du siehst den ganz leipzigtypischen Umstand: Die Neuigkeit wurde zur Eröffnung der Herbstmesse 1599 in Betrieb genommen, damit ein Maximum an Menschen sie auch gleich zur Kenntnis nehmen und davon in aller Welt herumerzählen konnte. Das Ritual, wie «die Stadt Pfeiffer des Tages zweymal mit Posaunen und Zincken blasen», hat man in Leipzig lange, sehr lange erleben können. Letztmals wurde nämlich erst am 20. September 1861 regulär abgeblasen. Die Stadtpfeifer werden darum nicht traurig gewesen sein, denn das Abblasen gehörte inzwischen zu ihren unbezahlten Pflichten. Besonders traurig waren sie hingegen immer dann, wenn eine hochgestellte Persönlichkeit gestorben war. Nicht, daß sie außergewöhnlich obrigkeitsergeben gewesen sind, aber solch ein Staatstrauerfall brachte sie jeweils um ihre Haupteinnahmequelle. Nach dem Tode eines Kurfürsten von Sachsen durfte ein Jahr lang auf Hochzeiten nicht geblasen werden. Starb die Kurfürstin, brauchte die Musik nur für zwei Monate zu schweigen. Der Rat mußte dann wohl oder übel etwas Geld zuschießen, damit die Pfeifer auch in diesen traurigen Zeiten zur Stange hielten.

Im Jahre 1694, als Kurfürst Johann Georg IV. gestorben war, zahlte der Rat an den Stadtpfeiferadjunkt Johann Gottfried Reiche eine Gratifikation, «daß er nicht außer Landes gehen möge». Reiche blieb im Lande und wurde nach der Lehre zunächst bei den niedriger besoldeten Kunstgeigern, 1706 dann aber bei den Stadtpfeifern angestellt, deren Senior er im Jahre 1719 ist. So beförderte ein Trauerfall einst Reiches Leipziger Karriere, ein Freudenfest soll sie jäh beenden. Kurfürst Friedrich August II. war am 5. Oktober 1733 als August III. zum König von Polen gewählt worden. Aus Anlaß des Jahrestages dieser Wahl fand auf dem Leipziger Markt ein großes Jubelfest statt. Der kunst- und prachtliebenden Maje-

Musicanten betriegen 1) Wenn sie bey allgemeiner Land-Trauer, auf dem Lande und in den auf der Einzele liegenden Wirths-Häusern, denen Leuten heimlich ums Geld aufspielen, darbey aber ihnen verbiethen, daß ja niemand etwas davon aussagen solle. 2) Wenn sie des Sonntags wider Obrigkeitliches Verboth auf heimlichen Winckeln Täntze aufspielen. 3) Wenn sie sich bey Zusammenkünfften das Geld voraus auflegen lassen, und ehe die Gäste noch Lust haben auseinander zu gehen, sich anstellen, als ob sie sich voll getruncken und also nicht weiter aufspielen könten. 4) Wenn sie die Kirchen-Instrumenta welche der Gottes-Kasten mit darzu nöthigen Saiten und andern unterhalten muß, zu ihren weltlichen Musiquen anwenden. 5) Wenn sie ihre Lehrlinge, um eigenen Nutzens willen, mit Fleiß lang aufhalten, daß sie kaum in einem 4tel Jahr eine Menuet spielen können. 6) Wann sie in fremden Kirch-Spielen, und an solchen Orten, wo andere Musici oder Stadt-Pfeiffer das Recht allein, denen Gästen aufzuspielen, haben, sich unter dem ersonnenen Praetext, sie wären des Bräutigams oder Braut Anverwandte, oder gute Freunde, thäten es umsonst, zur Music gebrauchen lassen.

Georg Paul Hönn
Betrugs-Lexicon
1724

Der Verleger Johann Friedrich Gleditsch, porträtiert von dem Leipziger Kupferstecher Johann Martin Bernigeroth

stät zu Ehren war alles auf das beste inszeniert worden: Der gesamte Markt wurde von Pechfackeln illuminiert, Stadtpfeifer, Kunstgeiger, Thomanerchor und weitere, extra engagierte Musiker brachten die Huldigungskantate dar, die Johann Sebastian Bach für diesen Tag komponiert hatte: «Preise dein Glücke, gesegnetes Sachsen». Ein gewaltiger Staatsakt, für dessen Gelingen jeder der Beteiligten sein Bestes, ja sein Letztes gab. Und dies in besonderem Maße der Senior der Stadtpfeifer. Tags drauf nämlich, am 6. Oktober 1734, brach Johann Gottfried Reiche, «der Welt größter Clarinvirtuose», im Stadtpfeifergäßchen, das nun schon lange Magazingasse heißt, leblos zusammen, «und dieses soll daher kommen sein, weil er Tages vorhero bei der königlichen Musique wegen des Blasens große Strapazzen gehabt und auch der Fackelrauch ihm sehr beschwerlich gewesen». Bei Lebzeiten hatte er auch komponiert, dem Verleger Johann Friedrich Gleditsch vererbte er 122 «Abblase-Stückgen». Dieser Herr Gleditsch ist aber niemand anders als der Initiator des «Großen Concerts». Daß er für kurze Zeit sogar dessen Hausherr gewesen ist, berichtet der «Copist beim Großen Concert», Johann Salomon Riemer: «... den 11. (März 1743) wurde von 16. Personen so wohl Adel als Bürgerlichen Standes das

Der sächsische König Friedrich August weilte am 16. Februar 1905, wenige Monate nach seiner Krönung, zum «Antrittsbesuch» in Leipzig. Die Vertreter der Kreishauptmannschaft legten dem Monarchen das Besuchsprogramm vor: 1. Imbiß mit den Honoratioren der Stadt im Ratskeller, 2. Gespräch mit dem Philosophen Professor Wundt, 3. Besichtigung des Krystallpalastes und 4. am Abend Konzert im Gewandhaus. Als der Landesherr ob dieser Liste sacht stöhnte, beeilte sich der Protokollchef hinzuzufügen: «Falls es Majestät zu viel werden, könnten wir ja das Gewandhaus streichen.» Doch Majestät entgegnete mannhaft: «Nee, nee, lassen Se nur, was mei Vader un mei Großevader ausgehalden hamm, das erdraach'ch ooch.»

nach mündlicher Überlieferung

Große Concert angelegt, wobey jede Person jährlich zur Erhaltung deßselben 20. Rthlr., und zwar vierteljährig 1. Louisd'or erlegen mußten, die Anzahl der Musicierenden waren gleichfalls 16. außerlesene Personen, und wurde solches erstlich in der Grimmischen Gaße bey dem Herrn Berg Rath Schwaben, nachgehends in 4. Wochen drauf, weil bey erstern der Platz zu enge, bey Herr Gleditzschen dem Buchführer aufgeführet und gehalten.»

Daß das Musizieren in Leipzig derart schlimme Folgen hat, ist aber die Ausnahme. Doch Krankheit, Alter und Tod sind allzeit unvermeidlich, nur trugen die Musiker dafür früher das «volle Risiko». Damit nicht jeder nur auf seine «hohe Kante» angewiesen war, unterzeichneten 21 Stammspieler des Orchesters am 17. Juli 1786 einen Vertrag, der zur Grundlage des «Orchester-Pensionsfonds» wurde. Der Paragraph 15 faßt das Anliegen der Musiker zusammen:

Da bey jeder Gesellschaft gemeinschaftliche Ausgaben unvermeidlich sind, und um unserer Vereinigung eine gewiße Festigkeit und Dauer zu geben, haben wir beschloßen, einen gemeinschaftlichen Fiskus zu errichten, der zur Unterstützung solcher Mitglieder, welche wegen Alter oder Krankheit dieselbe bedürfen, oder durchreisender dürftiger Musiker, die Beyhülfe verdienen, angewendet werden soll. Zu Errichtung dieser gemeinschaftlichen Kasse ist jedes Mitglied schuldig, wöchentlich 2 gr. zu erlegen; und damit so lange fortzufahren, bis ein fond von wenigstens 100 Rthlr. vorhanden ist. Ferner fließen in den Fiskus die bey dem 6ten und 9ten Punkte bemerkten Strafgelder, und soll auch zu Vermehrung desselben jährlich ein außerordentliches Concert von den sämmtlichen Mitgliedern des Orchesters gegeben werden.

Wer in Ehren vom Orchester schied, erhielt sein Geld zurückgezahlt, die von ihm entrichteten Strafgelder blieben allerdings im gemeinsamen Topf. Wurde ein Musiker, wie der 2. Waldhornist Fleischhauer im Februar 1790, «aus der Gesellschaft ausgestoßen» («weil er sich an H. Pitterlin als Mus. Director bey einer Operette vergriffen und selbigen mit Prügel injurirte»), ging er satzungsgemäß all seiner Beiträge verlustig. Weil die allermeisten Musiker aber schon immer friedliche Menschen waren, wuchs der Fonds im Laufe der Jahre beträchtlich, die gewinnbringende Anlage des Kapitals sorgte zudem dafür, daß sich das Geld «von selbst» vermehrte.

Siebenter Brief, über die wechselseitige Bedingtheit und wechselvolle Geschichte einiger Gewandhausdenkmale

Natürlich, ich verstehe Dein Erstaunen. Gewiß hat es Stadtpfeifer wenn schon nicht in jeder, so doch in jeder «besseren» Stadt gegeben. Die Ursache für ihre so heftig wiedererblühte Popularität in Leipzig vermute ich darin, daß die hiesige Kulturdirektion, eine Art Agentur für Jahrmärkte, Volksfeste und andere Spektakel, die Pfeifer zu ihrer Lieblingssommerattraktion erkoren hat. Seit 1979, Anlaß war der 500. Jahrestag der Anstellung des ersten, veranstaltet man auf dem historischen Markt, vor historischer Kulisse, in historischen Kostümen, mit historischen Instrumenten und in Anwesenheit historischer Stelzenläufer, Gaukler und Mimen die historische Vereidigung der historischen Stadtpfeifer. Bei so viel Bemühtheit von Historie haben wir wirklich Glück gehabt, daß das Alte Rathaus von 1556, das dem Spektakel als «Original-Kulisse» dient, nicht wieder in den Zustand von 1479 zurückversetzt worden ist.

Die Stadtpfeifer haben es verdient, in Leipzig mit einem Denkmal geehrt zu werden. Am Neuen Gewandhaus, wo vor dem Eingang zum kleinen Saal ein Höfchen entstanden ist, sollte ein Stadtpfeiferbrunnen stehen. Spielen sie eben eine Wassermusik, warum auch nicht. Leider hat sich auf dem Wege von der Idee zur Ausführung unser Stadtpfeifer in einen alkoholisierten Hofnarren verwandelt, der dergestalt auf einem Säulchen hockt, daß ich, um Dir eine treffende Beschreibung liefern zu können, mich unausweichlich in den Bereich der Fäkalsprache hinabbegeben müßte. Breiten wir also schnell den Mantel barmherzigen Schweigens über diese Unaussprechlichkeit.

Zum Glück wird im Neuen Gewandhaus Erinnerung an die Stadtpfeifer auf ganz spezielle Weise gepflegt, nämlich sie wird sprachgepflegt. Das kleine Restaurant im Gewandhaus heißt «Stadtpfeiffer», und wer will, der soll es abstreiten, daß «einen blasen» oder «einen pfeifen gehen» aus dem Sprachgebrauch jener frühen Musici stammt.

Mir fällt bei dieser Gelegenheit ein, daß Dich sicherlich einige Bemerkungen über Denkmale der Musikgeschichte, das ist in Leipzig Gewandhausgeschichte, interessieren; zumal Du mir geschrieben hast, daß Dich mein letzter Brief erreichte, als Du gerade auf dem Wege warst, «das älteste deutsche Brahms-Denkmal» anläßlich des bevorstehenden Jubiläums kulturbündlerisch zu pflegen.

Das älteste Exemplar der Gattung «Gewandhausdenkmale» findest Du gleich gegenüber dem Hauptbahnhof. «Von den dankbaren Bürgern Leipzigs» wurde es bereits im Jahre 1819 errichtet. Das Gedenken gilt, laut Inschrift, dem «Bürgermeister C. W. Müller, Schöpfer dieser Anlagen». Damit ist der Promenadenring gemeint, der in der Amtszeit Müllers an der Stelle von Stadtmauer und -graben zu entstehen begann. Die Lyra an der bahnhofzugewandten Seite des Kubus assoziiert Musikalisches. Genau – es ist ebenjener Bürgermeister, der die Idee mit den «jährlich 150. Thaler, auch vielleicht wohl 200. Thaler» Gewinn aus Konzerten im Gewandhaus publik gemacht hat.

Auf diese Idee soll ihn, neben anderen, auch Hiller gebracht haben; Johann Adam Hiller, der das «Große Concert» zum Gewandhauskonzert weiterentwickelt hat und somit zum ersten Gewandhauskapellmeister geworden ist. Sein Denkmal wurde am 29. Juni 1832 unweit der Thomaskirche eingeweiht, wirkte er nach vier Gewandhausjahren doch auch noch zwölf als Thomaskantor. Und obwohl er die beiden höchsten musikalischen Ämter Leipzigs in einer Person vereinigte, ist er selbst hier recht vergessen. Zur Feier des 500jährigen Musikstadtjubiläums zählt der Direktor eines hiesigen Musikverlages in seinem Buch auch «steinerne Zeugen» der Leipziger

Als Beitrag zur Jubiläumsspielzeit 1967/68 «225 Jahre Gewandhaus-Orchester» hatte die Gewandhausdirektion für die Musiker eine musikgeschichtliche Stadtführung organisiert. Als die Gruppe vom Markt zur Thomaskirche ging, sagte der Cicerone: «Und nun gehen wir hinüber zum Hiller-Denkmal!» «Ja wieso?» fragte da der tschechische Gewandhauskapellmeister Vaclav Neumann, «wer ist er? Hat er auch mit dem Gewandhaus zu tun?»

mitgeteilt von
einem Teilnehmer des Rundgangs

Musikgeschichte auf; das Hiller-Denkmal bleibt unerwähnt. Die vier Schwestern Podlesky hatten es «Ihrem verewigten Lehrer und väterlichen Wohltäter» gewidmet. Schwester Thekla war zu Hillers Zeit die erste Sängerin des Gewandhauses, die anderen, Mariane, Franziska und Aloysia, sangen im Chor. Vier Tafeln, aus feinem pirnaischen Sandstein gearbeitet, waren auf einem treppenartigen Fundament zu einem Kubus zusammengestellt und mit einer flachen Dachpyramide gedeckt. Die Schauseite, die wichtigste also, war jene, auf der die vier Schwestern viel mehr sich selbst denn Hiller ein Denkmal gesetzt haben. Sie alle sind gänzlich darauf dargestellt, in wallenden Gewändern um eine orgelpfeifengesäumte Säule versammelt. Thekla legt sich die Linke an die

Der Triller

Frage.
Warum wendet sie nicht mehr Müh' und Fleiß auf den Triller,
Da der Sängerin Kunst nur an demselben man prüft?

Antwort.
Freund, du kennest noch nicht des Trillers wahren Metallklang,
Hör' ihren Triller zu Haus, wenn die Dukaten sie zählt.

Distichon von F. A. Kanne
im Leipziger Tageblatt
18.2.1823

Brust und mit der Rechten einen Kranz auf die Säule. Darüber schwebt ein sternengefaßtes Porträtmedaillon von Hiller. Die Stifterinnen keines Blickes würdigend, schaut er stur zur Seite, und es hat den Anschein, als habe er durchschaut, daß er eigentlich für eine Selbstehrung der Damen Podlesky herhalten muß. Vielleicht ist das überhaupt der Grund dafür, daß verdenkmalte Menschen oft so leer und verbissen am Betrachter vorbeischauen; sie können sich nicht mehr anders wehren. Den Leipzigern scheint das Denkmal aber gefallen zu haben, denn als es 1905 plötzlich verschwunden ist, wird im «Leipziger Kalender 1906» danach gefahndet: «Denkmal gesucht! Eines unvorhergesehenen Tages in diesem Sommer ist der seit Menschengedenken an der alten Schule Johann Sebastian Bachs befindliche Gedenkstein eines gewissen Johann Adam Hiller (*25. Dez. 1728 zu

Morgens mit dem sechsten Glockenschlage begann das Fest der Einweihung des schönen Denkmals, das die dankerfüllte Sängerin, Frau Thekla Battka, geborene Podleska, ihrem verehrten Lehrer widmete. Eine Deputation des Rathes unserer Stadt, sämmtliche Lehrer der Thomasschule, die Künstler Prof. Schnorr (Zeichner der Gruppe des Monuments), Funk (Bildhauer) und Wingrich (welcher die übrigen Steinarbeiten geschickt vollbrachte), die Thomasschüler und mehre geachtete Kunstfreunde unserer kunstliebenden Stadt bildeten einen Feyerzug, dessen Ordnung unsere Communalgarde, in Mitgliedern aus allen Compagnien die Bürgerschaft repräsentierend, an den Eingängen ehrenvoll sicherte. Trotz der Frühe hatte sich eine große Anzahl Theilnehmender aus allen Ständen versammelt, die in Andacht des Festes Bedeutung würdigte. Zuerst ertönte ein Choralgesang zum Preise der Dankbarkeit. Darauf wurde von dem Thomanerchore des gefeyerten Hiller's schöne Motette trefflich gesungen: «Alles Fleisch vergeht wie Gras». Hr. Baumeister Limburger, einer unserer tüchtigsten Beförderer alles Guten und Schönen und preiswürdiger Selbstüber der klingenden Kunst, hielt eine sehr zweckmäßige Rede, worauf Hr. Stadtrath Müller (Vorstehender der Thomasschule) im Namen des Magistrats und endlich Hr. M. Stallbaum, Conrector dieser Schule, des Festes würdig sprachen. Ein Harmoniesatz beschloß die feyerliche Morgenstunde.

Allgemeine Musikalische Zeitung
Juni 1832

Wendisch-Ossig, †16. Juni 1804 als ehemaliger Gewandhausdirigent und Thomaskantor dahier) abhanden gekommen. Besagter Gedenkstein war nicht gerade schön und wertvoll, aber er ging noch immer ganz gut zu brauchen, solange wir keinen bessern hatten. Es läge also im Interesse aller Verehrer des Genannten, der um die Musikgeschichte unsrer Stadt, sowie auch sonst mancherlei musikalische und kompositorische Verdienste haben soll, den Stein wieder aufzufinden und zurückzubringen.»

Nun wirst Du sagen: Ist doch ganz klar, daß ein gegenwärtiger Musikstadtbeschreiber es nicht finden konnte. Es bleibt nicht alles verschwunden, was einmal untergegangen ist! Der gute Hiller war schon 1907 wieder aufgetaucht. Zwar blieb nur die Schauseite seines Denkmals erhalten, aber diese hängt seither, für jedermann sichtbar, außen an der Thomaskirche.

Felix Mendelssohn Bartholdy ist in Leipzig angekommen, um die nächsten Winterconcerte im Gewandhaussaale zu leiten. Wir haben dieser Anzeige nichts hinzuzufügen als was sich Jeder, der ihn recht innig verehrt, selbst sagen mag.

Robert Schumann
in: Neue Zeitschrift für Musik
4.9.1835

Einem scheint das Hiller-Denkmal nicht so rundum gefallen zu haben, als er 1835 nach Leipzig kam: Felix Mendelssohn Bartholdy. Sicher ging es ihm nicht um die Ausführung, sondern um die Tatsache, daß es zwar für Hiller ein Denkmal gab, nicht aber für Johann Sebastian Bach. Als Gewandhauskapellmeister war Mendelssohn zwar der dritte Amtsnachfolger Hillers, ihm auf diese Weise also durchaus verpflichtet, doch empfand er die Ungerechtigkeit, daß der musikalisch zweifellos bedeutendere Thomaskantor hier in Leipzig so ganz vergessen war. Sein Berliner Musiklehrer, Karl Friedrich Zelter, der seinerseits mit einem Schüler Bachs befreundet gewesen ist, hatte Mendelssohn auch die Hochachtung vor diesem Meister anerzogen.

Zur Eröffnung des neuen Gewandhauses
Johann Adam Hiller 1781 – 1785
Johann Gottfried Schicht 1785 – 1810
Johann Philipp Schulz Christian August Pohlenz 1810 – 1827
Felix Mendelssohn Bartholdy 1835 – 1847
Julius Rietz 1848 – 1860
Carl Reinecke 1860 – 1895
Arthur Nikisch 1895 – 1922
Wilhelm Furtwängler 1922 – 1928
Bruno Walter 1930 – 1933
Hermann Abendroth 1933 – 1945
Herbert Albert 1946 – 1948
Franz Konwitschny 1949 – 1962
Vaclav Neumann 1964 – 1968
Kurt Masur seit 1970
Die Berufsgruppe der Musikinstrumentenbauer Leipzig
Leipzig, im Oktober 1981

Denkmale waren derzeit sehr im Schwange. Sympathischerweise waren Mendelssohn die lebenden Musiker aber noch wichtiger als der tote, so schreibt er am 30. November 1839 an den Komponisten Moscheles: «Wenn sie in Halle für Händel, in Salzburg für Mozart, in Bonn für Beethoven usw. ordentliche Orchester bilden wollen, die die Werke gut spielen und verstehen können, da bin ich dabei – aber nicht bei ihren Steinen, wo die Orchester noch ärgere Steine sind ... Mein Steckenpferd ist jetzt unser armes Orchester und seine Verbesserung. Ich habe ihnen mit unsäglicher Lauferei, Schreiberei und Quälerei eine Zulage von 500 Taler ausgewirkt, und ehe ich von hier weggehe, müssen sie mehr als das Doppelte haben. Wenn das die Stadt tut, so kann sie auch Sebastian Bach ein Monument vor die Thomasschule setzen. Aber erst die Zulage. Du siehst, ich bin ein ganz rabiater Leipziger.»

Aber Mendelssohn kannte den Leipziger Rat inzwischen wohl so gut, daß er nicht wartete, bis sich dieser des Bach-Denkmals annahm. Er hatte einen Freund, der war Bildhauer, und mit dessen Hilfe wurde die Idee realisiert. Um das dazu nötige Geld zu besorgen, nutzte der Gewandhauskapellmeister seine Popularität, und nach 112 Jahren erklang unter Mendelssohns Leitung am Palmsonntag 1841 wieder die «Matthäus-Passion» in der Thomaskirche. Der Reingewinn aus diesem und aus anderen Konzerten wurde für den Bau des Bach-Denkmals verwendet, das am 23. April 1843 «der Stadt als Eigentum» übergeben wurde, nachdem «die Stadt Leipzig sich förmlich bereit erklärt, die nötigen Einrichtungen des Platzes *mit Einschluß der Grundmauern* zu übernehmen». Es stand damals keine hundert Schritt entfernt vom Hiller-Denkmal.

Vielleicht hat gerade diese Aktion Mendelssohns bewirkt, daß das Bachsche Werk nicht für immer der Vergessenheit anheimgefallen ist. Heute geht die Verehrung für Bach gar so weit, daß ihm selbst die Verdienste seines Zeitgenossen Hiller zugeschrieben werden. Amerikanische Journalisten gingen beispielsweise einer Information der DDR-Künstleragentur auf den Leim und schrieben deshalb während einer der letzten USA-Tourneen des Gewandhausorchesters einhellig in ihren Zeitungen: «Few musical ensembles have as rich a tradition as the Gewandhaus Orchestra of Leipzig, begun by wealthy merchants in 1743 with Johann Sebastian Bach as conductor.» («Newsday», New York, 1.11.1982)

In the music-reviewing trade, it is considered dereliction of duty to begin any discussion of Leipzig's Gewandhaus Orchestra without a solemn invocation of its immortal conducters, beginning with J. S. Bach in 1743.

(Im Geschäft der Musikrezensenten wird es als ein Versäumnis angesehen, begänne man eine Besprechung des Leipziger Gewandhausorchesters ohne eine feierliche Aufzählung seiner unsterblichen Dirigenten, angefangen mit J. S. Bach im Jahre 1743.)

The New York Times
1.11.1982

Seine heutige Weltgeltung dankt das Gewandhaus grundlegend Mendelssohn. Mit bewußter Programmgestaltung, der unnachgiebigen Forderung nach höchster Virtuosität jedes einzelnen Musikers und der Neuerung, daß der Dirigent auch tatsächlich dem Orchester «vorsteht», hat er diesem seinen Weg bis in unsere Zeit gewiesen. Also steht ihm gerechterweise ebenfalls ein Denkmal zu. 1892 wurde es vor dem Konzerthaus errichtet und am 26. Mai eingeweiht. Auf einem leicht konischen Sockel aus rötlichem Granit steht die drei Meter hohe Bronzefigur des Musikers, den rechten Ellenbogen auf ein Dirigentenpult gestützt. Die Hand hält einen Taktstock, das Detail ist wichtig, schließlich war Mendelssohn der erste, der im Gewandhaus damit dirigiert hat. Mit der Linken hält er eine Notenrolle und gleichzeitig den weiten Mantel zusammen. Er blickt in Richtung Neues Rathaus, das freilich erst einige Jahre später erbaut werden wird. Sein Blick geht so unverwandt dorthin, als ahne er, was von dort auf ihn einst zukommen wird. Auf den drei Stufen, die zum Denkmal hinaufführen, sitzt die Muse Euterpe, malerisch auf eine Lyra gestützt, auf den Seitentreppen stehen und sitzen vier nackte Engelchen mit Geige, Flöte und Noten. Die Rückseite, dem Haupteingang des Gewandhauses zugewandt, zeigt über einem Lorbeerkranz die vergoldete Inschrift: «Edles nur kündet die Sprache der Musik».

Ich habe Dir das so ausführlich beschrieben, denn, solltest Du auch den Weg nach Leipzig finden, von diesem Denkmal findest Du nichts mehr. Am 8. Mai 1936 schrieb ein Nazi-Bonze an den Leipziger Oberbürgermeister: «Auf Grund verschiedener Beschwerden bei uns fühle ich mich verpflichtet, Sie darauf hinzuweisen, dass das vor dem Gewandhaus aufgestellte Denkmal des Vollblutjuden Mendelsohn-Bartoldie öffentliches Ärgernis erregt.» Die Infamie des braunen Briefschreibers besteht nicht so sehr in der möglicherweise vorsätzlichen Verstümmelung des ja wirklich nicht ganz einfachen Namens als vielmehr in der Wendung «öffentliches Ärgernis». Sie läßt sofort an «ruhestörenden Lärm» oder Ärgeres denken. Hier hast Du ein Lehrbuchbeispiel für jene manipulatorischen Tricks, die aus dem Opfer einen Schuldigen machen.

Für Oberbürgermeister Dr. Goerdeler war Mendelssohn Bartholdy wohl mehr ein Vollblutmusiker, dem die Stadt Leipzig und darüber hinaus die gesamte Musikwelt viel zu danken hat. Er dachte nicht daran, an dieses Denkmal Hand anlegen zu lassen. Aber auch kluge Männer haben eifrige Stellvertreter. Im November 1936 hält der Oberbürgermeister eine Woche lang Vorträge in Finnland; als er zurückkommt, findet er den Platz vor dem Gewandhaus leer. Dr. Goerdeler verlangte die sofortige Wiederaufstellung des Denkmals. Sicher war es schon in einer der «Reichswaffenschmieden» eingeschmolzen worden; die Ganoven haben so perfekt gearbeitet, daß es bis heute keine Spur vom Verbleib des Denkmals gibt. Der Oberbürgermeister zog aus diesem Vorfall seine Konsequenz, in der «Leipziger Tageszeitung» vom 11. Februar 1937 ist die Annonce zu lesen: «Die Stelle des Oberbürgermeisters der Stadt Leipzig soll neu besetzt werden. Der Bewerber muß die Gewähr dafür bieten, daß er jederzeit rückhaltlos für den nat.-soz. Staat eintritt, ..., Nachweis der arischen Abstammung für den Bewerber und seine Ehefrau ...»

Ich habe mich mit einer älteren Dame, die damals im Gewandhauschor gesungen hat, über diesen Vorfall unterhalten. Sie hatte davon im Urlaub erfahren, ausgerechnet durch einen Nazi aus Leipzig. Als sie meinte, er wolle sich einen makabren Scherz mit ihr machen, erklärte er im Brustton der Überzeugung, daß doch erwiesen sei, daß der Jude Mendelssohn in seiner verschlagenen Art deutsche Musiker nicht hat zum Zuge kommen lassen und deren Verdienste für sich in Anspruch genommen hat. Offenbar erwachsen auch aus großen Dummheiten tiefe Überzeugungen.

Ja Felix, du warst im Leben wirklich eine Kanone!
Und jetzt mußt du wieder eine sein.

mündlich überlieferter Ausspruch
eines Leipziger Rabbiners
nach der Vernichtung des Denkmals

Berechtigterweise wirst Du fragen, wie man in Leipzig auf die Verunglimpfung Mendelssohns reagiert hat. Erhalten geblieben sind zwei Briefe, Kassiber sollte ich wohl zutreffender sagen, die

Blick vom Künstlereingang des Neuen Concerthauses auf die Attrappe des Nikisch-Denkmals und das «Café Hannes»

dem Dirigenten Sir Thomas Beecham zugesteckt wurden, als er am 15. November 1936 mit dem Londoner Philharmonischen Orchester im Gewandhaus gastiert hat. Die anonymen Absender informierten die britischen Musiker über den von der Presse verheimlichten Vorgang und bekannten, «daß es Millionen musikliebender Deutscher gibt, denen dabei die Schamröte ins Gesicht steigt». Aber es waren keine Mitglieder der Direktion oder des Orchesters, die solches riskierten. Eine ganz neue Gewandhausgeschichte, zu dessen 200jährigem Gründungsjubiläum verfaßt, rechtfertigt das Schweigen der Leipziger Musiker so: «Das Gewandhausorchester, der gewachsene Organismus von über 100 ausgezeichneten Musikern, konnte im Grunde aber nichts dagegen tun; denn jede Form des Widerstandes hieße mehr als nur seine Stelle aufs Spiel setzen.» Ich bin mir gar nicht so sicher, daß viele von ihnen wirklich etwas gegen den Barbarenakt unternehmen *wollten*, hatte sich doch ein großer Teil des Orchesters von den faschistischen Machtwaltern willig «gleichschalten» lassen.

Am 4. November 1947, dem 100. Todestag von Felix Mendelssohn Bartholdy, errichtete ihm die Stadt Leipzig ein neues Denkmal. Kleiner, bescheidener, nachkriegsgemäß. Ursprünglich stand es direkt auf der Stelle des alten, aber das Haus dahinter war ja, wie Du inzwischen weißt, im Krieg zur Ruine geworden. Nach deren Abriß ist die Steinstele mit dem Bronzekopf darauf seitwärts in die Büsche gerückt worden, auf einen wirklich unwürdigen Platz. Mendelssohn gehört zum Gewandhaus, und dorthin sollte das Denkmal auch gebracht werden.

Bei der Zerstörung des Gewandhauses ging auch das erst 1930 aufgestellte Denkmal Arthur Nikischs zu Bruch. Über den Schaden und wie er behoben werden soll, gibt es ein Protokoll des Hochbauamtes vom 27. Oktober 1947: «Die Säulenteile für die *Nickisch*-Büste sind geborgen und von hier aus sichergestellt worden. Wie aus beigegebener Skizze ersichtlich, ist die mittlere Säulentrommel in schräger, sehr zackiger Linie gebrochen ... Aber auch die obere und untere Säulentrommel ist nicht vollkommen einwandfrei, da beide Stücke durch Querschläger beschädigt wurden ...» Auf der Rückseite des Papiers findet sich

GEWANDHAUSKONZERTDIREKTION
Leipzig, am 24. September 1930.

Über die Feier bei der Enthüllung des Nikisch-Denkmals ist von der Gewandhaus-Konzertdirektion folgendes in Aussicht genommen worden.

Die Feier findet am 12. Oktober, mittags 12 Uhr, statt, und zwar, da eine Übertragung durch Rundfunk in Aussicht genommen ist, ganz pünktlich.

Es soll ein Bläserquintett ein Musikstück spielen, dann folgt eine Rede des Herrn Max Brockhaus.

Daran anschließend soll Herr Oberbürgermeister um eine Ansprache gebeten werden. Da anzunehmen ist, daß einige Vertreter von Vereinigungen (Gewandhauschor, Stadtorchester) den Wunsch haben werden, an dem Denkmal Kränze niederzulegen, ist beschlossen worden, daß auch Herr Brockhaus für die Gewandhaus-Konzertdirektion einen Kranz niederlegt, und es dürfte sich empfehlen, daß auch Herr Oberbürgermeister für die Stadt Leipzig einen Kranz niederlegt. Die Feier soll dann mit einem kurzen Musikstück schließen.

Im Anschluß an die Feier soll ein Imbiß in der Harmonie von der Gewandhaus-Konzertdirektion, gegeben werden, zu dem die Mitglieder der Konzertdirektion, die Angehörigen der Familie Nikisch und wenige befreundete Personen eingeladen werden. Als Zeit ist dafür 13.15 Uhr in Aussicht genommen.

Als Anzug ist Rock, hoher Hut gedacht.

Besondere Einladung wird noch an den Rat ergehen.

Brief der Gewandhaus-Konzertdirektion an den Rat der Stadt Leipzig

der handschriftliche Zusatz: «Ich empfehle, die alte Säule wieder zu verwenden, die mittlere Säulentrommel ist in den Bruchstellen abzuarbeiten, um die beiden Teile ohne kenntliche Fuge zusammenfügen zu können. Der Verlust an Höhe läßt sich hinnehmen, da die Säule an sich schon ziemlich hoch war und die Bronzebüste selbst 1,00 m mißt.»

Ebenfalls rückseitig steht unterm 7. November 1947 die entscheidende Anmerkung: «zunächst wegen der Aufbauarbeiten z.d.A.» Zu den Akten – Ende der Geschichte vom Denkmal des verehrten Gewandhauskapellmeisters Arthur Nikisch. Bei der Denkmalseinweihung hatte der Oberbürgermeister gesagt, «daß viele große Männer durch die Geschichte gewandert seien, ohne daß ihre Gestalt einer Überlieferung in Stein oder Erz bedurft habe. Unter diesem Gesichtspunkt müsse die Frage nach der Notwendigkeit des Denkmals verneint werden. Es gäbe aber auch andere Kräfte in unserer Seele, die dieses Ehrenmal forderten, wenn man ein Bekenntnis zur Größe Arthur Nikischs ablege.» Hier hast Du einen der seltenen Fälle, wo nicht das Denkmal den Ruhm, sondern der Ruhm das Denkmal überlebt hat.

Unser jüngstes «Gewandhaus-Denkmal» erinnert an Richard Wagner. Daß es hinter dem Opernhaus steht, scheint mir zutreffend, war er doch mehr ein Mann der Bühne denn des Podiums. Aber als am 8. Februar 1983 unter Anteilnahme der Öffentlichkeit, von der ich allein 20 % darstellte, das Denkmal wenn auch nicht wirklich eingeweiht, aber doch durch eine Kranzniederlegung offiziell zur Kenntnis genommen wurde, durfte der Gewandhauskapellmeister seinen Kranz vor dem des Opernmusikdirektors niederlegen, weil Wagner im Gewandhaus erstmals schon am 23. Februar 1832 aufgeführt worden ist, in der Oper hingegen erst am 31. Januar 1853!

Im Gewandhaus ist die Plastik «Beethoven» von Max Klinger aufgestellt worden. Nun denke bitte nicht, ich hätte Dir ein wichtiges Exemplar der Kategorie Gewandhausdenkmale unterschlagen; der Herr im Sauna-Look ist definitiv *kein* Denkmal, das ist *reine* Kunst.

Achter Brief, Enthüllungen über Goethe, das Völkerschlachtdenkmal und die Dame Mende enthaltend

Ganz im Gegenteil! Ich habe den, zugegebenermaßen von mir erfundenen, Begriff «Gewandhausdenkmale» recht eng gefaßt. Ohne Schwierigkeit lassen sich nämlich auch das Goethe- und das Schiller-Denkmal in diese Gruppe einordnen. Ja sogar das Völkerschlachtdenkmal! Und die Apel-Steine. Ach, und natürlich der Mende-Brunnen, dessen köstliche Geschichte ich Dir nicht vorenthalten werde. Es ist viel schwieriger, in Leipzig irgendein Faktum zu finden, das mit dem Gewandhaus nichts, aber auch absolut gar nichts zu tun hätte.

Dir, einem tätigen Mitglied des Schiller-Vereins, etwas Neues über den verehrten Dichter zu schreiben, scheint mir schwer möglich. Daß man hier behauptet, er habe in Leipzig sein «Lied an die Freude» geschrieben, und weshalb das in Dresden bestritten wird, weißt Du besser als ich. Wie oft dieses Lied als Schlußchor von Beethovens 9. Sinfonie im Gewandhaus und darüber hinaus vom Gewandhausorchester in aller Welt aufgeführt worden ist, habe ich nicht ausgerechnet, aber die Zahl dürfte inzwischen so groß sein, daß ich den Vorschlag unterbreite, diese Sinfonie in d-Moll, die ja zu Beethovens «namenlosen» gehört, künftig «Die Unvermeidbare» zu nennen.

Aber Goethe! Zu seinem 100. Geburtstag am 28. August 1849 gab es tags darauf ein Extrakonzert im Gewandhaus, dessen Programmzettel den Hinweis trug: «Die Texte sämtlicher Musikstücke sind Gedichte von Goethe». Aber nicht diese Tatsache macht ihn würdig für ein Gewandhausdenkmal. Du weißt, bei Dichtern zählen Worte, besonders letzte und erste. Und erste Dichterworte sind erste *gedruckte* Dichterworte, denn einer zählt erst dann als Dichter, wenn sein Geschriebenes – und er – auch Druck aushalten. Im Saal des Gasthofes «Zu den drey Schwanen» hatte Studiosus Wölfchen die kleine Schröter in Hasses Oratorium «Sant' Elena al Calvario» gehört, und voll von dem, was Sängerinnen in Dichtern anzurichten imstande sind, schreibt er

An Demoiselle Schröter

Unwiderstehlich muß die Schöne uns entzücken,
Die frommer Andacht Reize schmücken.
Wenn jemand diesen Satz durch Zweifeln
noch entehrt,
So hat er dich niemals als Helena gehört.

Der Vers gelangte in den «Wöchentlichen Nachrichten und Anmerkungen, die Musik betreffend» am 28. Dezember 1767 in Leipzig gedruckt ans Licht der Welt. Gute Goethe-Ausgaben, die ihn zwar enthalten, setzen dabei aber ein Fragezeichen, Goethes Urheberschaft bezweifelnd, denn namentlich gezeichnet hatte der scheue Student nicht. Sei's drum: Goethes erste gedruckte Dichterworte beziehen sich auf das Gewandhaus! Na gut: Auf den Vorgänger der Gewandhauskonzerte, und vielleicht sind sie auch gar nicht von Goethe, aber wer wird denn so pingelig sein, wenn es um Lokalpatriotismus geht!

Doch damit ist mein höchster Goethe-Trumpf noch längst nicht ausgespielt. Lies und staune, denn jetzt kommt das As! Goethe ist der aus der Ferne wirksam webende spiritus rector des Saales im Gewandhaus! Am 7. November 1775 war Goethe in Weimar eingetroffen, womit für die Weimarer noch heute die neuere Zeitrechnung beginnt. Seinem großen Freund, dem Herzog Karl August, muß er von seinen Erlebnissen in Leipzig, auch den musikalischen, so vorgeschwärmt haben, daß sich dieser selbst auf die Reise hierher begab. Doch die verklärende Kraft der Erinnerung mag Goethes Worte beflügelt haben, denn die Leipziger Realität entsprach gar nicht den massierten Erwartungen Karl Augusts. Und der Herzog war unvorsichtig genug, solches in der Bürgerstadt Leipzig auch so laut zu äußern, daß es dem Bürgermeister Müller zu Ohren kam. In seinem bewußten Brief an den Rat verwendet er denn auch dieses schwerwiegende Argument: «Noch diese Woche hat der Herzog in Weimar, als er die Harmonica auf dem Saale im Thomäischen Hause gehöret, über den engen und fast gefährlichen Eingang sich gewundert, und geäussert, daß er geglaubt, er werde in Leipzig einen andern Concertsaal sehen.» Ich frage Dich, was blieb nach solchen Worten einem hochweisen Rat anderes übrig, als dem Bau zuzustimmen? Und so gesehen, wäre das Goethe-Denkmal auf dem Naschmarkt sogar das «eigentliche» Gewandhausdenkmal!

Wirklich und wahrhaftig – ohne das Gewandhaus kommt hier in Leipzig niemand aus! Nehmen wir als Beispiel das Völkerschlachtdenkmal. Im Jahre 1913, am 100. Jahrestag der Leipziger Schlacht und des Sieges der verbündeten Armeen über Napoleon, wurde das Kolossalmonument in höchster und allerhöchster Anwesenheit eingeweiht. Über den Ausklang des Weihetages berichtet ein Teilnehmer, ein hoher, Franz Conrad von Hoetzendorf, seinerzeit Chef des k.u.k. Generalstabes, in seinen Memoiren: «Am 18. Oktober abends fand im Gewandhaus zu Leipzig als Schluß des Festes ein Monstrediner für 450 Gäste statt, das alle Fürstlichkeiten, Würdenträger und Deputationen vereinigte.»

Goethe als Orest und Corona Schröter als Iphigenie, gemalt von Georg Melchior Kraus

Und so war das «Kaiserbankett» arrangiert worden: Für Militärs, Politiker und Diplomaten standen fünf Tafeln parat, jede so lang, wie der große Saal es zuließ; auf dem Podium thronte – mit dem deutschen Kaiser an der Spitze – die Fürstentafel, zu deren Dekoration Gold- und Silbergerät des sächsischen Königsschatzes aus dem Grünen Gewölbe in Dresden herbeigebracht worden war; der Saal strahlte im vollen Glanze der Kronleuchter, und von der Orgel herab flutete bis auf das Podium ein Blütenteppich.

Nach dem Tafeln wurde bei «zwangloser Konversation» des alten Sieges gedacht und zugleich ein neuer Krieg besprochen. Der erste Weltkrieg wurde im Leipziger Gewandhaus «angekocht». Kaiser Wilhelm befahl den k.u.k. Militärchef zu sich und sagte diesem, als das Gespräch auf «die serbische Frage» kam: «Ich gehe mit euch. Die anderen (Mächte) sind nicht bereit, sie werden nichts dagegen unternehmen. In ein paar Tagen müßt ihr in Belgrad stehen. Ich war stets ein Anhänger des Friedens; aber das hat seine Grenzen. Ich habe viel über den Krieg gelesen und weiß, was er bedeutet, aber endlich kommt die Lage, in der eine Großmacht nicht länger zusehen kann, sondern zum Schwert greifen *muß*.» No comment!

Auch die Apel-Steine sind Völkerschlachtdenkmale – und darüber hinaus Gewandhausdenkmale. Der Leipziger Schriftsteller Dr. Guido Theodor Apel hat mit den nach ihm benannten Steinen, die etwa einen Meter hoch sind und an alte Meilensäulen erinnern, «die wichtigsten Momente und Actionen des Leipziger Schlachtfeldes» gekennzeichnet, so daß man noch heute den Punkt finden kann, an dem der preußische Feldmarschall Blücher rastete und vor dem Kaiser Napoleon retirierte. Doch noch ein anderer Großer der Weltgeschichte hatte es Apel angetan: Christoph Columbus. Zu Apels 1834 verfaßtem Schauspiel komponierte ein Schulfreund die Ouvertüre: die Columbus-Ouvertüre des Richard Wagner. Sie erklang am 2. April und am 25. Mai 1835 im Gewandhaus. Und ebendiese Ouvertüre, «die in der Instrumentierung schon manche Züge der späteren Klangwelt des ‹Tannhäuser› und des ‹Holländer› vorweg»nimmt, leitete auch 1983 die Wagner-Ehrung im Gewandhaus ein. So wurde zusammen mit dem berühmten Schulfreund ein verdienstvoller und doch im wesentlichen vergessener Leipziger geehrt.

Unvergessen durch Verdienst – diese Worte treffen auf eine Leipziger Dame zu. Vor dem neuesten Gewandhausbau prunkt ein Brunnen, den das offizielle Leipzig gern «Brunnen am Gewandhaus» genannt wüßte. So man nicht um den heimlichen Hintergrund des Wunsches weiß, scheint er einer gewissen Logik nicht zu entbehren. Trotz der augenfälligen Nachbarschaft beider Bauwerke hat eins mit dem anderen nichts zu tun; der Brunnen stand da nämlich «schon immer» auf diesem Platz, jedenfalls seit 1886, auch wenn er zwischendurch mal für 13 Jahre untergetaucht war, aber das Gewandhaus wurde erst im Jahre 1981 hier angesiedelt. Jetzt meinst Du mich ertappt zu haben: Will ich Dir in meiner Gewandhauseuphorie einen Brunnen als Gewandhausdenkmal unterjubeln und beweise doch gleich das Gegenteil! Das ist nur ein Trick, um die Spannung zu erhöhen, es geht ja immerhin um eine Dame. Und was für eine!

Noch ein Wort zum wiederaufgebauten Brunnen vor dem Gewandhaus. Die Leipziger nennen ihn heute schon liebevoll – ich darf mal zitieren: «Zentrale Kultur- und Wasserspiele des Rates der Stadt Leipzig mit ständigem Sitz und Heimstatt vor dem Neuen Gewandhaus». – Und das klingt doch viel hübscher als «Mendebrunnen», nicht!?

Also, wenn Sie mal meine ganz private Meinung hören wollen, was man hier auf dem Gelände hätte anlegen müssen: eine MASURische Seenplatte!

Bernd-Lutz Lange
als kabarettistischer Stadtführer
1982

Der «rasende Reporter» Egon Erwin Kisch hat sie so beschrieben: «Frau Maria Pauline Mende hatte, so erzählen die älteren Leipziger, das Haus Marienstraße 4 inne. Es war gewiss ein vornehmes Etablissement, selbst angesichts der stattlichen Vergleichsmöglichkeiten, durch die Leipzig in der Welt berühmt ist ... Die Prinzipalin genoß in ihrem Heim bei Gästen und Angestellten größten Respekt – aber es konnte ihr nicht verborgen bleiben, daß alle Freundschaftsbeweise und alle Ehrenbezeigungen in dem Augenblicke ausblieben, da sie sich öffentlich zeigte.»

Als Kisch diese Geschichte im Jahre 1927 geschrieben hat, scheint ihm entgangen zu sein, daß sich im Zeitraum von etwa fünfzig Jahren im schnellebigen Leipzig etliches verändert hatte. Die Stadt war beträchtlich gewachsen; damit sie übersichtlich blieb, war die Numerierung der Häuser aktualisiert worden. Das Haus mit der entsprechenden Anschrift stand zu Kischs Zeiten zwar in dem zweifelhaften Ruf, ein «öffentliches» zu sein, jedoch war dort eine gänzlich andere Frau Mende Hausherrin als jene, die das Geld für den Brunnen gestiftet hatte, bevor sie im Jahre 1881 verstorben ist. Vor allem ist das besagte Haus erst im Jahre 1885 gebaut worden. Du siehst, nicht einmal eine Autorität wie Kisch ist bedingungslos glaubwürdig. Entweder hat er die Leipziger Adreßbücher schlecht gelesen, oder aber er hat die Leipziger vorsätzlich foppen wollen! Jedenfalls hat bis zu seinen «Enthüllungen» jedermann das gründerzeitliche Wasserkunstbauwerk reinen Herzens Mendebrunnen genannt. Erst danach bekam der Name einen Unterton, den er wegen seiner Pikanterie bis heute, trotz aller «Aufklärung», beibehalten hat.

Du siehst noch immer nicht die Verbindung zum Gewandhaus?

Jetzt: Weil der Name so außerordentlich beleumdet ist, soll der Brunnen, auf dessen Kunstwert wir heute nicht verzichten wollen, aber wenigstens nicht so heißen, wie er heißt: Mendebrunnen. Aber es hätte alles noch schlimmer kommen können. Viel schlimmer! Die Kaufmannswitwe hatte ein gutes und großes Herz für Musik und auch das nötige Kleingeld, sich solch ein Herz leisten zu können. Und sicher hatte sie auch ein Gewandhausabonnement. Und natürlich kannte sie die Absicht der Konzertdirektion, einen neuen, wunderbaren Musiktempel bauen zu wollen. Und sie wußte von den Schwierigkeiten, einen Bauplatz und das nötige Kapital zum Bauen zu bekommen. Da reifte ihr ein Entschluß von historischer Dimension heran: Sie hatte geschworen, den Namen ihres Mannes fest im städtischen Gedächtnis zu verankern, denn obwohl er die Stadt reich beschenkt hatte, blieb ihm jegliche offizielle Ehrung versagt, zum Beispiel die Nennung einer Straße mit seinem Namen, weil er «von eigener Hand» gestorben war. Jetzt bot sich eine Gelegenheit, den Schwur zu erfüllen. Sie bot all ihr Geld zum Bau des Konzerthauses, das sie gern am Königsplatz gesehen hätte. So viel Großmut scheint

Das andere Geschenk, im Betrage von 9289 Mark 30 Pf., spendete Frau Marianne Pauline verw. Mende, *Dame des K. S. Sidonien-Ordens, durch den Hofrath Dr.* Gustav Hoffmann, *und zwar mit der Bestimmung, dass dafür die neuen Blasinstrumente zur Einführung der tieferen Stimmung, die schon im Jahre 1865 und mehr noch seit Anfang der siebziger Jahre als wünschenswerth und nothwendig in Frage gekommen war, angeschafft werden möchten. Der reichlich gemessene Betrag gestattete, einen Vorrath dieser Instrumente zu erwerben, der auf viele Jahre hin ausreichen wird. Es wurden damit angeschafft: 5 grosse Flöten, 5 Hoboen und 2 englische Hörner, 11 Clarinetten und 2 Bassclarinetten, 6 Fagotte und 1 Contrafagott; ferner 8 Ventilhörner, 8 Ventiltrompeten, 6 Posaunen, 1 Quartposaune und 2 Tuba's. Die neue Stimmung, welche auf das Pariser, durch eine internationale Commission festgestellte «Diapason normal», mit 435 (ganzen) Schwingungen in der Secunde für das eingestrichene a, normiert ist, wurde im Sommer 1875 beim Stadtorchester eingeführt.*

Alfred Dörffel
Die Gewandhaus-Concerte zu Leipzig 1781–1881
1884

dem Rat unter seinem Bürgermeister Dr. Otto Koch zutiefst suspekt gewesen zu sein: Wer so viel Geld gibt, der stellt auch Forderungen. Der Rat lehnte das hochherzige Angebot dankend ab. Das brachte die wackere Witwe wirklich in Wut, sie enterbte die Stadt und hinterließ ihr beträchtliches Gesamtvermögen dem Staat, dem Königreich Sachsen. Mit Ausnahme von 50000 Talern zum Bau eines Brunnens in Leipzig.

Was wäre, wenn der Rat die Mendesche Gewandhaus-Stiftung angenommen hätte? Vielleicht wollte die kluge Witwe den Namen ihres geliebten Mannes vermittels eines wortspielgewaltigen Wandspruches fest ins Stadtbild schreiben: DE MENDE PRO MENTE! Dann würde man das Gewandhaus inzwischen womöglich «Mendehaus» nennen. Stell Dir die Nöte vor, in die das offizielle Leipzig dann nach Kischs «Enthüllungen» gekommen wäre!

Am Giebel unseres neuen Schmuckstückes, welchen Teil des Gebäudes man auch immer dafür halten mag, steht rein gar nichts geschrieben. Die Architekten hatten außen, nach eigenen Angaben, keinen rechten Platz für das traditionsreiche Gewandhausmotto RES SEVERA VERUM GAUDIUM gefunden. Außerdem lernt auch in der weltoffenen Handels- und Universitätsstadt nicht gleich jeder zweite Latein in der Schule. Wenn der Spruch da also kommentarlos stünde, würden sich die Leute vielleicht etwas dabei denken, was zu ganz unnötigen Mißverständnissen führte. Da Leipziger sehr genau wissen, was ein Gaudium ist, könnten sie sich, mundartlich gefärbt und in völliger Verkennung der klassischen Sachlage, fragen: «WARUM ist das GAUDIUM RES-SERVIERT?» Sicherheitshalber steht der Spruch von der wahren Freude, um die es eine ernste Sache ist, drinnen im Saal, wie es schon beim allerersten der Fall war. Unterm Orgelprospekt kann man ihn während der Konzerte lesen und sich dadurch womöglich daran erinnern lassen, nicht zu übermütig zu applaudieren. Daß es im Hause aber auch ganz ulkig zugehen kann, erfährst Du, wenn Du an einer verschlossenen Zimmertür einen Zettel mit der Aufschrift «Bin im Gaudium» findest. Sein Schreiber sitzt nicht etwa in der Probe oder einem Konzert. Das ehrfurchtgebietende Motto steht nämlich, schlitzohrig in zwei Teile zerlegt, auch im Treppenhaus: RES SEVERA steht neben der Tür, die zur Bühne, zu den Garderoben und den Verwaltungsräumen führt; VERUM GAUDIUM bezeichnet – die Kantine!

Neunter Brief, in dem Millionen verrechnet werden

Deine Mahnung, lieber Freund, nun endlich doch einmal offenzulegen, wie der Gewandhausbau auch ohne das Geld der Frau Mende zustande gekommen ist, soll ihre Wirkung nicht verfehlt haben. Damit Du in aller Ausführlichkeit weißt, wie schwierig Finanzierungen dieser Art und Größe zu allen Zeiten sind, zunächst ein Ausflug in die Gegenwart. Als im Jahre 1976 der Plan, ein neues

Neue Summen für eine Verkleidung des ganzen Baus in Sandstein, für reichere Ausmalung der Säle, für die Einrichtung zur elektrischen Beleuchtung, für eine großartige Orgel und eine dem Bau entsprechende Ausrüstung wurden im Laufe der Bauausführung bewilligt, sodaß die Baukosten schließlich die Summe von 1460000 M – mehr als das Doppelte der ursprünglich gedachten Bausumme – erreicht.

Wilhelm Ernst
in: Das neue Gewandhaus in Leipzig
1887

Gewandhaus zu bauen, ins Auge gefaßt war, blickten die Planer recht gefaßt auf eine locker kalkulierte Bausumme von 83 Millionen Mark, knapp das Doppelte der 44 Millionen, für die Ende der fünfziger Jahre das Opernhaus erbaut worden war. Dann wurde der Bau vorbereitet und am 8. November 1977 der Grundstein gelegt. Als das Haus Konturen gewonnen hatte, wurde 1981 die Bausumme aktualisiert oder angepaßt oder korrigiert oder wie euphemistisch auch immer man das benennen mag. Als das Haus dann schlüsselfertig stand und seiner Weihe entgegenstrahlte, fragten die Journalisten aus aller Funk- und Fernsehintendanten Länder nicht nur fein nach der Akustik, sondern auch forsch nach dem Geld.

Man habe gehört, der Bau sei teurer geworden als anfangs geplant?

Ja, das stimme.

Er habe mehr als 120, vielleicht sogar mehr als 150 Millionen gekostet?

Nein, das sei nur zum Teil richtig; der Bau habe zwar mehr als 120, aber doch weniger als 150 Millionen gekostet.

Bei ihrer Nachrechnung waren die Planer auf die Gesamtkostensumme von 142 Millionen Mark gekommen, wovon die Leute vom Bau jedoch noch 7 Millionen eingespart haben.

In Zeitungen und Prospekten findest Du heute als amtlichen Mittelwert 130 Millionen notiert. Bleiben wir dabei. Damit Dich die große Zahl nicht erschreckt, will ich Dir eine Rechnung aufmachen, um ihre schwindelnde Höhe zu relativieren. Dabei bediene ich mich der vertraut-vertrackten Methode, Unvergleichbares miteinander zu vergleichen, um höchste Glaubwürdigkeit zu erzielen. Also: Unser Leipziger Völkersuperkolossalschlachtdenkmalsmonument, 1913 fertiggestellt, hat seinerzeit 6 Millionen Mark gekostet. 6 Millionen Gold-Mark! Bei dem damaligen Feingold-

Nicht ausgeführter Entwurf eines Concerthauses
der Berliner Architekten Müller & Aus'm Weerth

preis von 2,789984 Mark je Gramm waren die 300000000 kg Völkerschlachtdenkmal für 2150,55 kg Gold zu haben. Wenn wir nun heute, was bei anhaltender Korrosion gar nicht unmöglich scheint, das Riesendenkmal neu erbauen müßten, kostete das, auf unseren Goldgrammpreis von 241 Mark umgerechnet, 518282550 Mark. Von dieser Summe hat das Gewandhaus nur rund ein Viertel gekostet. Und wenn man die Sache so gedreht hat, kommt einem der Bau doch recht preiswert vor. Daß die Bausumme dennoch nicht von unserer Stadt allein aufgebracht werden konnte, wird Dir einleuchten. So wurde der Gewandhausbau zu einem Staatsplanvorhaben, einer res publica im besten Sinne, und jeder der 17 Millionen Bürger unseres Landes hat gewissermaßen mit 7,65 Mark zu seinem Gelingen beigetragen. Erbauer und Benutzer des Hauses verweisen mit stillem, aber doch deutlichem Stolz darauf, daß, im Gegensatz zu anderen Kulturgroßbauten unseres Landes, für das Leipziger Gewandhaus nur ein einziges Prozent der Bausumme in goldharten Devisen gezahlt zu werden brauchte. So betrachtet, ist es aus doppeltem Grunde einsehbar, wenn man hier gern von «unserem» Gewandhaus spricht. Daß dieses Possessivpronomen aber weit über den Tellerrand der Stadtgrenze hinausweist, das haben die Leipziger bei ihrem intimen Gewandhausverhältnis noch nicht so richtig verstanden. Ihnen stehen beispielsweise bei Sonderkonzerten nur 35 Prozent aller Plätze im Haus zur Verfügung, während der Rest durch Verträge an Privatpersonen oder Reisebüros nach außerhalb, ja sogar ins Ausland vergeben ist. So hörte ich neulich jemanden argumentieren, das wäre eben alles anders, wenn die Leipziger «wie eh und je» ihr Haus selbst gebaut und bezahlt hätten! Vielleicht hat er das so gemeint, die 6000 Damen und Herren, die vor 1981 auf den Konzertbesuch abonniert waren, hätten die Summe zusammentragen sollen; 21666,67 Mark für jeden. Wer weiß, ob wir dann wieder ein Gewandhaus in Leipzig bekommen hätten!

Ganz so abwegig, wie Dir dieses Finanzierungsmodell auf den ersten Blick erscheinen mag, ist es gar nicht. Es wurde nämlich, zumindest teilweise, beim Bau des vorigen Gewandhauses angewandt. Laß mich das mal chronologisch erzählen: Nachdem der Bauplatz gefunden war, wurde «zum Bau eines Concerthauses ... eine allgemeine freie Concurrenz unter deutschen und österreichischen Architecten eröffnet». Die Ausschreibung enthielt sowohl den Hinweis, daß «die Einsendung der betr. Arbeiten bis zum 31. Mai (1880) Abends 6 Uhr zu erfolgen hat», als auch die Aufforderung, dieselben «an das Mitglied der Baudeputation des Concerthausbaues Herrn Consul *Limburger*, wohnhaft in Leipzig, Schillerstraße, zu

Das Neue Concerthaus – preisgekrönter und ausgeführter Entwurf des Berliner Architektenbüros Gropius & Schmieden (oben); einer der 74 nicht ausgeführten Entwürfe

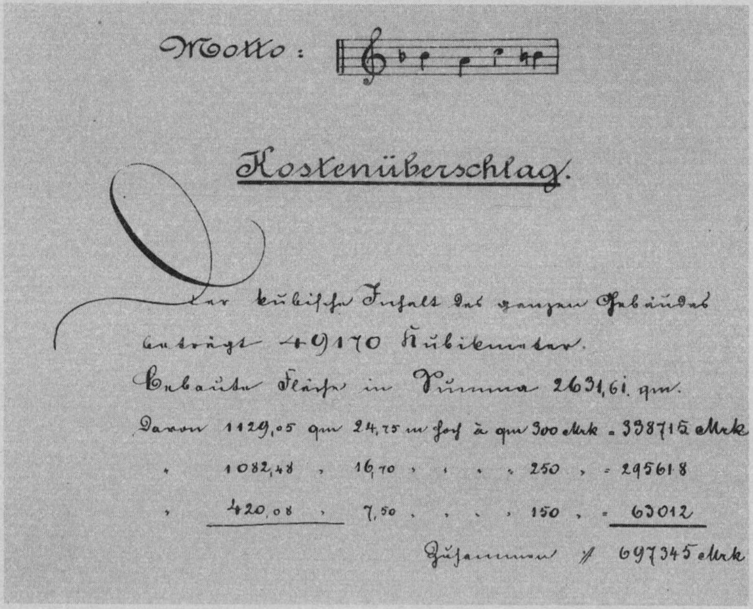
Motto:

Kostenüberschlag.

Der kubische Inhalt des ganzen Gebäudes beträgt 49170 Kubikmeter.
Bebaute Fläche in Summa 2631,61 qm.

Davon 1129,05 qm	24,75 m hoch	à qm 300 Mrk	=	338715 Mrk
1082,48	16,70	250	=	295618
420,08	7,50	150	=	63012

Zusammen 697345 Mrk

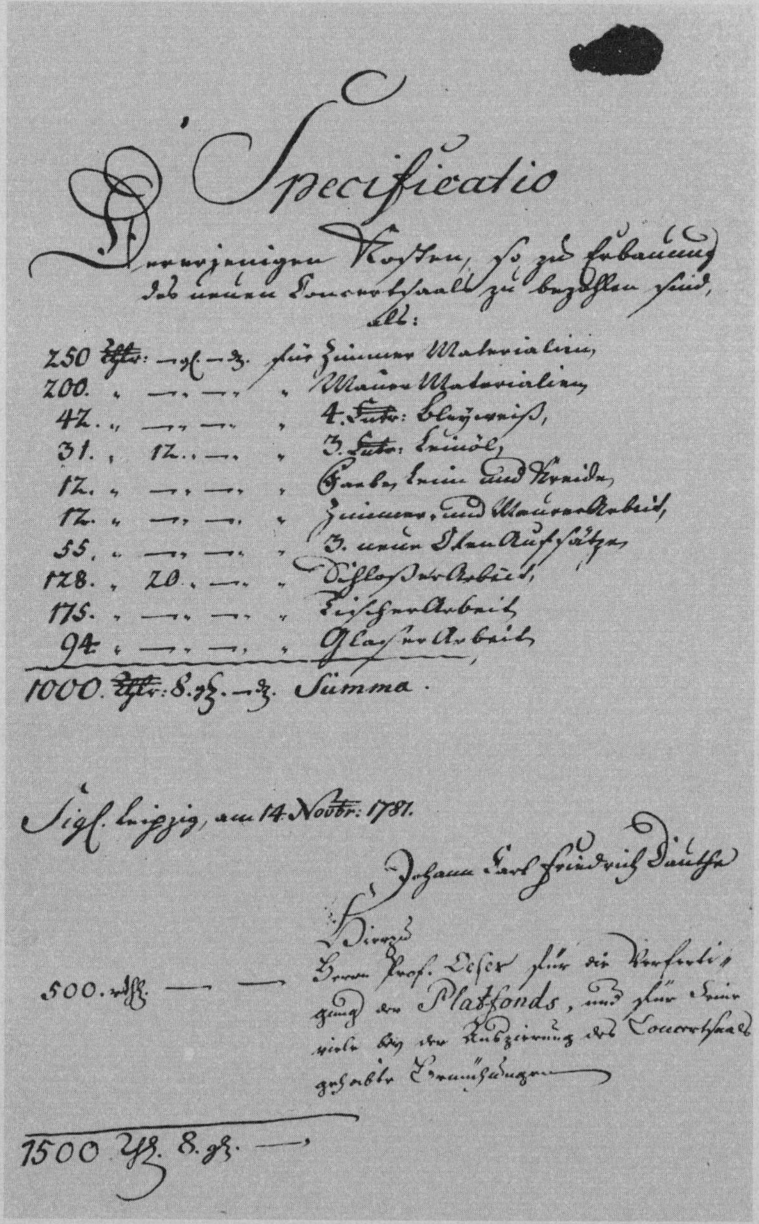
Specificatio

Derjenigen Kosten, so zur Erbauung des neuen Concertsaals zu bezahlen sind, als:

250 Thlr.	– gr.	– d.	für Zimmer Materialien,
200.	–	–	Mauer Materialien,
42.	–	–	4. Fuder [illegible],
31.	12.	–	3. Fuder [illegible],
12.	–	–	Farbe, Leim und Kreide,
12.	–	–	Zimmer- und Maurerarbeit,
55.	–	–	3. neue Ofen Aufsätze,
128.	20.	–	Schlosserarbeit,
175.	–	–	Tischlerarbeit,
94.	–	–	Glaserarbeit,
1000. Thlr.	8. gr.	– d.	Summa.

Sign. Leipzig, am 14 Novbr. 1781.

Johann Carl Friedrich Dauthe

Hierzu
500. rthl. — — Herrn Prof. Oeser für die Verfertigung der Plafonds, und für seine viele bey der Auszierung des Concertsaals gehabte Bemühungen

1500 Thlr. 8. gr. —

adressiren und mit einem Motto nebst versiegelter Adresse des Autors zu versehen». Der springende Punkt der «Concurrenz-Bedingungen» jedoch war der vierte: «Die Bausumme ist auf maximal 700.000 Mark festgestellt, in welcher Summe Heizung und Ventilation, Beleuchtung und Beschaffung der Sitzplätze inbegriffen ist, wogegen die Kosten der übrigen Meublirung der Räume, Anschaffung einer Orgel, Verlegung des Strassensiels, Herstellung von Pflaster und Trottoir ausgeschlossen sind.» Aus 75 Einsendungen wählte eine unabhängige Jury, ihre Mitglieder stammten aus Dresden, Berlin und Wien, die fünf besten aus und vergab an jene den ersten Preis, die die meisten Wünsche erfüllte und auch wirklich ganz zart unter dem vorgegebenen Maximum blieb.

Die cleveren Herren der Concert-Direction, die das Kaufmännische für keinen Moment aus den Augen verloren, boten «Stiftungsantheile» zu 500 Mark und «Anlehnsscheine» zu 1000 Mark zum Kauf an. Während das Geld für die edlen Stifter verloren war, erhielten die Anlehner 2 % Zinsen im Jahr, die bei der Inanspruchnahme eines Abonnements jeweils in Zahlung genommen wurden. Der Vorteil bestand für alle Zahler jedoch darin, daß sie den Anspruch auf einen Platz im Gewandhause erkauften, der zudem erblich war und so lange gültig sein sollte, «als das Institut der Gewandhausconcerte besteht». 500 Stiftungs- und 460 Anlehnsscheine wurden unters Volk gebracht. Aber in diesem Satz stimmen nur die Zahlen. «Das Volk» war nämlich jener Teil der Bevölkerung, der bei einem Tagelohn zwischen minimal 75 Pfennig und maximal 3 Mark gar nicht imstande war, eine «Aktie» zu erwerben, deren Dividende lediglich in Kunstgenuß bestanden hätte.

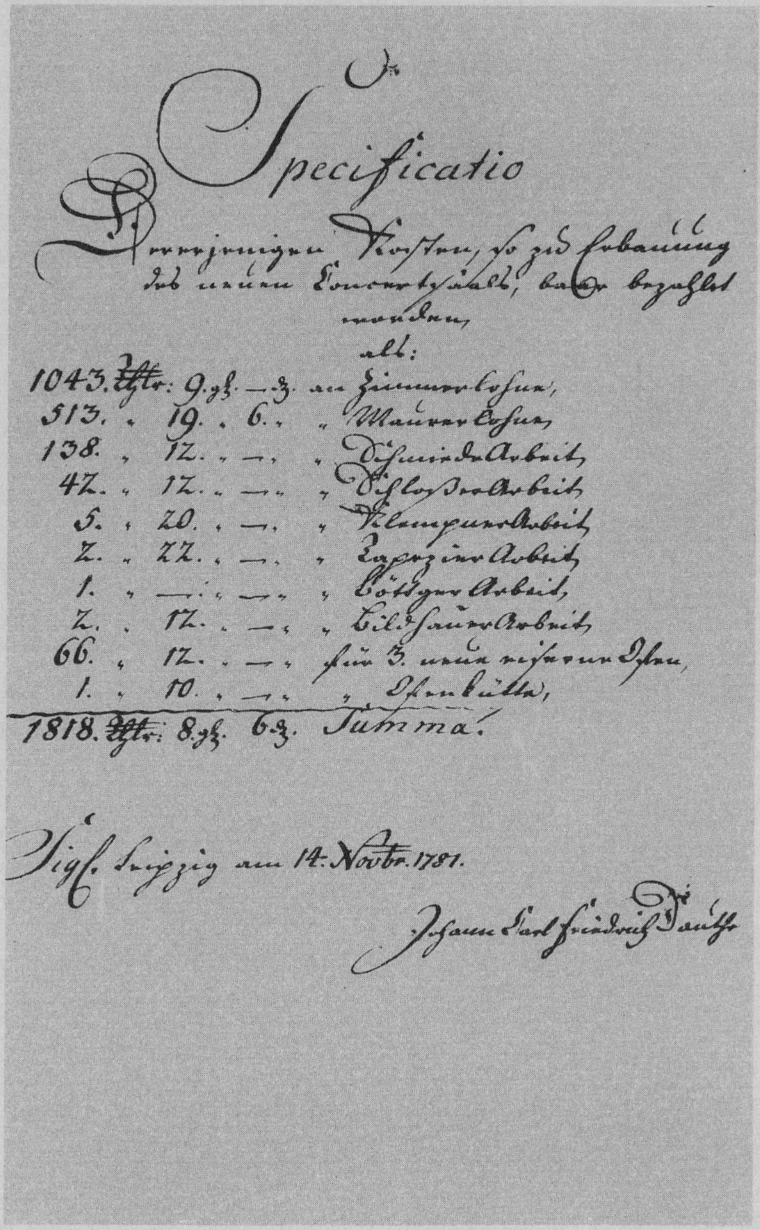
Specificatio

Derjenigen Kosten, so zu Erbauung des neuen Concertsaals, baar bezahlt worden, als:

1043.	Thlr. 9. gr.	—. pf.	an	Zimmerlohn,
513.	19.	6.	"	Maurerlohn,
138.	12.	—.	"	Schmiede Arbeit,
47.	12.	—.	"	Schlosser Arbeit,
5.	20.	—.	"	Klempner Arbeit,
2.	22.	—.	"	Tapezier Arbeit,
1.	—.	—.	"	Böttger Arbeit,
2.	12.	—.	"	Bildhauer Arbeit,
66.	12.	—.	"	für 3. neue eiserne Öfen,
1.	10.	—.	"	Ofenkacheln,
1818.	Thlr. 8. gr.	6. pf.		Summa.

Sig. Leipzig am 14. Novbr. 1781.

Johann Carl Friedrich Dauthe.

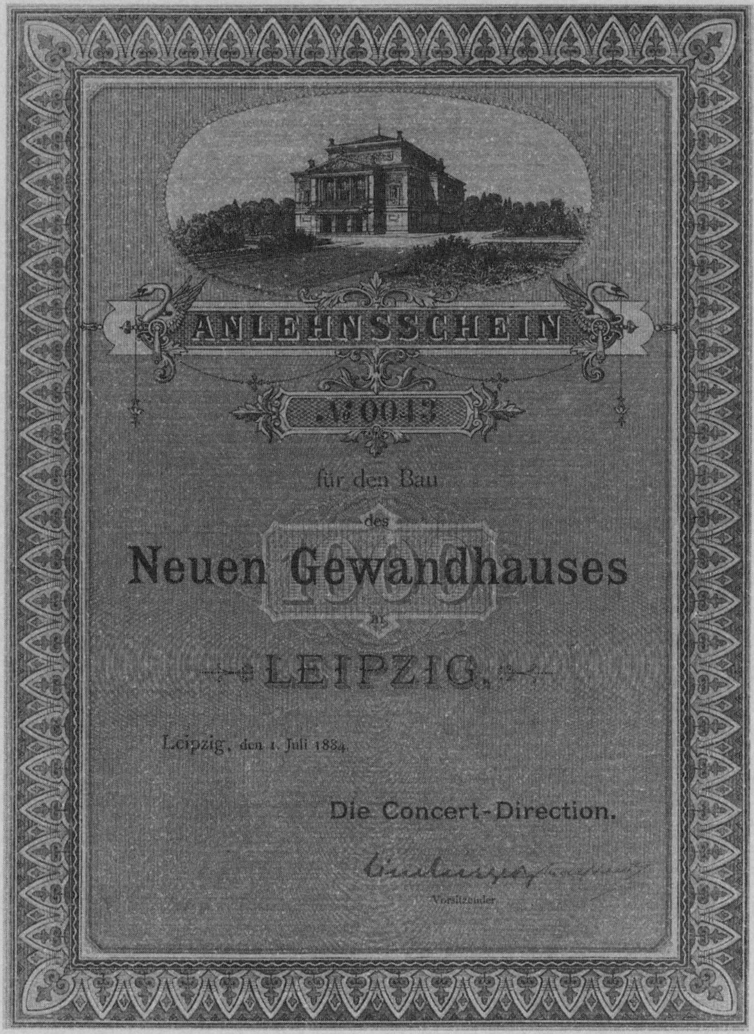
ANLEHNSSCHEIN

№ 0043

für den Bau des Neuen Gewandhauses zu LEIPZIG.

Leipzig, den 1. Juli 1884

Die Concert-Direction.

Vorsitzender

Die 700000 Mark der kalkulierten Bausumme waren zusammengestiftet worden, aber das Geld reichte doch nicht. Tiefer in die eigene Tasche zu greifen, ist auch die Hautevolee Leipzigs nicht bereit gewesen. Um nicht das eigene Stammkapital antasten zu müssen, überzeugte die Concert-Direction den Leipziger Rat von der kulturtragenden Bedeutung des Musikinstituts für die Stadt. Vom «fetten» Erbe des am 14. November 1880 verstorbenen Kaufmanns Franz Dominic Grassi, er hinterließ der Stadt 2,3 Millionen Mark, hat der Rat »ein Capital von 400000 Mark ohne Verzinsung und endlich eine Mehrbewilligung» zur Finanzierung des Neubaues beigesteuert. Als der im Frühjahr 1882 begonnene Bau im Dezember 1884 soweit fertiggestellt war, daß eröffnet und gespielt werden konnte, waren die Kosten dafür inzwischen auf rund 1350000 Mark, fast das Doppelte der ursprünglich geplanten Summe, angewachsen. Das dreißig Jahre später fertiggestellte Völkerschlachtdenkmal ist dann viermal so teuer.

Siehst Du, wenn man mit den Zahlen nur gehörig spielt, kommt am Ende heraus, daß beide Gewandhausbauten gleich teuer waren, sie kosteten je ein Viertel Völkerschlachtdenkmal. Sollte

Das neue Gewandhaus wirkt gewaltig, das alte wirkte gediegen.

Lieselotte Sachse,
langjährige Gewandhausbesucherin
1984

allerdings jemand ganz oberschlau behaupten, unser neuestes Gewandhaus für 130 Millionen sei ja hundertmal so teuer wie das alte zu 1,3 Millionen Mark, der würde damit doch nur beweisen, daß er nichts, aber auch gar nichts von dem begriffen hat, was in den letzten hundert Jahren anders geworden ist und – was nicht.

Dir wird aufgefallen sein, daß ich durchweg solche Bilanzkrücken wie «knapp», «fast» oder «rund» verwenden mußte. Abrechnungen, auf denen «exakte» Zahlen gestanden hätten, habe ich von beiden Bauten nicht zu Gesicht bekommen. Aber wo Millionen verbaut werden, da wird wohl auch nicht mit dem Pfennig gerechnet. Da lob' ich mir doch den alten Bürgermeister Müller, der hat sich nämlich von seinem Stadtbaurat Dauthe haarklein vorrechnen lassen, wieviel der Bau des Konzertsaales die Stadtkasse gekostet hat.

Als Nachtrag stehen dort 500 Taler zu Buche, die der Direktor der Leipziger Malakademie, Prof. Adam Oeser, als Honorar für die Ausmalung des Saales erhalten hat. Und ich werde Dir als Nachtrag zu diesem Briefe demnächst etwas über die «Gewandhaus-Maler» schreiben.

Zehnter Brief,

Ausschmückungen nebst Übermalungen betrachtend und Europas größtes Wandbild bedichtend

Ein Konzerthaus soll nicht nur ein Musiktempel sein, sondern darüber hinaus auch ein Musentempel. So hörte und hört man im Gewandhaus nicht nur die Musik der alten und neuen Tonmeister, sondern auch die Worte der Dichter. Auch Maler hatten zu allen Zeiten ihre Hände im Gewandhausspiel, und wenn ich Dir, lieber Freund, nun von ihnen und ihren Bildern schreibe, muß ich wunde Gewandhauspunkte berühren.

Die wichtigsten Bilder in den drei Leipziger Gewandhäusern sind auf die Wände gemalt worden. «Der Zusammenhang des Wandbildes mit dem architektonischen Raum verlangt baumeisterliches Denken ... Der Maler erkennt die raumabschließende Wand als solche an und betont im Bilde den Charakter der Fläche. Die andere Grundmöglichkeit, den Zusammenhang zwischen Wandbild und Raum zu deuten, liegt darin, sich vom Zwang der Fläche frei zu machen, dem Bildbetrachter die abschließende Wand als nicht vorhanden erscheinen zu lassen, indem durch Raumdarstellung im Bilde der gebaute Raum erweitert, ergänzt, verändert wird.»

Der erste Konzertsaal im Gewandhaus war von Friedrich Adam Oeser mit einem Deckengemälde geschmückt worden, das wohl den Eindruck vermitteln sollte, man könne direkt bis ins himmlische Reich der Musen schauen. Wie das Bild in die räumliche Situation einbezogen war, hat der Herr Redakteur C.C.C. Gretschel in seinem Stadtführer «Leipzig und seine Umgebungen», 1828 erschienen, sehr anschaulich beschrieben:

«Der große Saal selbst ist groß genug, um mehrere hundert Menschen bequem fassen zu können. Beim Ausschmücken desselben legte man das Prinzip der größten Einfachheit zu Grunde und suchte besonders alle vorspringenden architektonischen Zierden zu vermeiden, um nicht die freie Wirkung des Schalles zu hindern. So erblickt das Auge an den Wänden nur nachgemachte jonische Säulen, während es sonst mit Wohlgefallen auf dem großen *Oeserschen* allegorischen Deckengemälde ruht.»

Durch Goethes Zeichenstudien an der jungen Akademie bei Oeser fiel ein helles Licht auf diesen. Sein Name würde sonst der Welt nicht vertraut sein, denn als ausübendem Künstler fehlte es ihm an originaler Kraft.

Felix Becker,
in: Kunst und Künstler in Leipzig
1913

Als das Bild noch ganz frisch war, hatte es der Leipziger Kaufmannssohn Franz Wilhelm Kreuchauf beschrieben, den man so charakterisiert hat: «Er verzichtete schon früh auf die Freuden der Arbeit und des Erwerbens und begnügte sich mit den Freuden des Verzehrens und Genießens.»

In seinem Aufsatz «Oesers neueste Allegoriegemälde» steht zu lesen: «Alles erscheint in ernster Einfalt, weislich veredelt durch eine Scene der Musen, welche die Kunst des Pinsels durch das geöffnet zu sein scheinende Gewölbe sichtbar werden ließ. Die neun Göttinnen des Parnasses sammelten sich über dem Gebäude. Ihre kleinere Hälfte verweilt höher sitzend beim Gotte des Lichtes. Die drei Vorsteherinnen der Musik ziehen, von ihnen gesondert, durch die mittlere Öffnung der Decke in ihren Tempel ein. Völlig bekleidet und mit ihren Kronen festlich geschmückt, lassen sie, die hier allein gefallen und nützen wollen, jene gemächlich mit aufgelöstem Gewande und freien Locken zurück.

Wir gingen von da zu dem ConcertSaal, wo Oeser ein paar Platfonds gemahlt hatt. Auf dem einen eine Frauens-Person die in einem Buche Liest, ein Genius löscht ihr das Licht aus, aber es ist nicht finster, sondern heller Lichter Tag, sie kan's also entbehren; auf einem andern ziehen einige Genii den Pan bey den Ohren, einer schlägt ihn mit einem Fiedelbogen. (Soll die alte und neue Musick vorstellen.) Auf dem größten sind die Musen, da sie aber keine Atribute haben so kann man sie auch nicht von einander unterscheiden, sie sind in Drey oder Vier Gruppen eingetheilt, in der mittelsten ist eine Figur die sehr schlecht gezeichnet ist, daß colorit ist, wie ich schon vorher gesagt habe – schlecht.

Daniel Chodowiecki
in seinem: Journal, gehalten auf einer Lustreyse von Berlin nach Dreßden, Leipzig, Halle, Dessau Anno 1789

Die Erfinderinnen der Flöten- und der Saitenspiele, Euterpe und Klio, nahmen ihre Fürstin, die Muse des Gesanges, Polyhymnia, mitten unter sich, leiten sie in ihren Armen von der Höhe, aus der sie mit ihr in gerader Richtung niederschweben, und der Genius der ernsten Freude, ein schöner Jüngling, der ihnen im Schwunge beide aufgehobene Hände voll frischer Blumen beut, führt sie an. Ihre genauer mit ihnen verbündeten Schwestern, die einander zur Seite sitzende dramatische und lyrische Dichtkunst, Melpomene und Erato, begleiten sie, gleich ihnen feierlich gekleidet und gekrönt, in mäßiger Entfernung auf einer schwellenden Wolke ...

Indessen wagte sich der Unverstand, in Marsyas Gestalt, an den Thron des Apollo und ward auf einen vom Gotte mit gebietender Freundlichkeit gegebenen Wink der Willkür des Musengefolges überlassen. Durch die dritte Öffnung sieht man das Urteil an ihm vollstrecken. Gewalt übende Götterknaben nötigen ihn, sich zu krümmen und mit hinterwärts gebundnen Armen vom Lichtquelle zu entfernen. Das Ende der Bande in der Linken und mit Rückenstreichen von der aufgehobenen Rechten verfolgt ihn der eine; der andre faßt das ziegenfüßige Mißgeschöpf bei den Haarlokken, quetscht ihm mit beiden Händen die gespitzten Ohren an den Kopf und zieht ihn dabei von der Höhe nieder nach der Thüre zu ...

So leicht sich aus dem Sinne der Allegorie die Bestimmung des Gebäudes erklärt, welches dem Musikstudium, besonders der Übung des Gesanges gewidmet ist, um dessen edelste Anwendung die redenden Künste schwesterlich sich mit ihm beeifern, ebenso deutlich wird dadurch zugleich erinnert, was Würde und Gewalt dieser vereinigten Künste vermag, und wie hier die Höhe ihres gemeinschaftlichen Zwecks erstrebt werden könne, wenn gute Genien sorgen, daß kein Unberufner oder Verworfner dieses Heiligtum der Musen entweihe.»

Es war dann zwar kein «Unberufner» – immerhin hatte ihn die Konzertdirektion im Sommer 1833 ja beauftragt, dem Saal eine «Neudecorirung» angedeihen zu lassen, weil dieser «im Laufe der

Der Streit zwischen Marsyas und Apoll, gemalt von Ronald Paris für die Galerie des Neuen Gewandhauses

Zeit nicht nur sehr unscheinbar und düster, sondern auch schadbar» geworden war –, wohl aber muß es ein «Verworfner» gewesen sein, der sich dieser Arbeit annahm. Für 500 Taler – erinnere Dich der Dautheschen Abrechnung – hatte Oeser die Decken einst bemalt; exakt die gleiche Summe belegt der «Cassenbericht» 52 Jahre später für die «völlige Restauration des grossen Saales und der Decke mit Oelfarben, des Vorsaales und der Corridors etc. mit Wasserfarbe, einschl. Anstrich der Thüren». Was der urkunden-banken-und-amtsecht-deutsche Ausdruck «völlige Restauration» im Klartext bedeutet, kannst Du der 2. Auflage des schon erwähnten Stadtführers, 1836 verlegt, entnehmen:

«Wir gebrauchten in Bezug auf die bei gedachten Sälen erwähnten Oeserschen Gemälde in der 1. Auflage dieses Werkchens das Präsens; jetzt bedienen wir uns der Vergangenheit. Denn bei dem im J. 1833 vorgenommenen Erneuern dieser Säle ist man auf eine unbegreifliche Weise auf den Gedanken gerathen, durch einen geschmacklosen Anstrich auch jene Deckengemälde zu überpinseln, wodurch Kunstschätze verloren gingen, welche früher zu den *sehenswerthesten* Leipzigs gezählt wurden.»

Sehenswert soll später das Porträt Felix Mendelssohn Bartholdys gewesen sein. Der Gewandhauskapellmeister war am 5. November 1843 gestorben, zur Erinnerung an ihn wurde ein Gedenkkonzert am 3. Februar 1844, Mendelssohns Geburtstag, veranstaltet. Ein Chronist erinnerte sich später auch daran: «Das Medaillon-Bild war pünktlich fertig geworden und zeigte sich, umkränzt von frischem Immergrün, zum ersten Male an diesem Abend den Concertbesuchern. Die ihm über dem Orchester angewiesene Stelle nimmt es noch gegenwärtig ein. Die Künstlerhand, welche es angefertigt, hat sich als solche gut bewährt, sie hat mit ihm dem Saale einen werthvollen Schmuck verliehen.»

Orchester-Wittwen- und Waisenpensionsfonds
Capital 12450 Thaler
Mit diesem Fonds steht eine von der Familie Felix Mendelssohn Bartholdy's zu dessen Andenken gemachte Stiftung in Verbindung, welche die Zinsen des Capitals von 1500 Thalern (dem Reinertrage der ersten Auflage des ersten Bandes der Mendelssohn'schen «Reisebriefe») jährlich an zwei besonders bedürftige Wittwen vertheilt.

Bartholf Senff
Führer durch die musikalische Welt.
Adreßbuch, Chronik und Statistik aller Städte von Bedeutung.
1868

Dort war er am 29. März 1885 zum letzten Male in einem Konzert zu bewundern. An diesem Tage beschloß die «Herzogliche Hofkapelle» aus Meiningen unter Hans von Bülows Leitung mit einem Extrakonzert, das «das bedeutendste dieser ganzen Epoche» genannt worden ist, das Kapitel der «echten» Gewandhauskonzerte.

Zu dieser Zeit war das neue Haus bereits seit einem guten Vierteljahr eingeweiht, doch ganz fertig war es noch nicht. Nachdem die «Leipziger Zeitung» am 5. Dezember 1884 stolz berichtet hatte: «Die prachtvolle decorative Ausstattung des

Fortführung des Gewandhaus-Umbaues.

Der Rath der Stadt Leipzig hat beschlossen, den Umbau des alten Gewandhauses für Messezwecke *in grossartigem Massstabe fortzusetzen. Es sollen zu diesem Zwecke der Concertsaalflügel des alten Gewandhauses, das alte Conservatorium, sowie drei Häuser des Kupfergässchens abgebrochen werden, an deren Stelle dann ein geräumiger, hauptsächlich Mess-Locale enthaltender Neubau mit einem grossen Ausstellungs-Saale treten wird. Hierdurch wird für die Leipziger Messen eine grosse Centrale geschaffen werden, wie sie in dieser Art wohl von keiner anderen Stadt nachgeahmt werden kann.*

Zeitschrift des Leipziger Messverbandes
August 1894

großen Saales ist fast vollendet. An den Brüstungen der Logen und Galerien zeigen sich die Reliefporträts von zwölf berühmten Componisten; zwei kommen noch hinzu», mußte sie gleich darauf die Erwartungen ihrer Leser wieder dämpfen: «Bis zur Eröffnung unseres neuen Concerthauses wird, wie wir vernehmen, eine vollständige Fertigstellung der Wandmalereien, wegen Kürze der Zeit, sich nicht ermöglichen lassen.» Im Amtsblatt «Leipziger Nachrichten» wird zehn Tage nach der Einweihung etwas ausführlicher abgerechnet: «Die Nischen zu beiden Seiten der Orgel sind zu-

Wenn ein Wort eine, ob seinem Ursprung noch so fremde, aber von der ganzen gebildeten Welt anerkannte Bedeutung erworben hat, so ist es ein gerechter und dankbarer Stolz, der das alte Wort nicht der neuen Bedeutung aufopfert; mit Freude finden wir dies angewandt auf das alte Leipziger «Gewandhaus», das ursprünglich die Räume für die Tuch- und Leinen-Waaren der Meßstadt enthielt.

...

Das neue «Gewandhaus» steht nun vollendet da und hat am 11. Dezember mit seinem ersten Konzerte den Tag seiner Einweihung gefeiert. Der Gedanke an den Neubau war schon bei dem hundertjährigen Jubiläum gefaßt, die Ausführung desselben begann im Frühjahr 1882. Das prachtvolle Gebäude schmückt einen der schönsten Stadttheile neben dem ehemaligen botanischen Garten und zeigt auf den ersten Blick die Würde eines monumentalen Baues. Auch die Ausdehnung desselben, die ein ganzes Straßenviertel einnimmt, tritt mächtig vor das Auge, das Herz aber erfreut die Treue, mit welcher der alte Wahrspruch, das Wahrzeichen des alten Gewandhaussaals, hier zu Ehren gekommen ist; hoch im äußern Fries unter dem Giebel steht mit ehernen Buchstaben die Inschrift: «Res severa verum gaudium» (Ernstes Thun schafft wahre Freude). Das ist ein Gelöbniß für den Kultus der Zukunft in diesem Tempel der Kunst...

Es gehört gewiß zu den preiswürdigsten Vorzügen von Leipzig, daß es seine werthvollsten Bauwerke und Anstalten der Hochherzigkeit seiner Bürger verdankt: sein reiches Museum für bildende Kunst, sein neues Theater und nun sein Konzerthaus, das nach Geschmack und Zweckmäßigkeit der Ausstattung und Einrichtung als ein bis jetzt unerreichtes Muster zu gelten hat.

Die Gartenlaube
1/1885

Schallers Deckenentwurf für das Neue Concerthaus

nächst noch leer; es ist für sie statuarischer Schmuck in Aussicht genommen. Ueberhaupt ist zur Eröffnung des Hauses eine vollständige Fertigstellung der Wandmalereien bis auf zwei figürliche, Symphonie und Harmonie, und vier decorative wegen Kürze der Zeit nicht wohl möglich gewesen.»

Drei Jahre nach der Einweihung erscheint in einem Berliner Verlag eine erste umfassende Darstellung und Würdigung des «Neuen Gewandhauses in Leipzig». Und auch zu dieser Zeit – aber lies selbst:

«An der Decke erscheint als Versinnbildlichung der Harmonie der Sphären der gestirnte Himmel: auf blauem Grunde die Zeichen des Thierkreises und vier grössere Sternbilder: Uranus und Jupiter, Venus und Juno, in zartem Grau gehalten. Dazwischen die vier Tageszeiten und eine Gruppe im Tanze schwebender Idealgestalten, diese alle in leuchtenden Farben ausgeführt. Die vier Ecken der grossen Hohlkehle füllen sinnbildliche, mehr ornamental gehaltene Darstellungen der vier Mächte, welchen Leipzig seine Blüthe verdankt: Industrie, Handel, Kunst und Wissenschaft. Zur Auszierung der 14 grossen Flächen unter den Fenstern der Längswände sind abwechselnd figürliche und ornamentale Malereien geplant, welche in gedämpften Tönen mit Bronzeumriss gobelinartig auf Leinwand ausgeführt werden sollen. Den bildlichen Darstellungen sind die Hauptarten musikalischer Schöpfung, die Symphonie, das Oratorium, das Lied u.s.w., zu Grunde gelegt. Ein Theil der Bilder ist bereits fertiggestellt, es ist indessen die Entscheidung darüber noch nicht getroffen, ob es nicht vorzuziehen sei, diese Wände in anspruchsloserer Weise zu bemalen.»

...gegenüber das von Gropius & Schmieden 1880–84 erbaute Gewand- oder Konzerthaus. Die 1743 begründeten Gewandhauskonzerte fanden 1781–1884 im ehem. Gewandhaus, jetzt Kaufhaus statt. Europäischen Ruf erlangten sie zuerst unter der Leitung Felix Mendelssohn-Bartholdy's (1835–41), dem 1892 vor dem Hause ein Bronzestandbild, von W. Stein, errichtet wurde.

Oktober bis März 22 Gewandhauskonzerte, Do. abend 6 1/2 oder 7 Uhr, 6 M und 8 M 20, wenig freie Plätze; Hauptprobe Do. vorm. 10 1/2 Uhr (Platz 3 1/2 oder 4 1/2 M). Kapellmeister Prof. Arthur Nikisch.

Baedekers Sachsen
1920

Ob das Attribut «anspruchslos» in künstlerischer oder ökonomischer Hinsicht zu verstehen ist, läßt sich nicht eindeutig ermitteln. Möglicherweise ist es auch im Sinne von «mit anderem Anspruch» gemeint, denn als die rühmenswertesten Arbeiten von Professor Ernst Johann Schaller galten der zeitgenössischen Kunstkritik jene Velarien, gemalte Wandbehänge, mit denen der Pariser Platz in Berlin dekoriert worden war, als Kaiser Wilhelm, der mit dem Barte, nachdem er sich von den explosiven Liebesbezeigungen zweier Untertanen erholt hatte, am 4. Dezember 1878 wieder in seine Hauptstadt eingezogen ist.

Schaller muß ein Gespür dafür gehabt haben, «Bilder für den Tag» malen zu können. Im Gewandhaus aber galt, wenn schon nicht Ewigkeit, so doch Dauer als Maßstab. Die Leipziger scheinen denn auch seine Bilder nicht sonderlich beachtet zu haben, es gibt keine deutliche Erinnerung an sie, keinen Witz, nicht einmal der Baedeker, der ja in Leipzig zu Hause war, erwähnt sie.

Zudem hatte da ein Fremder das Leipziger Kunstheiligtum geschmückt, dem vor allem die Ausstrahlung eines Lokalmatadors fehlte. Der Leipziger Maler, Grafiker und Bildhauer Max Klinger war 1884 mit seinen 26 Jahren noch zu jung für eine solch repräsentative Arbeit. Als ihm die Stadtväter gut zehn Jahre später einen persönlichen Wunsch erfüllen wollten, um seine Berufung nach Wien zu verhindern, soll Klinger ausgerufen haben: «Gebt mir eine Wand!» Aber da waren die Wände im Gewandhaus ja schon erledigt. Heute von einer Klinger-Renaissance zu sprechen wäre wohl übertrieben, das stimmt nur, wenn Du den Begriff wörtlich, nicht kunstwissenschaftlich übertragen nimmst. Denn wiedergeboren ist seine Plastik «Beethoven». Sie hat Anfang des Jahrhunderts Furore gemacht. Am Museum war ein spezieller Anbau errichtet worden, um das Pathos und Würde ausstrahlende Werk auch wirkungsgerecht ausstellen zu können. Jetzt findest Du den «Beethoven» im Foyer des kleinen Saales, fast wieder am gleichen Fleck wie vor dem Kriege. Leider war die Figur auf ihrem Sockel ein bißchen zu groß für diesen Raum, aber Künstler verstehen ja,

Beethoven schaut von oben her
Herunter auf die Welt.
Sein Monument betrachtet er,
Das Klinger hingestellt.
Beethoven denkt: Das ist mir fremd,
War zwar kein Millionär –
Doch ohne Rock und ohne Hemd
Ging ich sonst nie einher.
Auch nicht sehr klassisch ist die Pose – –
Doch eines freut mich ungemein:
Er ließ mir wenigstens – die Hose –
Man muß für alles dankbar sein!

Otto Reutter
in seinem Couplet: Man muß für alles dankbar sein

sich einzurichten. In den Steinfußboden wurde ein mehrstufiges Becken eingelassen, darin sitzt Beethoven wie in einem versiegten Brunnen, und damit er oben nicht an die gläserne Decke stößt, hat er eben den Kopf etwas zwischen die Schultern gezogen. Dennoch erfreut sich der spärlich bekleidete Olympier eines ungebrochenen Schauwertes, wovon schon vor der Eröffnung des neuen Gewandhauses ein breiter Streifen fettiger Finger- und Nasenabdrücke auf den Fensterscheiben dieses ebenerdigen Foyers beredt Zeugnis ablegte.

So stark Klinger seinerzeit als Bildhauer gewirkt hat – er ist nur als Graphiker überragend –, so unbedeutend erscheint uns heute seine plastische Kunst, die an technischen Problemen, mißverstandener Farbigkeit und antiquarischer Bildung leiden mußte und wie seine Großmalerei eine im Wesen unmonumentale Museumskunst ist.

Kurt Karl Eberlein
in: Die sächsische Kunst seit 1800
1928

Ganz zutrauliche Interessenten waren schon lange vorher bis ins Innere des entstehenden Baues vorgedrungen, um sich beispielsweise vor den halbfertigen Wandbildern fotografieren zu lassen. So hat manch einer zu Hause vielleicht eine Rarität herumliegen, von der er gar nicht weiß, daß es eine ist: «Selbst, vor dem Wandbild von Wolfgang Peuker». Warum dieses Bild nicht vollendet wurde, ist eine lange Geschichte, die damit beginnt, daß die Architekten die Wände des Hauses am liebsten «nackt» belassen hätten. Dagegen wollten die Gewandhausdirektion und auch die stattliche Gilde der Leipziger Maler die Schwesterkünste Musik und Malerei unterm Gewandhausdach gern vereint sehen. Professor Bernhard Heisig, wie weiland Oeser Direktor der Leipziger Malakademie, die inzwischen allerdings etwas irreführend «Hochschule für Grafik und Buchkunst» heißt, war auf die Idee gekommen, ganz im

Gegensatz zu Oeser, nicht die Decke des Saales zu bemalen, sondern dessen Boden. Bitte mißversteh das nicht! Er wollte natürlich nicht den Saal mit einem gemalten Teppich auslegen, sondern die vom Foyer aus sichtbare Seite des Saalunterbodens schmücken. Dieser große Saal scheint innerhalb des Gesamtbaues relativ frei im Raum zu schweben, ist also immer noch das, was man schon vom ersten gesagt hat: eine Schachtel in einer Schachtel. Den größten Teil des Saalunterbodens kannst Du schon von draußen, vom Karl-Marx-Platz her, durch die riesigen Fenster der Hauptfront sehen. Phantasiesprühend, wie Maler ja nun einmal sind, meinte der Professor, hier müsse ein Bild den Eindruck eines «roten Rachens» erwecken, der die Besucher gleichsam in sich hineinsaugt. Wieviel Phantasie zu dieser Vision nötig war, wirst Du ermessen können, wenn ich Dir schreibe, daß der Bau zu dieser Zeit erst auf dem Papier bestanden hat. Immerhin ließ sich schon an Hand der Pläne errechnen, daß die zu bemalende Fläche 712 Quadratmeter groß sein würde, also etwa so groß wie das Wandbild in ... Und da kamen die Maler auch schon ins Stocken, denn selbst Michelangelos Malereien in der Sixtinischen Kapelle von Rom sind «nur» 500 Quadratmeter groß. Bei diesem Vergleich fiel den Malern wohl auch auf, daß der große Italiener daran vier Jahre lang gemalt hatte, während hier nur vier Jahre Gesamtbauzeit zur Verfügung standen. Und schließlich muß eine Wand ja erst einmal stehen, bevor sie bemalt werden kann. Architekten und Bauleute, die sich in die Idee, ihren Baukörper bemalen zu wollen, nicht verlieben konnten, gestanden für die Ausführung eines Wandbildes den Zeitraum von zwölf Monaten zu. Mehr sei nach dem Bauablaufplan nicht möglich, zudem müsse in Kauf genommen werden, daß während des Malens der Bau weitergehe.

Aber denkst Du, die Maler hätten sich vergraulen lassen? Doch hat wohl die Kürze der Arbeitszeit den Professor Heisig abgeschreckt, das Bild selbst zu malen. Du mußt wissen, daß es ihm als Prinzip gilt, seine Bilder nie als endgültig fertig zu empfinden. Über seine Arbeitsweise erzählt man in Leipzig eine Anekdote: Vor ein paar Jahren sei er während der Bezirkskunstausstellung an den Abenden noch einige Male ins Museum gegangen, um während der Schließzeit seine Bilder zu vervollkommnen. Ein Spaßvogel unter seinen Malerkollegen soll daraufhin den Museumsdirektor angerufen und ihm geraten haben, die Cranachs gut zu verstecken, sonst würde Bernhard die auch gleich noch fertigmalen!

Das wäre natürlich ein Schauspiel von besonderem Reiz, wenn wir nach dem Konzert, in dem wir die Musiker bei ihrer Arbeit gesehen haben, im Foyer auch noch den Maler bei der seinen beobachten könnten! Aber dazu ist es ja nun nicht gekommen, der Meister hat seinen Meisterschüler ins Rennen geschickt, und Sighard Gille malte dann das große Bild.

Nachdem er 600 Liter des Bindemittels Caparol und anderthalb Zentner Pigmente verarbeitet hatte, fand er auch Zeit für ein Interview. Über die Arbeitsbedingungen hat er mehr erzählt als über das Bild selbst. Lies und Du wirst ihn verstehen: «Ich will nicht so tun, als hätte mich diese schräge Deckenfläche unerhört begeistert. Aber man muß ja mit den baulichen Gegebenheiten fertig werden, und das ist nun die architektonische Gliederung der Decke des Foyers: vier große Schrägen, die durch drei schmalere Zwischenstufen miteinander verbunden sind. Ich wußte ja vorher, daß man von keiner Stelle aus, weder innerhalb noch außerhalb des Hauses, das Bild ganz würde überblicken können. Auch mußte ich von vornherein mit optischen Verzerrungen der verschiedensten Art rechnen ... Im Oktober 1980, also noch mitten im Baugetümmel, haben wir begonnen, meine Grundzeichnungen mit Hilfe eines Projektors zu übertragen. Die Stukkateure hatten sich Mühe gegeben, die Gipsfläche so glatt wie möglich hinzukriegen. Ich aber brauchte sie rauh. Also mußten wir mit Sandpapier 'ran. Mit mir arbeitete in den ersten fünf Monaten mein Kollege Walter Libuda. Wir arbeiteten ja zunächst wie im Freien, denn das Haus war noch offen. Anfangs gab es einen steten Kampf mit den Bauleuten. Mein Gerüst war ihnen natürlich ständig im Wege; schließlich hatten sie knallharte Termine, da muß sich jeder strecken. Ich wich deshalb auf den Abend aus. Aber da gab es kein Watt Strom; warum auch, es war ja niemand von den Bauarbeitern mehr da. Als wir das geklärt hatten, fehlte uns das Wasser – abgestellt. Als wir beides hatten, lagen auf der Wegstrecke, die wir mit dem Malgerüst abzufahren hatten, Säcke mit Zement und Bretterstapel. Insgesamt waren es sechs Gerüste für die Decke, jedes so schwer, daß es zwei Männer gerade bewegen konnten, aber nur, wenn wir die Strecke vorher gründlich gefegt hatten. Jedes Steinchen stoppte sonst die Fahrt. An Kunst war am Anfang wirklich nicht zu denken. Ein Drittel der Arbeitszeit etwa war für Organisation und Vorarbeiten zu veranschlagen. Das ist vielleicht normal. Ich mußte jedoch erst lernen, mich auf dem Bau durchzusetzen. Unter solch unerhörtem Zeitdruck habe ich jedenfalls noch nie gearbeitet, und am Anfang schaffte ich meine ‹Norm› überhaupt nicht ... Mit der Zeit bekam ich auch Kontakt mit den Bauleuten, zuerst waren es Martin Schulze und Manfred Friedrich von der Bauleitung, die mir dabei halfen. Dann selbstverständlich meine unermüdlichen ‹Gerüstschiebehelfer›, voran Michael Grummt. Je mehr an der Fläche sichtbar wurde, desto mehr Verständnis entwickelte sich für meine Arbeit. Denn so eine große Deckenmalerei hatte noch keiner der Bauarbeiter entstehen sehen. Zwar konnte ich keine Seminare abhalten, dazu hatte ich keine Stunde Zeit. Ich mußte ohnehin auch an jedem Wochenende sowie an den Feiertagen auf den Bau und dann besonders intensiv sein, denn da hatte ich die meiste Ruhe. So war es auch am 1. Mai 1981. An jenem Feiertag jedoch bekam ich Besuch von Bauleuten, die bei ihrer Maifeier beschlossen hatten, nun zum Maler aufs Gerüst zu steigen und sich das alles mal aus der Nähe anzusehen. Auch wenn das kein Kunstgespräch wurde, gewannen wir viel mehr Verständnis füreinander.»

Maler untereinander sind ein merkwürdig Völkchen! Noch während ihr Kollege «in der Wand hing», waren einige mit ihrer Ablehnung des Bildes schon fertig. Ein grundsätzlicher Einwand lautete: An diese Stelle kann man ganz einfach kein Bild malen, es wird ja gewissermaßen «den Leuten auf den Arsch gemalt». Gille, danach befragt, lächelt leis und dreht den Kopf. Das übrigens ist seit seiner Zeit als «Schrägwandartist» eine für ihn ganz typische Bewegung; so hat er während der Arbeit seine verspannte Halsmuskulatur gelockert, weil natürlich kein Masseur mit ihm aufs Gerüst gestiegen ist. Ist ja schließlich kein Spitzensportler, so ein Maler! Vielleicht wird man in der medizinischen Fachliteratur die Gesamtheit der psychischen und physischen Belastungen bei ähnlichen Unternehmungen künftig das «Gillesche Schrägwandsyndrom» nennen. Und so ist auch seine Antwort verständlich: «Manchmal hatte ich wirklich die Nase so voll, daß ich schon Lust gehabt hätte, die Wand voller Ärsche zu malen.» Daß er aber doch seinem ersten Entwurf treu geblieben ist, verdanken wir wohl in erster Linie der Frau des Malers, einer promovierten Kunsthistorikerin, die es verstanden hat, alle künstlerischen, kulturpolitischen und auch ganz allzumenschlichen Verkrampfungen immer wieder aufzulockern. Jedermann sprach von Experiment, fast alle hatten Angst, daß es schiefgehen könnte, obwohl sie wußten, daß es gerade an dieser Stelle aus tausenderlei Gründen nicht schiefgehen durfte.

Da fand mal eine Zwischenabnahme statt. Auf die unterste Schräge hatte Gille eine Sängerin gemalt, deren spitze Brüste unbedeckt zum Himmel schreien. Das wäre aber in der Konzertpraxis nicht üblich! Könne er nicht wenigstens eine Art Schleier…? Der Gewandhauskapellmeister hingegen fand es ausgezeichnet beobachtet, wie einer der Bratscher im Bilde seine Konzentration völlig vom Dirigenten weg- und der sinnlichen Weiblichkeit zugewendet hat. Auch prominente Besucher, die das Haus während seiner Entstehung zu sehen bekamen, machten dem Maler Mut; der Zaubergeiger Yehudi Menuhin und seine Gattin waren von dieser Sängerin so angetan, daß sie auch heute noch unverschleiert im Foyer steht.

Jeder empfindet es als wunderbar, in ein Haus zu kommen, in dem er schon auf das Erlebnis der Musik eingestimmt wird, bevor die ersten Töne der Ouvertüre erklingen. Er betritt ein Haus, das ihn festlich stimmt, in dem ihn auch die bildende Kunst festlich stimmt, so daß er, wenn er im Saal sitzt, schon auf das Musikerlebnis vorbereitet ist. Das ist eine beglückende Situation, in der es sich viel sensibler arbeiten läßt. Das Orchesterspiel wird nuancenreicher, aber wir haben auch ein erneuertes Publikum und – beinahe eine neue Stadt!

Prof. Kurt Masur
Gewandhauskapellmeister
1981

Der Auftrag an den Maler war ebenfalls durch keine thematische Vorgabe eingeengt. Es war lediglich der Wunsch des Auftraggebers, des Rates des Bezirkes Leipzig, das Bild möge «enge Beziehungen zur Musik» haben. Zu Gilles musikalischen Lieblingsstücken zählt Gustav Mahlers «Lied von der Erde», jener sechsteilige Zyklus nach chinesischen Gedichten, der Klassik ebenso verpflichtet wie der Moderne, in der Trauer nicht trostlos, in der Fröhlichkeit nicht unbeschwert. Der Maler Gille hörte in Mahlers «Lied von der Erde» das Lied unserer Zeit und nannte seine Komposition «Gesang vom Leben».

Anders als Kreuchauf, der Oesers Bild in beschaulicher Breite beschrieben hat, will ich Dir von dem Gilleschen, verdichtet zum Gedicht, eine Vorstellung verschaffen:

auf-
steigende stufen: ganz unten
dem besucher entgegen-
schmetternd mit blitzendem blech
und schwingenden bögen
das ORCHESTER gedämpft
vom mulmenden mahlen der MÄCHTE
DER FINSTERNIS verschwärzt selbst
die sonne wie kaldaunig taumelt das
narrenschiff und
überwindbar alles im LIED DER STADT
swingend und zwingend der rhythmus
der wüchsigen häuser
der hummelnden autos
der balgenden bälger
der sich auflöst weich
verweht und kostbar klingt sekundenlang
das LIED VOM GLÜCK
im bangen blick
geschlagener giganten
das ewigmenschliche paar
fest stehend
auf einer roten kugel
körper labilsten gleichgewichts

Der «Gewandhausmaler», wie Sighard Gille jetzt bisweilen genannt wird – ob aus Hochachtung oder Abschätzung, ist nicht klar auszumachen –, hat in jedem Fall die kolossale Leistung vollbracht, ein Stück Kunst zu schaffen, vor dem die Leute streiten. Ob Beschimpfung, ob Bewunderung – neutral kann angesichts dieser Ballung von gemalter Welt keiner bleiben. Er hat das Gewandhauspublikum von heute ausgesprochen «hochnäsig» gemacht. Das mußt Du ganz wörtlich verstehen! So ist die typische Pausenhaltung im Gewandhaus: den Kopf leicht in den Nacken gelegt, um das große Bild besser betrachten zu können.

Da platzt einer heraus: «Das sieht ja aus, als wenn der das mit dem Schrubber drangeklatscht hat!» Ob der gute Mann wohl sehr enttäuscht ist, wenn er erfährt, daß er recht hat? Denn mit Pinseln, Bürsten, Quasten und Lappen aller Größen, vor allem aber großer Größen, ist das Bild tatsächlich gemalt worden. Du findest darin ganz deutlich dingliche Details, die mit abstrakt strukturierten Flächen kontrastieren. Ich mag mir gar nicht vorstellen, welche Beklemmung die Wand ausstrahlte, wenn da jeder Quadratzentimeter bis zum Goldzahn und dem Dreck unterm Fingernagel durchgefummelt wäre.

Seit der Jugendfreund K. in der Küche seiner Neubauwohnung die Decke und die Wände abgewaschen und frisch geweißt hat, spricht er schon mit etwas mehr Hochachtung von Sighard Gilles Wandbild im Gewandhaus.

nach mündlicher Überlieferung

Würde man heute Stimmen sammeln über den Verbleib des Bildes, ich fürchtete um seinen Bestand. Doch kann ich mir unschwer vorstellen, wie sich die Leipziger in fünfzig Jahren, weil sie das Deckengemälde als Teil des Gewandhauses akzeptiert haben, mit großem Aufwand um seine Erhaltung bemühen werden.

Unmöglich zu sagen, wie viele Leute täglich das Bild sehen. Kaum einer, der den Karl-Marx-Platz überquert und keinen Blick riskierte, besonders am Abend, wenn das Bild durch die Glasfassade strahlt. Auf diese Fernwirkung hin ist es ebenso gemalt worden wie für die wiederholte Betrachtung aus Nahdistanz. Die Mehrzahl der Gewandhausbesucher sind ja Abonnenten, denen auch nach Jahren das Bild noch nicht langweilig geworden sein soll. Man kann sich Lieblingsstellen darin ausgucken, ja man kann sogar mit dem Bild spielen. Zum Beispiel: Wer findet als erster den Marienkäfer? Wenn man Platz hat, an dem Bild vorbeilaufen zu können, ohne den Blick davon lösen zu müssen, kann man entdecken, daß einem der Strom der Autos folgt, daß sich die

Die Frage nach dem Besonderen dieser Orgel läßt sich dahingehend beantworten, daß sie das größte Instrument ist, das bisher in der DDR gebaut wurde, und gleichzeitig das größte Objekt aus der seit 1820 bestehenden Potsdamer Werkstatt. Sie ist vermutlich auch die erste Orgel, die zu der Zeit geplant, entworfen, projektiert und aufgestellt wurde, während der die Bauarbeiter das Gebäude errichteten, in dem sie ihren Platz finden sollte. Die gesamte technische Montage dauerte über 6 Monate und erfolgte gleichzeitig mit dem Ausbau des Großen Saales. Selbst die künstlerische Klanggestaltung der Orgel – die Intonation –, zu der man unbedingte Ruhe und Konzentration braucht, begann im April 1981 noch unter den Bedingungen einer Baustelle, auf der andere Gewerke noch hämmern und schleifen, sägen und schweißen mußten. Dabei wurde vielen Bauarbeitern der verschiedenen Gewerke erstmalig ein Eindruck vom Entstehen eines solchen kunsthandwerklichen Erzeugnisses vermittelt, und unter ihnen wurden viele neue Hörer für die Orgelmusik gewonnen.

Max Thiel,
Betriebsdirektor
des VEB Potsdamer Schuke-Orgelbau,
im Programmheft zur Orgelweihe
am 17.10.1981

Schwimmer im Wasser tatsächlich bewegen, daß der von links gesehen noch in Führung liegende von rechts betrachtet nur Dritter wird. Wenn das kein Realismus ist! Fast wie im richtigen Leben! Wenn zwei Leute tuschelnd und grinsend vor dem

Bild stehen und dabei diskret immer wieder auf eine bestimmte Stelle deuten, dann haben sie dort gewiß jemanden entdeckt, den sie zu kennen glauben. Unmöglich ist das nicht, denn Gille hat zahlreiche Kollegen vom Bau, die tagtäglich um ihn herum waren, porträtiert. Einige haben ihn sogar darum gebeten. Auch Musiker aus dem Orchester wollen sich erkannt haben. Mir hat der Maler glaubhaft versichert, daß er auch vor ihren Porträts nicht zurückgeschreckt wäre, hätte er nur während der Arbeit einen von ihnen zu Gesicht bekommen.

Die Künstler, die wie er einem «selbstmörderischen Arbeitsvorgang», so sagt er selbst, unterworfen waren, die Orgelbauer nämlich, hat er als Freundschaftsbeweis mit einem separaten Wandbild geehrt; an einer Stelle, wo auch nur sie es sehen können: hinter der Orgel. Damit ist dieses das zweite «unsichtbare» Wandbild im Gewandhaus.

Das von Wolfgang Peuker kann allerdings gar niemand mehr sehen. Es sollte, direkt gegenüber dem Haupteingang, eine Gruppe nackter Frauen und Männer zeigen. Darüber, sich so unvermittelt nackt ausgerechnet im Gewand-Haus begrüßt zu finden, entsetzten sich viele Leute. Den späten Vorschlag, sein bereits zur Hälfte fertiggestelltes Bild an einer anderen Wand noch einmal neu zu malen, fand der Künstler aus verständlichen Gründen nicht akzeptabel.

Im Überschwang ihrer Malemanie hatten die Maler anfangs wohl geglaubt, jeden laufenden Meter verfügbarer Wand mit realistischer Kunst bedecken zu können. «Aber der Saal bleibt mir sauber!» muß wohl ein ziemlich entscheidender Mensch gesagt haben. Weder im großen noch im kleinen findet man «hinzugefügte» Kunst, die Struktur der Wände wurde ganz zweckbestimmt nach den Erfordernissen der Akustik gestaltet. Der große Saal ist durch den eine ganze Wand bedeckenden Orgelprospekt ohnehin geschmückt genug. Auch die sogenannte «Wolkendecke» ist nicht das Werk eines Bildhauers, sondern ebenfalls der Akustikexperten. Wenn man im Konzert sitzt und den Blick nicht nach innen gekehrt hat, sondern zur Decke, dann bietet deren industriöses Dekor beim Musikhören noch immer genügend Assoziationsfläche. Ob der große Saal allerdings «kunstfreie Zone» bleiben wird, ist nicht ganz sicher; ich habe im Hause Befürchtungen gehört, das weiße Mauerband, welches das Podium auf drei Seiten umfaßt, könne infolge extensiver Fernsehübertragungen von Konzerten, ähnlich wie bei Fußball oder Eishockey, zum Zwecke der Bandenwerbung gemißbraucht werden.

Dabei hat das Gewandhaus doch schon seinen «Skandal». Das Bild heißt «Der Rocksänger», gemalt hat es Willi Sitte aus Halle, zu sehen ist in Lebensgröße ein nur mit einem Stirnband bekleideter, reichlich verwittert aussehender Rockstar ohne auffällige Porträtähnlichkeit, der auf seiner E-Gitarre herumfingert, wozu sich im Hinter-

Wir sind eine Frauenbrigade von elf Mitgliedern. Unser Alter liegt zwischen 20 und 43 Jahren. Wir arbeiten produktiv und sind auch schon ausgezeichnet worden. Wir können aber nicht verstehen, daß man so ein Bild ins Gewandhaus hängt. Das alte Gewandhaus hat eine ehrwürdige Tradition, wo berühmte Dirigenten und auserlesene Künstler aufgetreten sind. Vor allen Dingen ist das Bild ganz unnatürlich. Bis jetzt haben wir noch nicht gesehen, daß ein Rocksänger nackt auftritt. Uns stört der kleine Zipfel nicht, aber man soll ein Bild dort aufhängen, wo es hingehört und dieses nicht ins Gewandhaus, was einer Entweihung gleichkommt. – Wir glauben nicht, daß wir bei ausländischen Gästen mit einem solchen Bild Ehre einlegen können. – Wie ist die Meinung anderer Leipziger?

Leipziger Volkszeitung
30./31. Januar 1982

grund ein giftig-geiles Go-Go-Girl schafft. In der «Leipziger Volkszeitung» nannte das ein Kritiker – wohlmeinend – eine «Reizdusche», aber auf die gemütlichen Sachsen hat das Bild gewirkt wie das sprichwörtliche rote Tuch. Bei der Redaktion der Zeitung scheinen Berge böser Briefe eingetroffen zu sein, deren Grundaussage dahin tendierte: Meinetwegen auch Rock ohne Rock, aber bitte nicht im Gewandhaus!

Ob man sich von Nuria Quevedos Bildern, den Regen beschreibend, faszinieren ließ, vor Heinz Zanders wie schockgefrostet wirkenden Artusrundenrittern rätselte, sich durch Volker Stelzmann an Jimi Hendrix oder durch Ulrich Hachulla an die biblische Geschichte der Salome erinnern ließ, ob man Heidrun Hegewalds Malerei der letzten, falschen Töne als im Vorbild zu befangen fand oder sich von Gudrun Brüne beweisen ließ, wie schwer es ist, geläufige Porträts noch einmal neu zu malen, stets war eine prickelnde Spannung vor den Bildern zu verspüren. Um die zwanzig Bilder von lauter lebenden Malern sehen zu können, kamen die Leute schon eine Stunde vor Konzertbeginn ins Haus und drängelten sich in den Pausen mehr bei Kunst als bei Sekt und Martini. Das Gewandhaus, an der Stelle erbaut, wo das im Kriege zerstörte Museum der bildenden Künste gestanden hatte, war gleichsam wieder zum «Bildermuseum» geworden, zu einer Galerie der zeitgenössischen Malerei der DDR.

«Im übrigen ist der Besucher aus dem Westen neidvoll erstaunt über den Rang, den man der bildenden Kunst in einem solchen repräsentativen Staatsbau gibt», bekannte der Rezensent der «Frankfurter Allgemeinen Zeitung» im Juni 1982. Wäre er etwas später gekommen, hätte auch er feststellen müssen, daß etliche der neuen Bilder inzwischen durch alte, Leihgaben aus unserem Museum, ersetzt worden sind. Mehrere Bilder waren zur IX. Kunstausstellung der DDR, nach Dresden, eingereicht worden, andere waren im Hause selbst nicht auf unbedingte Gegenliebe gestoßen. Aus einer Gruppe von Besuchern, die vor einer romantischen Landschaft auf die Fortsetzung des Konzertes wartete, hörte ich neulich den überzeugenden Satz: «Gefallen haben mir die neuen auch nicht alle, aber die Pausen – waren immer viel interessanter.»

Elfter Brief, in dem die Gewandung der Musiker und der Besucher des Gewandhauses vorgestellt wird

Lieber Freund, ich will, was mir beim Tempo der Postbeförderung nicht schwerfallen wird, Deiner Rückfrage zuvorkommen. Ja, Gewänder sind ein gewichtiges Detail des Gewandhaus-Ritus. Spitzzüngige Zeitgenossen, die recht verschiedene Zeiten genossen haben, behaupteten und behaupten sogar mutwillig falsch, der Begriff «Gewandhauskonzerte» bezeichne schlechthin den Vorgang, daß sich ein fest bestimmter Teil der Leipziger Bevölkerung, bei musikalischer Untermalung und im Glanze von Festbeleuchtung, gegenseitig die neuesten Kreationen der Modeschöpfer vorführe. Ein jünglicher Dichter sprach neulich von Leipzig als der Stadt «mit einem berühmten Kleiderkammerorchester». So hoch kann Bosheit gipfeln! Das ist aber nicht der Normalfall, obgleich es schon immer ein paar Stichler gegeben hat.

Im Jahre 1799 ist einer über Leipzig und vor allem über die Leipziger derart kräftig hergezogen, daß alles nur so taumelte; «Leipzig im Taumel» nannte er folgerichtig sein Buch. Sicher hat der Autor das Gewandhausgebaren der Leipziger gar nicht ausgiebig mit eigenen Augen beobachten können, weil er eben nicht zur gewandhausabonnierten Hautevolee gehört hat; aber vielleicht ist ihm gerade deswegen so eine markante Typologie gelungen: «Wider die Künstler wäre also hier auf keinem Fall etwas einzuwenden; allein jammerschade, daß man in diesem Tempel göttlichfreier

Die Hauptprobe im Gewandhaus, deren Besucher sich doch gerade aus vollwertigen Musikfreunden und vor allem aus dem Künstlernachwuchs zusammensetzen, scheint neuerdings besonders vernachlässigt zu werden ... Warum die schmutzigen, grauen Leinenüberzüge auf den Läufern der Treppen? Warum die im Saale herrschende ägyptische Finsternis? Warum der schlecht gelüftete Saal? Warum öffnet man nicht das Foyer auch für die Besucher der Hauptprobe? ... Für Tausende ist die Hauptprobe des Gewandhauses der Höhepunkt des künstlerischen Erlebens, darum sollte auch sie das festliche Gepräge zeigen, das der wahrhaft hohen Kunst im Leben gebührt.

Leseranfrage
in: Leipziger Neueste Nachrichten
12.12.1926

Kunst mit einer Steifheit erscheint, die warlich oft ärger noch als spanisch genannt zu werden verdiente. Lächerlicher muß für den unbefangenen Zuschauer kein Anblick seyn, als wenn Damen und Herren geputzt, geschmückt und ausstaffiert, gleich heidnischen Schlachtthieren, stumm und gravitätisch einhertreten, – in ihrer Miene Verschwiegenheit wie Grabesnacht, – in ihren Blicken heiliger Schauer, wie am Charfreitage beim Grabe des Versöhners, – in ihrem Gange abgemessener Takt, wie der Schritt eines der Todtenbaare vorangehenden Leichenbitters, und endlich denn ihr Niedersetzen, wie das ehrfurchtsvolle Hinknieen eines katholischen Bauers, wenn der heilige Vater den Segen austheilt. O! lieber Baron, ich versichere dir, ganz bänglich ward mirs um Herz bei diesen steifen Zeremonien, bei diesen maschinenmäßigen Bewegungen, bei diesem hölzernen Drehen und Wenden, – warlich ich glaubte unter Wachsfiguren zu stehen, so leblos und gleichsam entseelt schien diese ganze groteske Versammlung.

abends 1/2 8 Uhr wurde ein Diamant aus einem Ringe, als einer vom Adel, der Herr von Arnold, aus dem großen musicalischen Concert gingen, am Werth à 700 Thlr. verloren; alles angewendeten Fleißes zu suchen, hat man denselben nicht wieder finden können.

Eintragung vom 30.11.1747
in der handschriftlichen Chronik
von Johann Salomon Riemer

Denke dir an den Damen nun überdem noch ganze Lasten und Massen von edlen Juwelen und Perlen in Haaren und an Händen; denke dir ferner Chapeaus, ausstafiert, alle mit seidenen Strümpfen, Westen und den elegantesten Kleidern, kerzengerade wie steinerne Statuen dastehen, und warlich du läufst Gefahr, erstere für Marienbilder, und letztere für kanonisirte Petrus- Paulus- oder Jakobus-Männer zu halten. Hahaha!

Der angenehmen Unterhaltung, welche die göttlichen Töne einer bezaubernden Musik gewähren, ohnerachtet, wird dir dennoch ganz ängstlich und beklommen ums Herz werden, wenn du das erstemal in diesem Saale erscheinst, denn beim Himmel! ehrwürdiger kann es wohl selbst beim Fronleichnamstage in Erfurth nicht zugehen, als Donnerstags hier im Leipziger großen Concert.»

So «stumm und gravitätisch», wie August Salomon Maurer seine Leser glauben machen will, scheint es in Wirklichkeit gar nicht zugegangen zu sein. Der Komponist Johann Friedrich Reichardt, der das Große Konzert tatsächlich besucht und sogar rezensiert hat, vermittelte in seinen «Briefen, die Musik betreffend» einen ganz anderen Eindruck vom Publikum:

«Zwar steht ein Kaufmann, der die Besorgung des Concerts auf sich hat, zur Wache und klopft, wenn jemand gar zu laut spricht, mit einem großen Ladenschlüssel ans Clavecin, welches er zugleich verstimmt, indem er jenen das Stillschweigen anbefiehlt, die es dennoch nicht halten. Dieses heldenmütige Betragen schränkt er nur auf die Mannsleute ein; für die Frauenzimmer hat er die in Paris erlernte Höflichkeit, sich zu ihnen zu gesellen und – den Discours zu vermehren.»

Bei den ersten Konzerten waren Orchester und Publikum fast zahlenmäßig gleich stark: 16 Musikern saßen 16 «Subskribenten» gegenüber, die freilich das Recht genossen, ihre Damen und Kinder auf den nur für «Mannspersonen» ausgestellten Abonnentenschein mitbringen zu können. Der Konzertsaal in den «Drey Schwanen» wurde als «mittelmäßige Wohnstube» beschrieben, «die auf der einen Seite mit einem hölzernen Gerüst für die Spielenden und auf der andern mit einer hohen hölzernen Galerie für Zuschauer und Zuhörer in Stiefeln und ungepuderten Köpfen verbaut ist».

Nach dieser Beschreibung läßt sich denken, daß es zu jener Zeit auf dem Podium farbiger ausgesehen hat als im Parkett. Die Musiker trugen nämlich, und das noch bis ins 19. Jahrhundert hinein, farbige Seidenfräcke, komplettiert durch Spitzen-

Jedenfalls ist eine Vermehrung des Mitgliederbestandes eine dringende Nothwendigkeit da das Verhältnis desselben zu den verlangten Leistungen im Mißklang steht. Zum Beweis hierfür nennen wir die Besetzung der Orchester derjenigen Staedte die man gleich Leipzig als Musikzentren ansprechen kann und in denen die künstlerischen Verhältnisse aehnlich liegen obwohl ihnen Leipzig in Bezug auf Bedeutung und Anzahl der Concerte noch überlegen ist.

Berlin:	*kngl. Kapelle*	*141 Mitglieder*
Dresden:	*kngl. Kapelle*	*128 Mitglieder*
München:	*kngl. Kapelle*	*109 Mitglieder*
Leipzig:	*staedt. Orchester*	*88 Mitglieder*

Aus einem Brief des Orchestervorstandes
an den Rat der Stadt Leipzig
vom 25.3.1918

jabots und -manschetten, gepuderte Perücken und den obligaten schwarzseidenen Haarbeutel. Aber schon wenige Jahre später hatten, wie Du oben gelesen hast, die Damen und Herren der Gesellschaft nachgezogen. Daß die beschriebene «Ausstaffierung» mit einem beträchtlichen Zeitaufwand verbunden gewesen sein muß, läßt sich denken.

Die Folge dieser langwierigen Prozedur war, daß die schönsten Damen als letzte im Saale erschienen und in all ihrer Pracht dann irgendwo weit hinten sitzen mußten. Also riß eine Unsitte ein, die ein unwilliger Konzertbesucher zwar schon im Jahre 1832 zeitungsöffentlich getadelt hat, die aber, was die unnumerierten Konzerte angeht, noch heute zu beobachten ist; nämlich «..., daß manche junge Leute dort eine Reihe Plätze oder wohl gar mehrere Bänke im Voraus belegen; diese Gewohnheit wird auch jetzt im Concertsaale zu X. bei den wöchentlichen Concerts nachgeahmt; mancher Staatsdame wird nämlich daselbst von einer zu gutwilligen Freundin, die etwa mit ihrem Putze eher zu Stande zu kommen versteht, sehr häufig ein Platz und noch dazu in den vordersten Reihen aufgehoben und somit einer andern, die zu gehöriger Zeit dort erscheint, der gute Platz weggenommen oder es bleibt der belegte Stuhl, wenn die langsame Schöne gar nicht kömmt, unbesetzt.» Falls sie aber doch noch «einschwebte», die schicke Schöne, konnte es gut möglich sein, daß sie ihre erste Unart durch eine zweite noch übertraf: «Was aber den allgemeinen Anstand betrifft, so will man ihn besonders durch das Aufbehalten der großen Hüte für verletzt halten, und zwar nicht etwa darum, weil man unbescheidenen Gaffern durch dieselben den Augengenuß des Schönen vereitelt oder erschwert, denn das würde vielleicht zuweilen eher zu loben als zu

Im Gewandhaus

Hier nun kann man die Flora Lipsiensis in ihrer ganzen Anmut und Lieblichkeit überschauen und bewundern, weit besser als im Theater. Desgleichen den Geschmack und Kleiderluxus der Leipzigerinnen.

Ferdinand Stolle
in: Das neue Leipzig nebst einer
Kreuzthurminspiration über Dresden.
1834

tadeln seyn, sondern weil man, wie die Erfahrung lehrt, den Nachbarn dadurch die Aussicht auf die Bühne oft ganz unmöglich macht.»

Beim Bau des jetzigen Gewandhauses wurden Zeiten, in denen es Mode ist, große Hüte wieder aufzubehalten, offenbar eingeplant; die Sitzreihen sind so gut gestaffelt, daß die modebewußte Dame ihren Kalabreser schon hochkant tragen müßte, um dem Herren hinter ihr damit den Blick zum Podium zu verstellen und diesen völlig auf sich selbst zu lenken. Doch auch Problemen mit anderen modischen Accessoirs trägt das neue Haus Rechnung. Während der Konzerte des Gewandhausorchesters in der Kongreßhalle war es immer sehr störend, wie mir eine Dame diskret anvertraute, wenn man von unten mitansehen mußte, daß der ach so berühmte Dirigent auf der hohen Bühne zum Frack völlig unpassende Ringelsocken trug, oder daß sich seine männlich-herben Grausocken ob der Dirigierbewegung unaufhaltsam in Korkenzieherfalten legten.

Es wohnt eine Maus im Gewandhaus,
die kennt sich in fast jedem Land aus,
sie trägt einen Frack
vom besten Geschmack,
drum nennt man sie nur: die Gewandmaus.

Obgleich uns heute der Frack beinahe als Sinnbild des Konservativen gilt, tragen ihn die Musiker unbeanstandet noch immer. Allerdings wollte die Gewandhausdirektion in dem so ganz neuen Haus auch die Musiker in ganz neuer Gewandung agieren lassen. Das Modeinstitut in Berlin entwarf, die Gewandhausdirektion in Leipzig verwarf die Modelle. Auch die Gattin eines Musikers, die mit der Orchesterpraxis etwas besser vertraut war als das hauptstädtische Unternehmen, versuchte, ihrem Mann und seinen Kollegen eine «musikfreundliche Kleidung, festlich, doch ohne Flitter», anzumessen; auch ihr Entwurf stieß nicht auf genügend Gegenliebe. Nicht einmal der Gewandhauskapellmeister, der sich bei der Gestaltung von Wandleuchten und Türklinken schon erfolgreich als Designer betätigt hatte, fand eine akzeptable Lösung, so daß das Orchester nach wie vor in feinste chinesische Frackseide gewandet musiziert.

1951 gastierte das Gewandhausorchester zum erstenmal in Westdeutschland, in Köln. Wir spielten in einem Saal in Köln-Deutz, ziemlich weit weg von dem Hotel, in dem wir wohnten. Auf dem Programm stand an diesem Abend Bruckners Siebente. Als zweiter Pauker hatte ich dabei eigentlich nichts zu tun, war aber für alle Fälle mitgefahren. Kurz vor dem Konzert wurde unserem ersten Pauker Seifert übel, er hatte sich den Magen verdorben. Ich mußte spielen, aber mein Frack war im Hotel. Also zog ich den von Seifert an, der paßte einigermaßen, aber die Weste – war nicht mehr zu verwenden. Auf die Schnelle fiel uns eine Lösung ein: Unser Konzertmeister, der Professor Stiehler, hatte seine Geige unterwegs immer in ein großes weißes Tuch gehüllt. Dieses band ich um. Das Konzert begann, war vorbei und ein großer Erfolg. Viel später, vielleicht ein Dreivierteljahr später, kam Konwitschny in eine Probe in der Kongreßhalle. Ehe er begann, sagte er: Ich habe in der Garderobe zehn Frackwesten hingelegt, die mir nicht mehr passen. Sucht's euch welche aus, damit der Ockert nicht mal wieder mit einer Serviette vorm Bauch spielen muß! – Konwitschny hatte also damals in Köln alles bemerkt, aber kein Wort darüber verloren.

mitgeteilt durch
Erich Ockert,
Schlagzeuger am Gewandhaus 1949–1975

Da ist es verständlich, wenn der Musikkritiker der «Leipziger Volkszeitung», und mit ihm das Leipziger Publikum, im Februar 1983 Grund zum

Staunen hatte: «Für Gewandhausanrechtskonzerte ein ungewöhnliches, aber reizvolles Bild: Nur zehn schwarzbehoste und -berockte Musiker mit verschiedenfarbigen Hemden erscheinen auf dem Podium – das Kammerensemble ‹The London Sinfonietta›.» Ein Teil des Publikums muß den Anblick wohl weniger reizvoll empfunden haben, es soll verhalten gebuht worden sein! Während der Pause gab es für die gewandhausfeingemachten Leute nur *ein* Thema: «Wie kann man nur ...!» Hoffentlich ist ihnen dabei nicht entgangen, «wie meisterlich die Mitglieder der Gruppe ihre Instrumente und die dargebotenen Werke beherrschen».

Schon im Jahre 1847 schrieb die damals noch liberale Zeitschrift «Grenzbote» über das Publikum im Gewandhaus: «Der demokratische Charakter Leipzigs verleugnet sich auch hier nicht, wenigstens sind die Brillanten und die Fracks hier selten.» Wenn ich, ausgehend von der Kleidung, schlußfolgere, so geht es jetzt im Gewandhaus ganz und gar demokratisch zu. Und zu diesem Charakter hat sich noch ein internationalistischer gesellt: Häufiger als den Frack sieht man heute im Gewandhaus – den Kimono.

Noch in den zwanziger Jahren gab es für den Mann, der ins Gewandhaus gehen wollte, nur einen möglichen Anzug. Davon hat mir ein alter Herr, Jahrgang 1899, in Döbeln erzählt: «Ich habe in Leipzig im Bankfach gelernt, bei der ADCA, und zwar in der Filiale am Markt, dort, wo heute noch die Sparkasse drin ist. Meine Lehrzeit begann mitten im ersten Weltkrieg, und am 15. Juni 1917 wurde ich dann auch eingezogen. Erst nach dem Kriege konnte ich die Ausbildung fortsetzen und abschließen. Wenn wir Stifte in der Schalterhalle arbeiteten, dann war es unsere Aufgabe, uns neben der superkorrekten Erledigung aller aufgetragenen Pflichten genau abzugucken, wie der Herr Prokurist oder der Herr Kassierer mit der Kundschaft verhandelte. Wir hatten also eigentlich immer mit gespannten Lauschern zu sitzen. Es war an einem ganz gewöhnlichen Lehrlingsalltag, ich hatte mal wieder die Zeit verträumt und war ein bißchen zu spät gekommen. Ich hatte gerade meinen Rüffel weg, als ein Herr mit würdigem Spitzbart, ein bekannter Kunde der Bank, in die Schalterhalle trat. Der Herr Prokurist bemühte sich sofort um ihn. Mit halbem Ohr hörte ich plötzlich, daß da irgendwie das Wort ‹Gewandhaus› fiel. In der Oper, bei den Motetten in der Thomaskirche und im Musiksaal vom Städtischen Kaufhaus gehörte ich zum Stammpublikum, aber das Gewandhaus, das war immer mein Traum. Und als ich genauer hinhöre, da sagt der Herr gerade, daß sein Sohn für drei Jahre ins Ausland geht, und ob wohl jemand von den Herren in der Bank Interesse hätte, sein Gewandhausanrecht für diese Zeit zu nutzen. Ich bekam ganz rote Ohren, das war eine einmalige Chance! Zwar war ich keiner von den ‹Herren›, aber ich pirschte mich an den Prokuristen heran und flüsterte ihm zu, daß ich das Abonnement gern nehmen möchte. Doch der zischte nur, daß ich wieder an meine Arbeit gehen soll. Der Kunde hatte aber unsere Tuschelei mitgekriegt und zeigte sich von meinem Interesse sehr angetan. Er stellte ein kleines Musikverhör mit mir an und sagte dann schmunzelnd: Warum soll der junge Mann nicht ins Gewandhaus gehen, wo er doch so begeistert davon ist. Unser Prokurist sah mich von oben bis unten an und fragte entgeistert: Sie?! Sagen Sie mal, haben Sie denn überhaupt einen Smoking? Aber den hatte ich tatsächlich. Geerbt von meinem Cousin, der gleich bei Kriegsbeginn gefallen war. Ja, so bin ich zum Gewandhaus gekommen, und so stand ich dann immer Donnerstagabend im Smoking auf den Stufen zum Musentempel. Mir hat das Gewandhauserlebnis den Weg zu den großen Meistern geebnet. Obwohl ich mich auch schon vorher brennend für Musik interessiert hatte, hier erst wurde der Grundstein gelegt für eine lebenslange Begeisterung. Und das nicht nur für das Hören, sondern auch zum eigenen Komponieren.

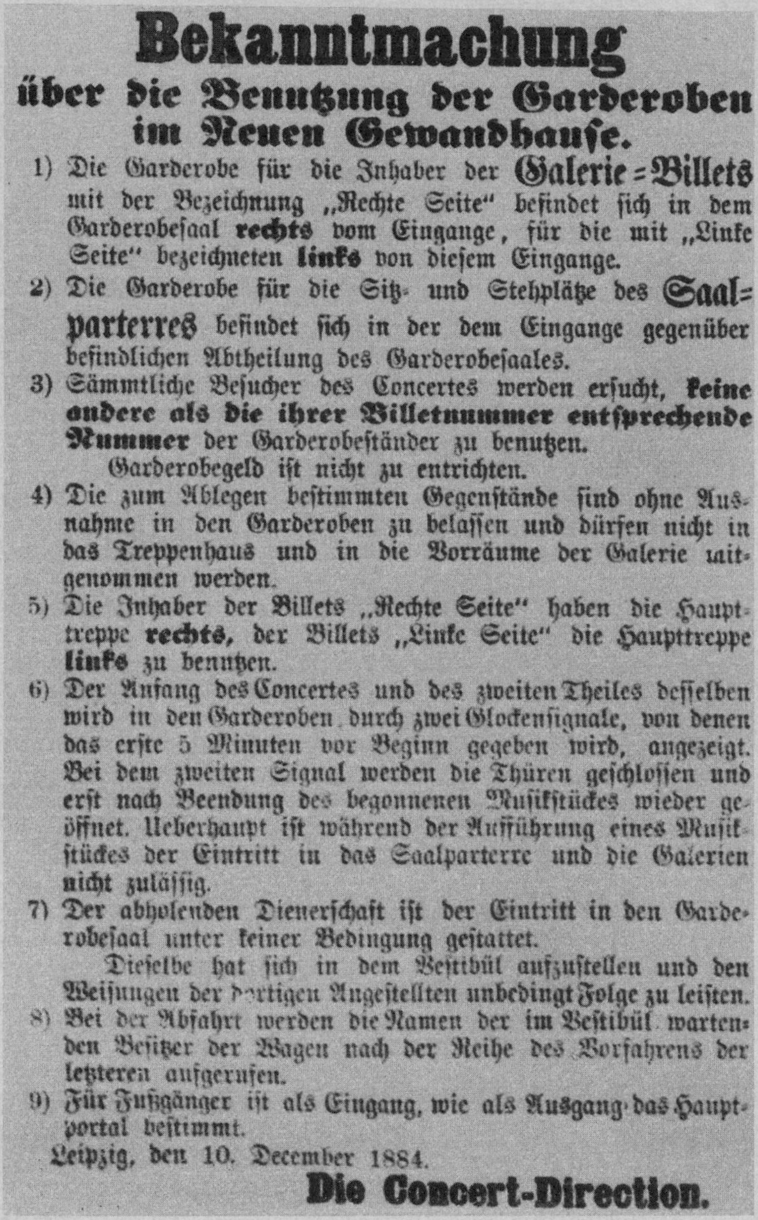

Bekanntmachung
über die Benutzung der Garderoben im Neuen Gewandhause.

1) Die Garderobe für die Inhaber der **Galerie=Billets** mit der Bezeichnung „Rechte Seite“ befindet sich in dem Garderobesaal **rechts** vom Eingange, für die mit „Linke Seite“ bezeichneten **links** von diesem Eingange.
2) Die Garderobe für die Sitz- und Stehplätze des **Saal=parterres** befindet sich in der dem Eingange gegenüber befindlichen Abtheilung des Garderobesaales.
3) Sämmtliche Besucher des Concertes werden ersucht, **keine andere als die ihrer Billetnummer entsprechende Nummer** der Garderobeständer zu benutzen.
   Garderobegeld ist nicht zu entrichten.
4) Die zum Ablegen bestimmten Gegenstände sind ohne Ausnahme in den Garderoben zu belassen und dürfen nicht in das Treppenhaus und in die Vorräume der Galerie mitgenommen werden.
5) Die Inhaber der Billets „Rechte Seite“ haben die Haupttreppe **rechts,** der Billets „Linke Seite“ die Haupttreppe **links** zu benutzen.
6) Der Anfang des Concertes und des zweiten Theiles desselben wird in den Garderoben durch zwei Glockensignale, von denen das erste 5 Minuten vor Beginn gegeben wird, angezeigt. Bei dem zweiten Signal werden die Thüren geschlossen und erst nach Beendung des begonnenen Musikstückes wieder geöffnet. Ueberhaupt ist während der Aufführung eines Musikstückes der Eintritt in das Saalparterre und die Galerien nicht zulässig.
7) Der abholenden Dienerschaft ist der Eintritt in den Garderobesaal unter keiner Bedingung gestattet.
   Dieselbe hat sich in dem Vestibül aufzustellen und den Weisungen der dortigen Angestellten unbedingt Folge zu leisten.
8) Bei der Abfahrt werden die Namen der im Vestibül wartenden Besitzer der Wagen nach der Reihe des Vorfahrens der letzteren aufgerufen.
9) Für Fußgänger ist als Eingang, wie als Ausgang das Hauptportal bestimmt.

Leipzig, den 10. December 1884.

Die Concert-Direction.

Noch heute, so viele Jahre, ein ganzes Leben danach, komme ich regelrecht ins Schwärmen, wenn ich nur daran denke:

Was vergangen ist, kehrt nicht wieder;
doch ging es leuchtend nieder –
leuchtet's lange noch zurück …

Ach ja. – ‹Mein› Platz war halbhinten am Mittelgang, er hatte die Nummer 623a. Jedesmal bin ich mit einer gewissen Ehrfurcht hingegangen, es war ja auch alles ganz ungewohnt für mich. Schon die Garderobe: Es gab da keine Ladentafel, die Garderobenständer hatten die gleiche Nummer wie der Platz, und bei ihnen stand eine nette Frau mit einem weißen Etwas im Haar zur Hilfe bereit.»

Mit der Konzeption dieser Garderoben hatten sich die Architekten aber auch ganz besondere Mühe gegeben. In der Erläuterung zu ihrem Gewandhausentwurf schrieben sie zu diesem Passus: «Einen besonders schwierigen Punkt bilden bei der Anlage von Concerthäusern erfahrungsgemäß die Garderoben und es ist dem Verfasser kein einziges solches Gebäude bekannt, bei dem die Entleerung des Saales ohne Unbequemlichkeiten und ohne störendes Gedränge vor sich ginge. 1700 Menschen, welche im Saal nebeneinander sitzen, erfordern naturgemäß, wenn sie gleichzeitig ihre Garderobe entnehmen wollen, einen mindestens ebenso großen Raum, als sie im Saale eingenommen haben. Um dieser Bedingung möglichst gerecht zu werden, ist der ganze unter dem Saale befindliche Raum zur Garderobe eingerichtet worden und es ergibt sich für die Garderobentische eine Länge von 50 Metern.» Diese Tische wurden aber nur bei Sonderkonzerten und den öffentlichen Hauptproben genutzt, denn die Architekten hatten ihrenPlan ohne Kenntnis der Leipziger Mentalität gemacht. In einer Baukritik, 1887 erschienen, kannst Du denn auch lesen: «Die Benutzung der Kleiderstände hat sich nach den eingewurzelten Gebräuchen des Leipziger Publicums anders gestaltet, als es sich die Verfasser des Entwurfes ursprünglich gedacht hatten. Während diese nämlich in allen vier Ecken der grossen Kleiderhalle langgestreckte Tische von zusammen 50 m Länge zur Abgabe der Mäntel u. dgl. geplant hatten, musste die Einrichtung so ausgeführt werden, dass jeder Besucher an seinen mit der Nummer des Platzes im Saale versehenen Kleiderhaken herantreten kann. Eine Controle der Kleider durch Markenausgabe findet nicht statt.»

Wie notwendig ausführliche garderobentechnische Vorüberlegungen gewesen sind, will ich

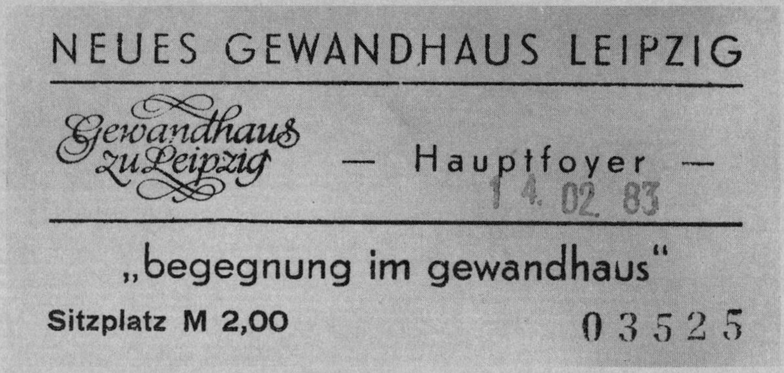
NEUES GEWANDHAUS LEIPZIG

Gewandhaus zu Leipzig — Hauptfoyer —

14. 02. 83

„begegnung im gewandhaus"

Sitzplatz M 2,00 03525

Dir beweisen: Während im ersten Gewandhaussaal nur je ein Kastellan, Notist, Billettverkäufer und Billettkontrolleur beschäftigt waren, benötigte man immerhin sechs Garderobedienerinnen.

Kaum, daß im Oktober 1981 unser neues Haus fertig war, da setzten Modezeitschriften auch schon Mannequins und Fotografen in Marsch, um vor dieser neuen Kulisse den aktuellen Trend in der Konzertgarderobe zu kreieren. Als Resultat solch einer Aktion siehst Du auf dem Modefoto neben einer Harfe ein sich räkelndes blondes Geschöpf, dessen Aussehen die Bildunterschrift so kommentiert: «Mit feinen Goldstreifen sind Rüschenbluse und Bermudas durchzogen. Wir haben die Hosenbeine aufgekrempelt, ihre volle Länge ist kniebedeckend.»

Aufs Podium käme die Dame damit im Gewandhaus garantiert nicht, wohl aber ins Parkett. Feierliche und saloppe Kleidung gelten hier als gleichberechtigt, und natürlich auch modische und solche, die ihre Träger dafür halten oder ausgeben. Die Dame, in gold- und silberdurchwirkte Tücher gewickelt, kontrastiert reizvoll zum Herrn in grünem Samt; ihre Nachbarin schreitet selbstbewußt im stumpfblauen Cord-Overall wie ein Mitglied der Flugplatzfeuerwehr durchs Foyer; der junge Mann in Turnschuhen, Pilotenjeans und werbewirksam bunt bedrucktem T-shirt steht unbeanstandet neben großmütterlichem Brokat und rosa Spitze mit schwarzer Self-made-Häkelstola; der einreihige Westenanzug in amtsgrau mit korrekt geknoteter Krawatte toleriert an seiner Seite einen Batist-Burnus mit gebatikter Borte ebenso wie das rückenfreie Abendkleid oder den gerade wieder aktuellen Minirock.

Während eines Besucherforums, noch vor der Einweihung des Hauses, wurde der Gewandhauskapellmeister auch danach befragt, ob er trotz des festlichen Charakters des neuen Musikpalastes den Zutritt in Jeans gestatten würde. Seine Antwort war so diplomatisch, daß sie in jeder Tageszeitung auf der ersten Seite hätte stehen können. Angesichts der Riesenschar junger Leute, die während der BIG-Veranstaltungen, «Begegnung im Gewandhaus», Foyers und Treppen dicht belagert, kämest auch Du unschwer zu dem Schluß, daß es selbst im Gewandhaus weniger um die Hose geht, sondern um das Herz, das darin schlägt!

Zwölfter Brief, von Prominenz und Verweigerung redend

Deiner Frage nach Berühmtheiten im Gewandhaus bin ich nachgegangen. Jetzt weiß ich, sie ist nicht so einfach zu beantworten. Einerseits könnte ich ganz lax schreiben: *alle* Berühmtheiten haben hier gespielt. Andererseits sind Berühmte von gestern auch nicht mehr in jedem Falle das, was sie mal waren, die Berühmten von heute sind die Vergessenen von morgen, die Verkannten von heute ... Weniges, das Ewigkeitswert hätte. Nicht einmal den Erinnerungen der «Großen» kann man blind vertrauen.

Yehudi Menuhin, der schon im Jahre 1930 als Kind im Gewandhaus musiziert hatte – «damals mußte eine amerikanische Karriere als ‹made in Germany› abgestempelt sein, ehe drüben in den Vereinigten Staaten der Durchbruch gelang» –, ist auch im neuen Hause schon Gast gewesen. Sein erster Leipziger Auftritt nach dem Kriege, im Messesonderkonzert am 5. März 1961, fand allerdings in der Kongreßhalle statt, woran sich Menuhin in seinem Memoirenband «Unvollendete Reise» auch schriftlich erinnert hat:

«...; obwohl der ziemlich häßliche neue Saal, der das zerbombte Gewandhaus ersetzt hatte, bis zum letzten Platz gefüllt war, mußten Scharen junger Leute draußen stehenbleiben und drängten ebenfalls auf Einlaß. Adler (Menuhins Konzertagent, B.W.), der im Saal saß, fing meinen Blick auf und sah mich fragend an. Als ich nickte, wurden die Saaltüren aufgestoßen, und die jungen Leute drangen herein und postierten sich hinten im Saal und in den Gängen. Als das angekündigte Programm unter herzlichen Ovationen zu Ende gegangen war, sagte ich dem Dirigenten, daß ich bereit sei, die beiden Beethoven-Romanzen als Zugabe zu spielen, wenn die Noten fürs Orchester vorhanden wären. ‹Wir können jemand mit dem Fahrrad losschicken, sie zu holen›, sagte er rasch. Während der Orchesterdiener kräftig in die Pedale trat, um die Noten zu holen, hielt der Beifall im Saal an. Dann wurden die Noten auf die Pulte gelegt, und wir spielten die beiden Romanzen ohne Probe.»

Eine Schwierigkeit, mit der Memoirenschreiber leben müssen, liegt darin, daß sich immer auch andere erinnern. Ich habe zufällig den erwähnten «Orchesterdiener» kennengelernt. Er lachte gleich, als wir auf den Vorfall zu sprechen kamen. «Unser Notenlager war damals am Floßplatz», erzählte er. «Mit dem Fahrrad, bei Messeverkehr, das hätte von der Kongreßhalle aus bestimmt eine Viertelstunde gedauert. *Eine* Tour! Aber ich brauchte mich gar nicht abzustrampeln, denn die Noten lagen in der Kongreßhalle bereit, weil Menuhin mit dem Orchester am Vormittag auch die beiden Zugaben geprobt hatte! Als er das letztemal hier war, habe ich ihn übrigens daraufhin angesprochen und gesagt, daß das doch gar nicht stimmt. Da hat er nur so ganz von innen gelächelt und gesagt: Ach wissen Sie, in diesem Buch stimmt so manches nicht.»

Die Konzertatmosphäre in der Kongreßhalle hat meine Kollegin Lonny Neumann anschaulich beschrieben:

«Die Kongreßhalle im Zoo, dort spielte das Gewandhausorchester, weil das alte Haus im Kriege zerstört wurde, empfand ich bei meinem ersten Besuch wie eine für den Zweck geräumte Tenne. Von meinem Platz in der vorletzten Reihe hörte ich die Einlaßfrauen schwatzen, und als ich mich auf einen vorderen flüchtete, sah ich die Musiker schwitzen. Höllentemperaturen herrschten im Saal – wie erst auf der Bühne? In der Pause drängten sich die Besucher, die rotsamtenen Röcke und schwarzseidenen und geblümten Gewänder leicht angehoben, in den schmalen Gängen. So hatte jeder Besuch wohl auch etwas Heroisches.

Ich habe Swjatoslaw Richter in jenem Saal zugehört, als er seine Scheu vor großen Räumen überwand und sein Gesicht, ein Kindermenschengesicht, über die Tasten beugte und für Augenblicke aussah wie weiland der liebe Gott, wenn Jean Effel ihn zeichnet.»

Im November 1963 gab der sowjetische Pianist Swjatoslaw Richter ein Sonderkonzert in der Kongreßhalle. Da er schon ein paar Tage vorher angereist war, wurde ein zusätzlicher Klavierabend vereinbart, an dem er drei Beethovensonaten spielte. Wegen einer langfristig geplanten Fernsehsendung war aber an diesem Tage die Bühne durch eine Dekoration blockiert, so daß der Flügel vor dem Podium im Parkett stehen mußte. Es war Richters erster Auftritt in Leipzig, er spielte wie ein junger Gott, und das Publikum tobte vor Begeisterung. Es war allgemein bekannt, daß er keine Zugaben spielte, wir standen also schon bereit, um den Flügel aus der «Gefahrenzone» zu holen. Da setzte sich Richter plötzlich wieder ans Instrument und spielte fünf Zugaben. Dann klappte er demonstrativ den Deckel zu. Aber das Publikum klatschte und jubelte jetzt lauter als zuvor, daß Richter sich entschloß, den Deckel wieder zu öffnen und noch ein Stück zuzugeben. Beim Applaus gingen wir dann vor und rollten den Flügel weg. Und dann passierte das Tollste: Während noch alle wie wild klatschten, haben ein paar Männer aus dem Publikum den Flügel wieder zurückgerollt. Wir haben das gar nicht bemerkt, so etwas war uns noch nie vorgekommen. Richter war so gerührt, daß er sich erneut ans Instrument setzte für eine allerletzte Zugabe. Danach drehten wir dann langsam das Licht aus, und die Leute verließen auch wirklich den Saal.

mitgeteilt von Joachim Günther,
Podiumsmeister
1984

Als am 31. Mai 1978 das Berliner Philharmonische Orchester unter Herbert von Karajan in der Kongreßhalle gastiert hat, konnte sich die Autorin keine Karte erstehen. So blieb ihr zwar, wie vielen anderen auch, die musikalische Attraktion versagt, aber der Rosenduft, den die Sprengwagen der Stadtreinigung am Zoo versprüht hatten, war für alle da.

Karajan kam noch einmal nach Leipzig; am 1. Dezember 1981 spielten während der «Gewandhaus-Festtage» zur Eröffnung des neuen Hauses wieder die Berliner Philharmoniker. Gebranntes Kind kennt das Feuer. Diesmal war den Leipzigern beizeiten ein Licht aufgegangen, wie zu Karten zu kommen sei: Sie belagerten schon am 13. November das Gewandhaus, weil am 14. der Kartenvorverkauf beginnen sollte. Ich habe einen Amateurfotografen gesprochen, der zunächst nur mal aus Neugier nach Karten sehen wollte, dann aber von der Warteatmosphäre so begeistert war, daß er beschloß, hier die «Reportage seines Lebens» zu schießen. Er hat den Vorgang ganz ausführlich dokumentiert, und von ihm habe ich auch erfahren, daß selbst Mitglieder des Gewandhausorchesters eine Nacht lang nach Karten angestanden haben und für die Zeit, in der sie selbst zu spielen hatten, von der «Wartegemeinschaft» beurlaubt worden sind. Begeistert waren alle vom Verhalten des Gewandhauskapellmeisters, der am kühlen Morgen des 14. November, sobald er von der Belagerung seines Hauses erfahren hatte, in den Innenhof geeilt kam, nicht nur, um die Enthusiasten mit der Nachricht, eine Anzahl von Karten würde garantiert frei verkauft, zu erwärmen, sondern auch mit ein paar Kannen heißen Grogs aus der Kantine.

Die Nacht unter «Nummern» –
Ein Brief aus Leipzig

Ein Erlebnis besonderer Art war für mich das «Erstehen» von Karten für die Gewandhausfesttage. Ich habe 21 Stunden angestanden, von 17 Uhr Freitag bis Sonnabend 14 Uhr und ich bin Nummer 41 gewesen. Als ich mich nämlich am Freitag gegen 15.15 Uhr erkundigen wollte, ob die Karten 9 Uhr oder 14 Uhr verkauft werden, standen schon einige Leute für den nächsten Tag da, die meinten, wenn ich Karten haben möchte, müßte ich auch bald kommen. Ich schrieb mich also in die vorhandene Liste, bekam eine Nummer und durfte noch einmal nach Hause gehen. Als ich wiederkam, waren inzwischen noch mehr «Nummern» gekommen, denn ab 18 Uhr war Anwesenheit erforderlich. Alle zwei Stunden wurde man aufgerufen, und wer zweimal nicht da war, wurde gestrichen, ab 5 Uhr wurde jeder gestrichen, der einmal fehlte, die anderen stehen und sitzen schließlich nicht umsonst da. Es waren alles sehr nette Leute, viele Jugendliche, die es sich für eine Nacht vor der Gewandhaus-Kasse bequem machten. Ich bin fast nur herumgelaufen, habe kaum gesessen und überhaupt nicht geschlafen.
Es war schön, daß man durch das Warten Zeit für Gespräche, zum Kennenlernen und Musizieren hatte. Von einem hörte man sich die Probleme an, andere machten Musik, jemand spendierte einen Kanister voll warmem Tee, eine Frau reichte Creme für rauhe Lippen herum usw. Natürlich konnte man sich abwechseln, doch viele hielten allein durch. Einer spielte Blues, ein anderer begleitete mit Mundharmonika, dann spielten Bratsche und Gitarre zusammen, jemand sang Lieder zur Gitarre. Sonnabendnachmittag haben wir mit Begleitung einer Musiklehrerin, die einen tollen Schlag darauf hatte, Volkslieder gesungen; da hat sich gezeigt, daß der Musikunterricht nicht ganz nutzlos war. Es war wirklich sehr, sehr schön, ein Erlebnis, an das man sich bestimmt noch lange erinnert. Ich freue mich auf das Wiedersehen der ganzen «Nummern» und hoffe, daß ich trotz der vielen Konzertbesucher ein paar Bekannte treffe.

Kerstin Fritsche, 16 Jahre,
in: Die Union (Dresden)
9.12.1981

«Sie sind eben untrennbar, die Leipziger und ihr 200-jähriges Gewandhausorchester», kommentierten die «Mitteldeutschen Neuesten Nachrichten».

Gegebener Anlaß für ein Interview mit dem Gewandhauskapellmeister war das 400. Konzert des Gewandhausorchesters «auf Reisen», am 23. April 1983 in Frankfurt am Main. Ein Reporter wollte wissen, ob «Geldfragen oder gesellschaftspolitische Fragen» die Ursache dafür seien, daß «manche internationale Künstler, zum Beispiel Maurizio Pollini, Leonard Bernstein, György Solti» noch nicht in Leipzig gastiert haben. Die Antwort war eindeutig: «Nein, es sind reine Geldfragen, und es gibt Künstler, die ich persönlich angesprochen habe, die oftmals gegen den Willen ihres Managers hergekommen sind und zu Bedingungen gespielt haben, die wir erfüllen konnten. Wir können viele erfüllen, aber wir können unser Geld nicht zu Dollars ummünzen. Und ich bin glücklich, daß wir viele solcher Künstler haben. Ich darf nur sagen, wir wünschen uns natürlich, daß alle diese Leute bei uns zu Gast wären. Ich habe jeden, den ich erreichen konnte, immer daraufhin angesprochen, und ich hoffe, in der Zukunft wird dieses Haus auch seinen Teil dazu beitragen, daß der oder jener noch zusätzlich kommt, um zu sagen: Na, ich möchte doch mal hier gestanden haben.»

Dem großen verdienstvollen Rufe der Gewandhausconcerte scheint das noch größere, wenn auch eigentlich nicht so begründete Renommeé der hier herrschenden Cholera-Epedemie einigermaßen feindlich entgegengetreten zu sein. Wenigstens hörten wir aus sehr authentischer Quelle, daß die für diese Saison eingeladenen berühmten Sängerinnen und Virtuosen, welche ihre Mitwirkung zugesagt haben, dieselbe auf möglichst längere Zeit hinauszuschieben suchten. Gleichwohl, oder richtiger: um desto mehr müssen wir der geschickten Zusammenstellung auch des zweiten Abonnements-Concerts am 25. Oktober die gebührende Anerkennung zollen.

Leipziger Tageblatt und Anzeiger
27.10.1866

Die Idee, nach Berühmtheiten zu fragen, die *nicht* im Gewandhaus gespielt haben, gefällt mir, so will ich Dir gleichfalls von zwei berühmten Interpreten erzählen, die zwar in Leipzig, nicht aber im Gewandhaus zu hören waren. Das hatte sowohl «Geldfragen», im Falle des italienischen Geigers Niccolo Paganini, als auch «gesellschaftspolitische Fragen», bei dem estnischen Geiger Eduard Sörmus, als Ursache.

Noch heute ist es so, daß im Gewandhaus das Gewandhausorchester spielt. Logisch, wirst Du sagen, doch zu allen Zeiten wollten auch fremde Musiker und Orchester an diesem exklusiven Ort musiziert haben. Sofern sie nicht als geladene Gäste auftreten, können sie als Fremdnutzer den Saal mieten. Das kostet heute je Tag, den Tag mit 8 Stunden gerechnet, 6000 Mark Miete, jede zusätzliche Probe noch einmal 3000 Mark und für den Verbrauch an Energie kommen noch bis zu 500 Mark hinzu. Die Gebühr für die Benutzung der Orgel ist mit 1000 Mark pro Tag veranschlagt. Die Preise sind neu wie das Haus, die Verfahrensweise hat Tradition.

Am 12. Februar 1829 «Nachmittag 1 Uhr» traf der bewunderte, umjubelte und brillant gemanagte Star-Geiger, «Hr. Cammer-Virtuos Paganini», in Leipzig ein. Er kam aus Dresden, um gleich am nächsten Tage nach Berlin weiterzureisen. Nun wollte man natürlich den «Hexenmeister auf der G-Saite» nicht nur aus der sächsischen in die preußische Residenz durchreisen sehen und höchstens von Logis und Pferdewechsel im «Hotel de France» profitieren, die Leipziger wollten Paganini auch hören, ihn vor allem aber bewundern. Aber das nicht etwa um jeden Preis, sondern zu den üblichen Bedingungen, die «zwei hiesige ehrenwerthe Freunde und Beförderer der Tonkunst» seinem Manager erläuterten: Der Gast möge den Saal im Gewandhaus mieten, «der bei Concerten mit 16 Groschen Eintritt ... gegen die gewöhnliche Bezahlung von 30 Thalern für Erleuchtung, Heizung und Reinigung mit Inbegriff der Probe» zu haben sei. Das hätte etwas mehr als zehn Prozent der Einnahmen ausgemacht, die auch noch dadurch geschmälert worden wären, daß der Gast zu seiner Begleitung das Orchester engagierte, «allerseits Männer, welche von ihrer Zeit leben müssten und nicht in Königlichen Capellgehalten stünden», weshalb sie bei einer solchen Extrabeanspruchung «ihre an sich sehr niedrigen Honorare doppelt bezahlt verlangen könnten». Und letztlich sollte der Geiger auch noch eine Sängerin honorieren, da reine Instrumentalkonzerte damals im Gewandhaus nicht üblich waren.

Der weitgereiste Virtuose sah wohl keine Veranlassung, seine Kunst zu verramschen; die Reisekosten und der Aufwand für sein Management wollten bezahlt sein, und schließlich sollte unterm Strich ja auch noch etwas übrigbleiben. Nahm der Gast in seinen Konzerten üblicherweise drei Taler Eintritt pro Person, so hatte er sich im kaufmännischen Leipzig schon auf 2 Taler herunterhandeln lassen. Weil das ja aber immer noch eine Verdreifachung des Grundpreises war, hatte es, was dem Meister erst etwas später klar wurde, ein progressives Ansteigen der Saalmiete zur Folge; Zeitungen wollten hinterher sogar von «300 Thaler Pacht für diesen Abend» wissen. Doppeltes Honorar für die Musiker – zusätzlich eine Sängerin bezahlen – überteuerte Saalmiete – «das schien dem Begleiter des Herrn Paganini ein unerhörtes Begehren, und er machte wenig Hoffnung zu seines Herren Genehmigung».

Paganinis Vorschlag, Beethoven mit «kleiner Besetzung» zu spielen, lehnte die Konzertdirektion ab, indem sie «suchte dem Virtuosen bemerklich zu machen, die Ehre unseres Saales und unserer Stadt und die eines so sehr ausgezeichneten und berühmten Künstlers wie Herr Paganini erheische, dass Meisterwerke wie die Symphonieen eines Beethoven auch ihrem Werthe angemessen besetzt sein müssten». Das ganze Krämergefeilsche brachte nichts ein als für Paganini einen Tag Verspätung auf der Reise nach Berlin. «In welchen Geruch aber wir Leipziger kommen werden, kann ich voraussehen», verkündete einer von ihnen in der Zeitung, der wohl auch der Meinung war, daß die Herren von der Gewandhausdirektion in ihrer Merkantilität etwas zu weit gegangen waren. Paganini hatte zwar in Aussicht gestellt, später einmal im Gewandhaus konzertieren zu wollen, aber er schätzte es nicht besonders, «sich unnötige Vorschriften machen zu lassen» und hielt im Oktober desselben Jahres seine vier Leipziger Konzerte zu weit günstigeren Bedingungen im Theatersaal ab.

Jahresabrechnung
des Orchesterpensionsfonds (1895–96)

Beiträge & Strafgelder		*3809,61*
Beitrag der Theaterdirektion		*3000,--*
Angelegtes Kapital bei:		
1857/74	*24650M*	*Aussig-Teplitzer-Eisenbahn*
1880/91	*31500M*	*Allgem. Dtsch. Creditanstalt (ADCA) Pfandbriefe*
1886/89	*50500M*	*dto.*
1882	*12500M*	*Buschtiehrader Eisenbahn*
1896	*10200M*	*dto.*
1875/84	*77500M*	*Communalbankanleihe*
1886/89	*35000M*	*dto.*
1882	*10200M*	*Böhm. Nordbahn*
1881	*2000M*	*Dtsch. Reichsanleihe*
1891	*200M*	*dto.*
1874/90/96	*15000M*	*Leipziger Bank Actien*
1882	*3000M*	*Leipziger Handelskammer Anleihe*
1889	*4000M*	*Leipziger Baumwoll-Spinnerei Obl.*

1886	*3 000 M*	*Leipz.-Dresdner-Eisenb. Anleihe*
1886/89	*24 100 M*	*Leipz. Hypothekenbank Scheine*
1895	*35 000 M*	*dto.*
1884	*8 700 M*	*Lpz. Stadtanleihe*
1887/90	*49 000 M*	*dto.*
1878/80/85	*7 500 M*	*Hamburger Staatsrente*
1884	*5 100 M*	*Prag Duxer Eisenbahn*
1867	*15 000 M*	*Mansfelder Kupferschiefer Obl.*
1889	*11 520 M*	*Kuxschein über St. 18 Mansfelder Kuxe*
1878/85	*145 000 M*	*Preußisch consol. 4% Staatsanleihe*
1855/58	*900 M*	*Königl. Sächs. Staats-Schuld-Scheine*

Kapitalwert 1896:	*1 081 490,55 M*
+ Zinsen	*9 150,30 M*
	1 090 640,85 M

Fast hundert Jahre später, im September des Jahres 1922, gab der Geiger Eduard Sörmus Konzerte in Leipzig, bei denen es zwar auch um Gewinn an Geld ging, aber eben nicht um Profit. In seinen Konzerten, in denen er übrigens auch Paganinis Variationen für eine Saite spielte, wurde Geld für die hungernden Kinder in Sowjet-Rußland gesammelt. Veranstalter war die noch junge KPD, die «die rein ästhetische, das Bürgertum kopierende Kunstpolitik des sozialistischen Arbeiter-Bildungsinstituts» radikal ablehnte. Für diese Einrichtung veranstaltete Gewandhauskapellmeister Arthur Nikisch mit dem Gewandhausorchester ja bereits Konzerte, wenn auch bei halber Beleuchtung und mit Schonbezügen auf Teppichen und Sitzen. Für eine so ganz unverhüllte politische Aktion allerdings, auch wenn dabei Bach und Mendelssohn gespielt wurden, blieb das «hohe Haus» versperrt. So spielte Sörmus, weil er sich immer als politischer Künstler fühlte, in allen möglichen Sälen. Einer der vergleichsweise guten, in denen er seine Kunst dem Volk nahegebracht hat, war der in der Kongreßhalle des Zoologischen Gartens. Damals, 1922, konnte keiner ahnen, daß er dem erhabenen Gewandhausorchester auch einmal für fünfunddreißig Jahre lang gut genug sein würde.

Um Sörmus hören zu können, drängten sich an einem Dienstagabend, am 26. September, über zweitausend Menschen in den Saal. Der Andrang war so stark, daß die Arbeitersamariter alle Hände voll zu tun hatten. Dennoch wäre der Abend beinahe zu einer großen Enttäuschung geraten. Zur Begleitung des Violinspiels stand kein Flügel bereit. Bei Blüthner, der Weltfirma, wurde gestreikt, und durch diese Aktion hatten die Arbeiter völlig vergessen, den für die Sörmus-Konzerte extra bereitgestellten Flügel aus dem Saal des Lunaparks in den des Zoos zu bringen. Weil Arbeiter aber nicht ein Konzert für Arbeiter platzen lassen wollten, kam schnell ein Klavierstimmer, der den hauseigenen Konzertflügel in der Kongreßhalle wieder bespielbar gemacht hat. In Sörmus' Konzert erklangen neben klassischer Musik auch Volkslieder aus mehreren Ländern und zum Schluß – die Internationale, die alle im Saal mitsangen. Das wäre im gutbürgerlichen Gewandhaus natürlich völlig unmöglich gewesen! In seiner Kritik über das Konzert von Sörmus schrieb das KP-Organ «Sächsische Arbeiterzeitung»: «Die Dankbarkeit des Leipziger Proletariats weiß ebenfalls die rechte Form zu finden. Die Bourgeoisie wirft ihren Günstlingen, wie ein Trinkgeld, herrliche Blumenspenden vor die Füße: da, heb's auf! Die täglich sich mehrenden Blumengaben der Leipziger Arbeiterschaft sind aus bescheidenen Gärten genommen und werden von Kindern überreicht, die stolz und glücklich sind, Ueberbringer dieser Dankesgrüße sein zu dürfen.»

Auch darin unterschied sich dieses Konzert sehr von jenen im Gewandhaus; die Arbeiterzei-

Die deutschen Arbeiter sind weltberühmt. Vor allem wegen ihrer Lammsgeduld. Sie werden auch fernerhin dulden, daß dieses Gewandhaus einen einzigen Tag in der Woche den Modefatzken der Bourgeoisie als Tummelplatz dient und im übrigen brachliegt.

Aber Genosse Sörmus *erzählte eine Geschichte, wieder eine Geschichte aus* London. *Und sie war etwa so: 1919 feierte die englische Bourgeoisie den Sieg über Deutschland. Mit Festen und Bällen und Konzerten. Damals war auch Sörmus in London. Er spielte vor Arbeitern und hätte dazu gern die Albert-Hall gehabt, den grandiosesten Konzertsaal der Welt, gegen den das Leipziger Gewandhaus ein kleinstädtisches Casino ist.*

Nichts zu machen! sagten die Herrschaften. Genau wie jetzt in Leipzig. – Doch zu machen! sagten da die Arbeiter. (In England.) Einer von ihnen, sogar ein Gewerkschaftsbonze, von den Elektrikern, ging ans Telephon. – «Hier Home office.»

«Hier Soundso. Können wir morgen die Albert-Hall für ein Konzert des russischen Geigers Sörmus kriegen?»

«Das ist doch schon abgelehnt.»

«Wenn es abgelehnt ist, drehen wir heute abend das Licht ab. Dann können Sie Jhren Siegesball im Finstern tanzen.»

«Wie? Was? Ach so, ach nein, ach ja...»

Kurz und gut, es zeigte sich, daß die Ablehnung ein «Mißverständnis» gewesen war. Sörmus bekam die Albert-Hall und spielte im größten, schönsten und vornehmsten Saale der Welt vor den Londoner Arbeitern.

Wie wäre es, wenn die Genossen vom Leipziger Elektrizitätswerk auch mal telephonieren würden? Den Brüdern vom Gewandhaus müßte mal ein Licht aufgesteckt werden. Indem man's ihnen abdreht.

Sächsische Arbeiterzeitung
23.9.1922

Allgemeines Arbeiter=Bildungsinstitut zu Leipzig

Dienstag, den 4. Mai 1920
in der Alberthalle des Krystallpalastes

Großes Symphoniekonzert

zugunsten der durch den Volkshausbrand
geschädigten Gewerkschaften
unter völlig unentgeltlicher Mitwirkung des gesamten Gewandhausorchesters
und großer Solisten
Leitung: Prof. Otto Lohse
Einlaß 7 Uhr abends — Beginn 1/2 8 Uhr abends
Der Preis dieser Karte beträgt 5 Mark

Leipziger Buchdruckerei A. G. in Leipzig

...meines Arbeiter=Bildungsinstitut Leipzig

Mittwoch, den 2. März 1921, im Gewandhaus=Saale

Symphonie=Konzert

ausgeführt vom gesamten Gewandhaus=Orchester unter persönlicher Leitung des Herrn Prof. Dr. Nikisch, unter Mitwirkung des Herrn Mitja Nikisch (Klavier)

Vortragsfolge:
F. Mendelssohn: Hebriden=Ouvertüre / W. A. Mozart: Symphonie Es=Dur / F. Chopin: E=Moll=Klavierkonzert
R. Wagner: Vorspiel zu „Die Meistersinger"
Flügel: Jul. Blüthner
Einlaß 1/2 7 Uhr — Anfang 7 Uhr
Diese Karte zum Preise von 9 Mark berechtigt zum Eintritt

...LLGEMEINES ARBEITER-BILDUNGSINSTITUT LEIPZIG

SONDERKONZERT

SONNABEND, 31. DEZEMBER 1921, NACHTS 11 UHR
IN DER ALBERTHALLE DES KRISTALLPALASTES

SILVESTERFEIER

unter Mitwirkung des städtischen Gewandhausorchesters
Leitung: Professor Dr. Arthur Nikisch

Vortragsfolge:
1. Symphonie A-Dur .... Felix Mendelssohn-Bartholdy
2. Don Juan / Symphonische Dichtung ...... Richard Strauß
3. Symphonie C-Moll Nr. 1 .... Johannes Brahms

Einlaß nachts 1/2 11 Uhr / Anfang Punkt 11 Uhr / Eintrittspreis 12 Mark

Leipziger Buchdruckerei A. G.

Applaus im Residenztheater

Im Stuttgarter Theater durfte nur geklatscht werden, wenn der König damit begann. Der hatte die Hände im Muff und nahm sie nur heraus, um Tabak zu schnupfen. Dann fing der Kammerherr an zu applaudieren und alle klatschten mit – an den unzutreffendsten Stellen.

mitgeteilt von Louis Spohr
in seiner Autobiografie
1860

tung hat zwar starke Worte gebraucht, aber den Sachverhalt genau dargestellt. Wen das Publikum im Gewandhaus besonders ehren wollte, dem wurde ein Blumenregen bereitet. Nach dem Konzert zum 25jährigen Gewandhausjubiläum Arthur Nikischs war er so dicht, erzählt man, daß der Geehrte kaum noch zu sehen gewesen sei.

Zum Hausgebrauch gehörte es noch in den zwanziger Jahren, daß dem Dirigenten oder dem Solisten des Abends als Zeichen des Dankes ein Kranz überreicht wurde. Das «gehörte sich so», das wurde zelebriert, ob man nun begeistert war oder nicht. Aus diesem Grunde heißt es heute strikt: Keine Blumen auf dem Podium! Das meint die «offiziellen» Blumen, untersagt aber nicht etwa «spontane» Blumen aus dem Publikum. Einen Blumengruß erhält jeder Gast in seiner Garderobe überreicht; manches ist eben persönlicher, wenn es ohne Publikum vonstatten geht.

Wenn aber der Bekränzte seinerseits mit dem Publikum unzufrieden gewesen ist? Den Kranz nicht annehmen? Ihn gar zurück ins Parkett werfen? Max Reger hatte sich eine andere Variante

Max Reger saß bereits am Flügel, um mit seinem Vortrag beginnen zu können. Allerdings wurde seine Konzentration durch eine Dame gestört, die vor der ersten Parkettreihe aufgeregt hin und her lief, weil sie ihren Platz nicht finden konnte. Reger schaute zu der Dame hin und wartete, sie suchte noch immer hektisch zu Stuhle zu kommen. Da rief Reger vom Podium aus: «Ja hörn's, Karlsbader Kuren können's hier herinnen aber nicht machen!»

nach mündlicher Überlieferung

ausgedacht. Nach dem Konzert ging er gewöhnlich noch auf ein Bier oder zehn ins «Café Hannes», gleich gegenüber. Den Kranz, mitunter auch mehrere, nahm er mit. Während seines Heimweges durch die Stadt, zur Felixstraße in der Nähe des Bahnhofs, oder zum Hotel Hentschel am Roßmarkt, hängte er die Kränze bisweilen an die Bäume und Sträucher des städtischen Promenadengrüns. So wußte am nächsten Morgen jedermann, was Reger am Abend zuvor vom Publikum gehalten hat.

Wie gut, daß die Regersche Art von Publikumskritik nicht Schule gemacht hat, sonst hätten die jungen Linden auf dem Karl-Marx-Platz nach dem Gastspiel vom Sinfonieorchester des Saarländischen Rundfunks im Oktober 1983 möglicherweise recht geschmückt ausgesehen. Die Leipziger, die sich einen Ohrenschmaus mit einem «touch von weiter Welt» versprachen, hatten schon, lange bevor das Programm des Konzertes bekannt war, die Karten gekauft. Und dann erwartete sie dies: zuerst Johannes Brahms und Claude Debussy – na gut, na schön –, aber dann Helmut Lachenmann und Luigi Nono hintereinanderweg! Zwei- oder dreihundert Besucher verließen vorzeitig, gekränkt die entweihte Stätte. Einer, der bis zum Schluß sein Geld verbissen abgesessen hatte, sagte draußen ins Mikrofon: «Ich finde es eine Unverschämtheit, in diesem Hause zwei moderne Stücke zu spielen, das hat das Leipziger Publikum einfach nicht verdient!» Die Damen und Herren aus Saarbrücken reagierten mit Gelassenheit, und ich glaube, sie hätten die Kränze sogar behalten, war doch die übergroße Mehrheit des Publikums zumindest diszipliniert, wenn nicht gar interessiert ihrem Konzert gefolgt. Schließlich ist es, dank mannigfacher Bemühungen, die sogenannte «moderne Musik» auch im Gewandhaus heimisch zu machen, im Hören derselben nicht ganz unerfahren. Konzerte vor leerem Saal sind heute undenkbar und waren immer die Ausnahme. Einem, der heute zu den ganz Großen gezählt wird, ist das im Gewandhaus allerdings doch widerfahren.

Als Wolfgang Amadeus Mozart am 20. April 1789 in Leipzig eintraf, hatte er hier einen erklärten Feind. Einen öffentlich erklärten sogar: Christoph Friedrich Bretzner, der sowohl Buchhalter als auch Bücherschreiber war. Seinem in Leipzig und auch anderswo erfolgreich gespielten Stück «Das Räuschgen» – «Der Schwips» würden wir vielleicht sagen – war im Jahre 1781 die Komödie «Belmont und Constanze oder Die Verführung aus dem Serail» gefolgt. Am 16. Juli 1782 hatte an der Burg in Wien Mozarts Singspiel «Die Entführung aus dem Serail» Premiere gehabt, eine Nachricht, die auch in Leipzig nicht verborgen geblieben war. Dem Herrn Bretzner kam der Titel natürlich gleich sehr bekannt vor, aber an ein Copyright, auf das er sich hätte berufen können, war lange noch nicht zu denken. Ob man einem Autor für seine weiterverwendete Idee etwas zahlte oder nicht, das hing ganz von der Laune des Nutzers ab. In diesem Falle war das der Librettist Stephanie, von dem selbst Mozart glaubte, daß er «den Leuten die größten Ungerechtigkeiten antut». Genauso hat das auch unser Herr Bretzner empfunden und sich zu der folgenden Drohung in der «Leipziger Zeitung» entschlossen:

«Ein gewisser Mensch Namens *Mozart*, in Wien hat sich erdreistet, mein Drama ‹Belmonte und Constanze› zu einem Operntext zu mißbrauchen. Ich protestiere hiermit feierlichst gegen diesen Eingriff in meine Rechte und behalte mir Weiteres vor.»

Christoph Friedrich Bretzner
Verfasser des «Räuschgen».

Wolfgang Amadeus Mozart,
gezeichnet während seines Aufenthaltes in Dresden
von der Leipziger Künstlerin Dora Stock

Mozart hielt sich zunächst drei Tage lang in Leipzig auf, war dann zwischendurch in Potsdam und kam noch einmal für zehn Tage hierher zurück. In den zahlreichen Mozartbiografien findest Du ausführlich aufgezählt, wann und wo er was gespielt hat. Mozart, «der Herrliche, Unvergleichliche», war zu jener Zeit 33 Jahre alt, ein «kleines todtenblasses Männchen» und, obgleich in Wien und Süddeutschland als Wunderkind gefeiert, «damals in Norddeutschland (Ja, ja, dazu gehörte Leipzig!) fast noch gänzlich unbekannt». Während der Probe rissen sich die Gewandhausmusiker folglich nicht gerade ein Bein aus. Das führte zu dem Vorfall, der immer wieder erzählt wird. Zuerst hat ihn jedoch Johann Friedrich Rochlitz aufgeschrieben, der, zur «Tatzeit» gerade erst an der Leipziger Universität als stud. theol. immatrikuliert, später ein bekannter Musikschriftsteller geworden ist. Danach soll Mozart, weil «die meisten Musiker schon ziemlich bejahrte Leute waren»,

Heute, als den 12ten May, wird der Herr Capellmeister Mozart, in wirklichen Diensten Sr. Kaiserl. Königl. Majestät, eine musicalische Academie in dem Concertsaale zu Leipzig zu seinem Vortheil geben. Die Billets sind für 1 Gulden bey Hrn. Rost in Auerbachs Hofe, und bey dem Einlasse des Saales zu bekommen. Der Anfang ist um 6 Uhr.

Annonce
in: Leipziger Zeitungen
12.5.1789

die Probe zweimal unterbrochen haben, um mit erhöhtem Tempo wieder einzusetzen, wobei er so ekstatisch den Takt gestampft haben soll, daß ihm davon «eine prächtig gearbeitete stählerne Schuhschnalle in Stücke zersprang». Mozart soll darüber nur gelacht und weiter geprobt haben. War ja auch kein Unglück in einer Zeit, als es in unserer Stadt noch 204 Schuhmacher für knapp 25000 Einwohner gegeben hat.

In Leipzig «das Concert war nur schwach besucht, von den Anwesenden hatte fast die Hälfte Freibillets erhalten. Übrigens fand an demselben Abende, wo er das Concert gab, im Theater eine Aufführung von ‹Figaros Hochzeit› statt; möglich also, dass diese dem Besuche des Concertes Eintrag gethan hatte: Mozart stand gegen Mozart».

Sie sollten nach Leipzig kommen, dort Konzerte geben; es braucht keine neue Sinfonie; der Enthusiasmus für Sie ist dort ohne Grenzen; 1500 Studenten allein, die dort keine andere als Ihre Musik hören wollen.

Eintragung des Fagottisten August Mittag
in Beethovens Konversationsheft
Frühjahr 1826

Was Wunder, daß über die Details seines Aufenthaltes in Leipzig nur wenig Verläßliches übermittelt ist. Es interessierte sich kaum jemand so richtig für den jungen Musiker Mozart. Die Konzertdirektion schätzte die Extrakonzerte sowieso nicht besonders. Wenn da nämlich wirkliche Berühmtheiten gastierten, lenkten sie das Interesse des Publikums nur unnötig von den mitunter sicher etwas hausbackenen Abonnementskonzerten ab. Wenn aber dort der Zulauf fehlte, nahm die Konzertdirektion weniger von den ebenso beliebten wie notwendigen Talern ein. Im Herbst 1800 faßte sie deshalb den Beschluß, den Saal generell nicht mehr für Konzerte außerhalb der festen Reihe zu vermieten. Herr Limburger schlug seinen Direktionskollegen allerdings vor, doch mal eine Ausnahme zu machen, weil er erfahren hatte, daß Beethoven im Frühjahr 1803 im Gewandhaus ein Konzert geben wollte. Die Direktion beriet den Vorschlag, dann stimmte sie ab. Zwar hoben acht

Mitglieder ihre Hand für Limburgers Vorschlag, aber auch drei dagegen. Es ist kein Grund bekannt geworden, weshalb Beethoven dann doch ferngeblieben ist, aber denken kann man sich allerhand.

Ich gehe davon aus, daß sich Mozart bei «seiner gewöhnlichen Liberalität» während des gut zwei Wochen dauernden Leipzigaufenthaltes mit Herrn Bretzner getroffen haben wird, um das böse Blut zu reinigen. Vielleicht haben sie das in «Auerbachs Keller» beim Wein, im «Burgkeller» beim Bier oder im «Coffe-Baum» beim Kaffee vollzogen. Zu all den deutschen Enttäuschungen wenigstens dieser, ein kleiner privater Erfolg. Nicht gleich eine Freundschaft, aber doch eine Versöhnung. Der sich vorher so mißbraucht gefühlt habende Bretzner übersetzte nur ein paar Jahre nach Mozarts Besuch das italienische Libretto von «Cosi fan tutte» ins Deutsche. Vielleicht haben die beiden in Leipzig schon davon geredet, denn immerhin hat Mozart nur ein halbes Jahr danach die ersten Teile seiner neuen Oper Freunden in Wien vorgespielt. Bei dem Leipziger Buchhalter ist nach diesem Besuch vielleicht die Ahnung, die Hoffnung heraufgedämmert, daß er durch seine Begegnung mit einem «Unsterblichen» dereinst auch selbst zu diesen gehören könnte.

Wir haben es heute schwer in Leipzig, Mozart als genius loci begegnen zu wollen. Nur das Dirigentenpult aus dem alten Gewandhaussaal ist erhalten geblieben; daran wird er sich festgehalten haben, um nach dem Schuh zu sehen. Ein später angebrachtes Messingschildchen nennt die Namen all jener Großen, die außer Mozart auch noch an diesem Pult dirigiert haben.

Um es sehen zu können, müßtest Du nicht ins Neue Gewandhaus, sondern ins Alte Rathaus gehen, dort steht es im stadtgeschichtlichen Museum. Die musikgeschichtliche Reliquie wurde in der ständigen Ausstellung «Leipzig – gestern, heute, morgen» abgestellt.

Dreizehnter Brief, über Gefahren im Gewandhaus und die Gefährdung desselben

Weil ja nur jeweils am 1. April etwas in unseren Zeitungen zu stehen pflegt, das die Leser nicht unbesehen glauben sollen, durfte es sich bei folgendem, trotz des verführerischen Datums, kaum um einen Narrenpossen handeln:

«Im Neuen Gewandhaus kam es am Freitag, dem 11. November, 10.38 Uhr, zum Brand in einer lufttechnischen Anlage. Als Ursache dazu wurden Schneidbrennerarbeiten ermittelt. Ein Verschulden des Schweißers liegt nicht vor. Personen wurden nicht verletzt. Die Abendvorstellung konnte termingemäß beginnen.»

Lieber Freund, muß ich Dir schreiben, wie froh wir alle waren, daß es nur für 10 Zeilen auf der Lokalseite und nicht für eine Schlagzeile auf der Titelseite gebrannt hat? Auch im Gewandhaus ist man froh und zufrieden: die automatische Brandwarnanlage hat funktioniert, und alle Mitarbeiter – das Orchester war auf Reisen – nahmen den Alarm auch so ernst, daß sie das Gebäude fluchtartig verlassen haben; Feuerwehr, Polizei und Rettungswagen waren blitzfix zur Stelle. Ganz unten im Kellergeschoß hatte es begonnen zu schmoren, weil die Filter der Klimaanlage so sinnreich konstruiert sind, daß sie für einen Wechsel herausgeschweißt werden müssen. Ein paar Fünkchen hatten sich dabei in die brennbare Einlage der Filterwalze verirrt. Der beißende Qualm, der darob entstanden war, hatte durch das verzweigte Kanalsystem der Belüftung seinen Weg durchs ganze schöne Haus gefunden. Hier offenbart sich nur scheinbar ein Nachteil der Anlage. Wie gut sie wirklich funktioniert, wurde umgehend bewiesen. Die 21560 Kubikmeter Luft im großen Saal werden pro Stunde viermal erneuert; und das so geräuschlos, daß es – im Gegensatz zum himmlischen Donnergrollen – selbst bei Pianissimo-Stellen nicht zu hören ist. Ob dieser Umwälzleistung war bis zum abendlichen Orgelkonzert jeglicher Brandgestank verduftet.

Natürlich soll das neue Haus auch im Katastrophenfall «das beste» sein. Da ist alles fein berechnet und bemessen worden: die Evakuierungswege im Saal sind nicht länger als 30 Meter, von den Saaltüren ins Freie beträgt der Weg höchstens 53,90 Meter. Die Ideallinie hat der geübte Besucher nach einigen Trainingsläufen auf der Gewandhausspezialslalompiste bald gefunden. Errechnet wurde auch, daß die Evakuierungszeit nur 1,9 Minuten betragen soll. Nicht etwa aus Mißtrauen gegen den Computer, sondern aus Gründen der Selbstbestätigung wollen Experten ihre Ergebnisse in der Praxis gern bewiesen haben. Weil man Besuchern, die sich ihre Karte vielleicht mühsam erstanden haben, die zweifelhafte Sensation einer Alarmübung wohl kaum zumuten kann, wurde dies mit Soldaten geprobt, die im Verhalten bei Alarm ja ohnehin nicht ganz unbewandert sein sollen. Zwar weiß ich nicht, wie viele Soldaten zu diesem Anlaß mit langem Kleid und hochhackigen Schuhen angetreten waren und wie viele von der Auslösung des Signales wirklich überrascht wurden, jedenfalls haben sie, ob Du es glaubst oder nicht, das Rechenergebnis bestätigt:

nach exakt 1,9 Minuten war das Haus geleert. Du siehst, im Ernstfall klappt's! Nachdem mir aber Techniker des Gewandhauses erzählt haben, daß sie beobachten, auch ganz ohne Alarm sei der große Saal nach 5 Minuten leer, will mir scheinen, daß selbst Zivilisten das Haus in einer Zeit räumen können, die dem Rekord nahekommt.

Doch habe ich berechtigten Anlaß zu der Annahme, daß dieser Fall nicht eintreten wird. Konnte ich doch erleben, wie besorgt die Leipziger um ihr Haus sind. Wenige Wochen nach der Eröffnung trat ein älteres Ehepaar an einen Herrn von der Aufsicht heran, und die Frau fragte: «Ist nicht im ganzen Gewandhaus rauchen verboten?

«Ja, meine Dame, mit Ausnahme ...»

«Da hinten steht einer, der zieht immer mal an der Zigarre! Da müssen Sie was unternehmen, damit nichts passiert!»

«... mit Ausnahme des unteren Foyers, meine Dame, weil wir hier doch Steinfußboden haben.» «Ach, da darf man hier unten wohl rauchen? Na, wenn das so ist, da soll's ihm schmecken!»

Ein Brand im ersten Gewandhaussaale hätte verheerende Folgen gehabt. Stadtrat Wilhelm Seyfferth war im Jahre 1852 mit der «Beaufsichtigung des Gewandhauses in baulicher Hinsicht» beauftragt worden. Seine Zustandsbeschreibung vom 8. September des Jahres läßt einem noch heute Gänsehaut wachsen: «Die nähere Ansicht der Bauart beider Säle hat mich ebenso wie den Herrn Baudirektor Dost sehr überrascht – die Umfassungswände sind nämlich massiv bis zum Dach aufgeführt – der innere Ausbau ist jedoch totale Holz und Fachwand, der Art, daß auf den Tramern (Balken, B.W.) des Erdgeschosses – in dem sich Niederlagen und Geschäftslocalitäten mit Feuerung befinden – hölzerne Balken von etwa 6 Ellen Länge & 8 Zoll Stärke als Säulen in mehreren Reihen aufgestellt sind welche den Entresol (Zwischengeschoß, B.W.) bilden und den Fußboden der Säle und Corridor tragen – der Entresol ist in der Masse Tuchboden – außer dieser Seilerbahn. – Die sämtlichen Wände der Säle mit ihren Corridors und Gallerien sind entweder Bretter oder Fachwand – so daß bei einem durch Feuer oder andere Ursache entstehenden Weichen einzelner Säulen – der ganze innere Ausbau unfehlbar zusam̄enbrechen und bis ins Parterrgeschoß hinunterstürzen würde.

Mit dieser Bauart erklärt sich die schöne Akustik des Concertsaales – dessen Fußboden und Wände nirgends den Tönen Härte bieten – vielmehr wie der Resonanzboden des Klavieres oder der Stim̄stock der Geige den Klang der Musik wiedergeben. – Denkt man sich aber die Möglichkeit eines Feuers – so wird man freilich nicht ohne ernste Besorgnis die Bauart selbst – namentlich auch die *sehr beschränkte* Zugänglichkeit der Säle betrachten können.

Es giebt nämlich jetzt nur eine einzige feuerfeste Treppe am äußersten westlichen Ende des Concertsaales. Die hölzerne schmale Treppe in der Hofecke – führt nur in diesen herunter und eine kleine steinerne Treppe im Plattnerschen Auditorium ist ungangbar – kann auch wegen ihrer Lage nichts nützen. – Nim̄t man nun an, daß der Besuch, der zu Leipzigs wahrer Ehre existirenden Gewandhausconcerte, sich auf ein Publikum von 1000 und bisweilen mehr Menschen gesteigert hat – so daß im ruhigen Zustand die Menge 20/30 Minuten braucht um den Saal zu räumen – so hat es wirklich etwas Grauenhaftes sich einen Feuerlärm in jenen Localitäten zu denken. Es würde lediglich darauf ankom̄en wie lange die hölzernen Säulen im Entresol über die Corridors ein Entrinnen möglich machen und wenn die Säulen der Treppen zu nächst wanken – so ist *sicher* das *ganze Publikum jenseits derselben verloren.*»

Die Konzertdirektion erwählte diesen Mann, der mit so sicherem Auge die Gefahr erkannt und sich sogar getraut hatte, sie zu benennen, kurz darauf zu ihrem Mitglied. Als Soforthilfe wurde während der nächsten Sommerpause eine zweite

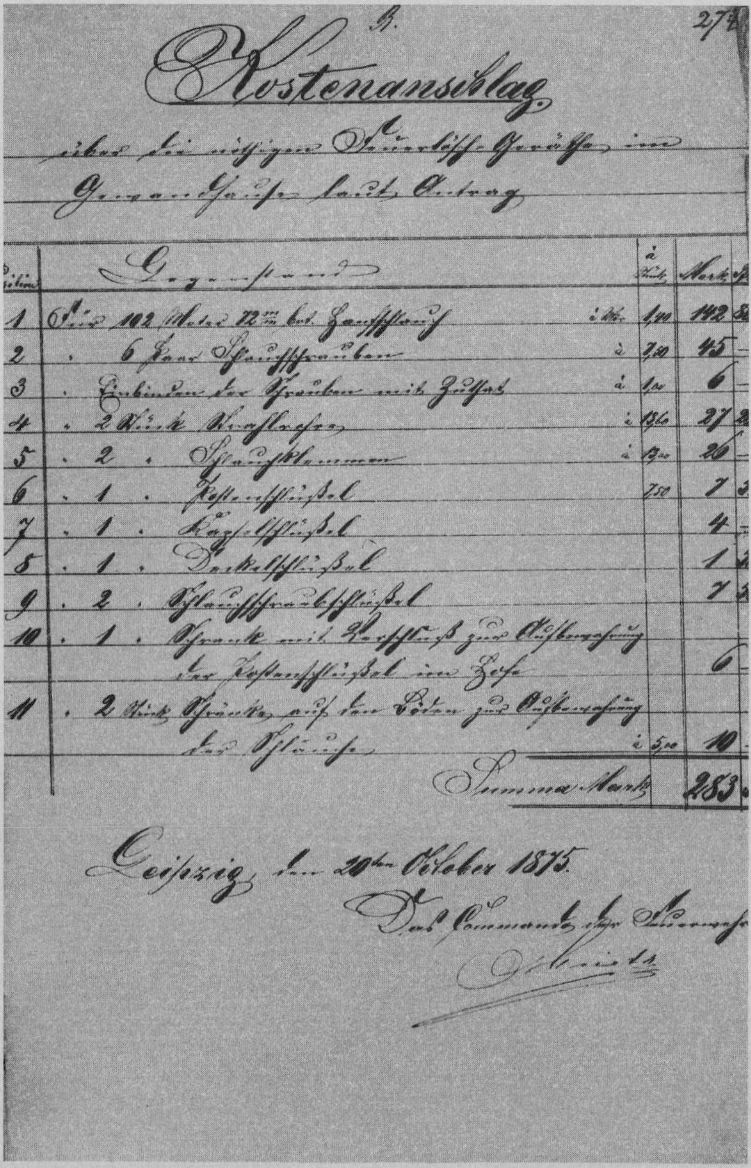
Kostenanschlag

Summa Mark 283

Leipzig, den 20ten October 1875

steinerne Treppe in das Gewandhaus eingebaut, die die Flucht aus dem gefährlichen Saal gegebenenfalls erleichtern sollte. Dazu hatte der Rat 12000 Rth. bewilligt. Bei diesem beträchtlichen Aufwand für die Erhöhung des Sicherheitskomforts der Gewandhausnutzer schien es dem Rat geraten, die Jahresmiete anzuheben. Hatte diese ursprünglich 150 Taler betragen und war im Laufe der Zeit auf 380 Taler geklettert, so wurde sie «von Michaelis 1854 an» auf «759 Thr. 25 Gr. 8 Pf., halbjährlich pränummerande zahlbar» festgesetzt. Erstaunlicherweise wurden die der Konzertdirektion anfallenden Mehrkosten nicht auf das Publikum «umverteilt», der Abonnementpreis blieb vorerst konstant. Diese Geste mutet mich wie eine Wiedergutmachung dafür an, daß die Konzertbesucher über sieben Jahrzehnte hin höchsten Kunstgenuß mit höchster Lebensgefahr erkauft haben. Diese allerdings wurde nicht nur durch Feuer heraufbeschworen.

Auch die grössten Erinnerungen vermochten eben nicht, das alte Haus mit seinem krankhaft übellaunigen Aussehen, seinem längst verschollenen Zuschnitt und Zierrath, seinen ganz unzulänglich gewordenen Raum-Flickereien, die störsame akustische Mängel im Gefolge hatten, zu einem modernen, oder auch nur dem grossen Zwecke würdigen Kunsttempel zu wandeln. Sie vermochten auch nicht aufzuhalten, dass die kümmerlich stille Zufriedenheit mit dem Bestehenden sich allmählich immer deutlicher in wirkliche Unzufriedenheit auflöste, was endlich zur Folge hatte, dass Jeder mit leidenschaftlichem Parteithum auf seine Weise die gedeihliche Fortentwicklung des Ganzen zu betreiben begann. So gährte die Ansicht Einzelner, von der Nothwendigkeit eines Wandels der Dinge, allmählich zur Ueberzeugung aller sich durch, und das Ergebnis war – das neue Gewandhaus, das im Jahre 1884 eine fertige architektonische Thatsache geworden.

Friedrich Stein
in: Moderne Kunst
um 1900

Der ursprünglich für etwa 700 Personen eingerichtete Saal war, wegen des großen Zulaufs zu den Konzerten, mehrfach erweitert worden. Stehplätze gab es in einem Vorraum der Galerie, der von Holzgittern umgeben war und von Insidern, vor allem von den Studenten des Konservatoriums, «Hühnerstall» genannt wurde. Als «Blindenanstalt» galt ihnen ein Ausbau an jener Galerie, wo man zwar noch etwas hören, aber gar nichts sehen konnte. So fanden schließlich etwa 1000 Personen Platz. Wenn diese nach den Konzerten, womöglich noch gleichzeitig mit den Gästen des Ballsaales, das Haus verließen, gab es in den engen Straßen um das Gebäude regelmäßig chaotische Verkehrsverhältnisse. Bis jeder seine Kutsche gefunden oder eine öffentliche Sänfte ergattert hatte, dauerte es schon eine Weile. Da die Konzerte ja schon immer im Winterhalbjahr stattgefunden haben, liefen die Leute ständig Gefahr, sich beim längeren Warten im Freien zu erkälten. Nachdem der angesehene Herr Frege sich nach einem Konzert auf dem Heimweg gar den Tod geholt hatte, erreichte den Rat unterm Datum vom 27. Februar 1824 die Bitte um Errichtung eines Aufenthaltsraumes, damit man geschützt auf Sänften und Kutschen warten könne.

Das «gedielte Behältnis», das zur Errichtung des Warteraumes vorgeschlagen wurde, diente

Nachricht,

wie es

wegen der Wagen und Sänften beym Eingang in das Concert und beym Ausgang daraus, zu halten.

Beym Eingang.

Jedem ist freygelassen, entweder, vom neuen Neumarkte herein, durch den Bibliothekhof, an die innere bedeckte Thüre zu fahren, oder aber auf dem alten Neumarkte an der äussern Thüre halten zu lassen. Vom alten Neumarkte herein kann niemals in den Bibliothekhof gefahren werden. Diejenigen, die sich tragen lassen, können aus der Sänfte steigen, an welcher Thüre es ihnen gefällt.

Beym Ausgang.

Es stehet jedem frey, seinen Wagen entweder im Bibliothekhofe, oder auf dem alten Neumarkte, warten zu lassen. Im letztern Falle kann man nur an der äussern Thüre auf dem alten Neumarkte einsteigen.

In die Sänften kann man sich setzen, an welcher Thüre man es für gut befindet. Damit aber, unter der Wölbung, an der innern bedeckten Thüre Sänften und Wagen nicht zusammen treffen: so lassen diejenigen deren Wagen im Bibliothekhofe warten, erst alsdann vorfahren, wenn von der innern bedeckten Thüre die Sänften hinweg sind, die ihren Weg entweder durch den Bibliothekhof, oder über den alten Neumarkt, nehmen können.

Die Wagen alle fahren den alten Neumarkt herunter in die Grimmische Gasse, und nie durch die Gewandgasse. Leipzig, den 3. December, 1781.

der Pangrac'schen Buchhandlung aus Halle als Lagerraum und brachte der Ratskasse immerhin «50 bis 60 Thlr. Miethzins» im Jahr ein. Buchhändler und Rat ließen mit sich handeln, der Rümpelraum wurde zum Wartezimmer für die Konzert- und Ballbesucher hergerichtet, die Jahresmiete dafür auf 25 Taler veranschlagt. Ein Ofen konnte auch gesetzt werden; «weil es an einer Feuermauer mangelt», mußte das Rohr aber durch ein Fenster zur Straße hinausgeführt werden, was dem Haus ganz sicher nicht zur Zier gereicht hat. Doch wie's draußen aussieht – dafür hat sich das erlauchte Publikum dem Vernehmen nach ohnehin weniger interessiert.

Wir Gewandhaushandwerker sind recht vielseitig. Weil alle anderen beschäftigt waren, beauftragte mich der Gewandhausdirektor einmal, es war Ende November 1964, die Pianistin Hélène Boschi aus Frankreich vom Bahnhof abzuholen. Auf dem Weg zur Kongreßhalle schwärmte ich ihr vor, wie gut unsere Flügel wären. Bei der Probe war sie dann auch mit dem Instrument zufrieden. Sie spielte das zweite Stück des Abends, noch vor der Pause. So eine praktische Hubbühne, wie wir sie jetzt für die Flügel im neuen Haus haben, gab es in der Kongreßhalle nicht, also rollten wir zwischendurch zu dritt den Flügel vor an die Rampe. Die Bühne war, damit das Orchester darauf Platz hatte, durch einen Anbau nach vorn vergrößert worden. Das war etwas provisorisch angelegt, ich weiß das, weil ich vorher Zoohandwerker gewesen bin und daran mitgebaut hatte. Während wir den Flügel so nach vorn rollten, brach plötzlich ein Dielenbrett durch und ein Bein vom Flügel steckte in dem Loch. Weil die beiden anderen Kollegen nur merkten, daß es auf einmal schwerer ging, schoben sie kräftiger. Dadurch hat sich auch noch die Halterung des Beines verbogen. Es blieb uns nichts weiter übrig, als unter den spöttischen Blicken des Publikums das Bein zu «amputieren« und statt dessen ein paar Kisten und Ziegelsteine unterzulegen. Madame Boschi guckte deswegen zwar etwas überrascht, spielte aber unbeeindruckt ihr Konzert. Als ich sie am nächsten Tag wieder zum Bahnhof brachte, sagte sie beim Abschied: «Wenn ich einmal wiederkommen sollte nach Leipzig, dann hätte ich gerne einen Flügel mit drei *Beinen.»*

mitgeteilt von Joachim Günther,
Podiumsmeister
1984

Das neue Gewandhaus ist noch ganz neu, hauseigene Handwerker sorgen dafür, daß es auch noch immer so aussieht. Mit beträchtlicher Mühe und beachtlichem Eifer putzen sie schwer erreichbare Fenster, weißen sie Säulen im Foyer, die nach wenigen Konzerten stets wieder «angegriffen» aussehen, halten sie Säle, Treppen und Foyers sauber. Solltest Du einmal vom Klinger-Foyer aus rechts hinauf zum kleinen Saal gehen, dann denke nicht, die Frauen vom Reinigungstrupp hätten nachlässig gearbeitet. In der Ecke über dem ersten Treppenabsatz hängt *kein* Spinnennetz, das sieht nur so aus. Das ist, freundlich betrachtet, eine architektonische Eigenwilligkeit. Wer würde angesichts der Masse lobender Kritiken für das Ganze denn gleich von Unzulänglichkeiten im Detail sprechen! Da wir gerade über Details sprechen: Solltest Du einmal auf der Orchesterempore sitzen, dann beherzige meinen Ratschlag und meide möglichst die Randplätze. Dort könnte Dir nämlich jemand unversehens auf die Hand treten, weil hier Armlehne und Trittfläche der Treppenstufen in einer Ebene liegen. Überhaupt die Treppen! Ich rate Dir, Dich gänzlich auf die kurzen, unrhythmisch angeordneten und geländerlosen Stufen im großen Saal zu konzentrieren, damit Du heilen Fußes zu Deinem Platz und anschließend wieder ins Freie kommst. Anfangs verging hier kaum ein Konzert, bei dem nicht

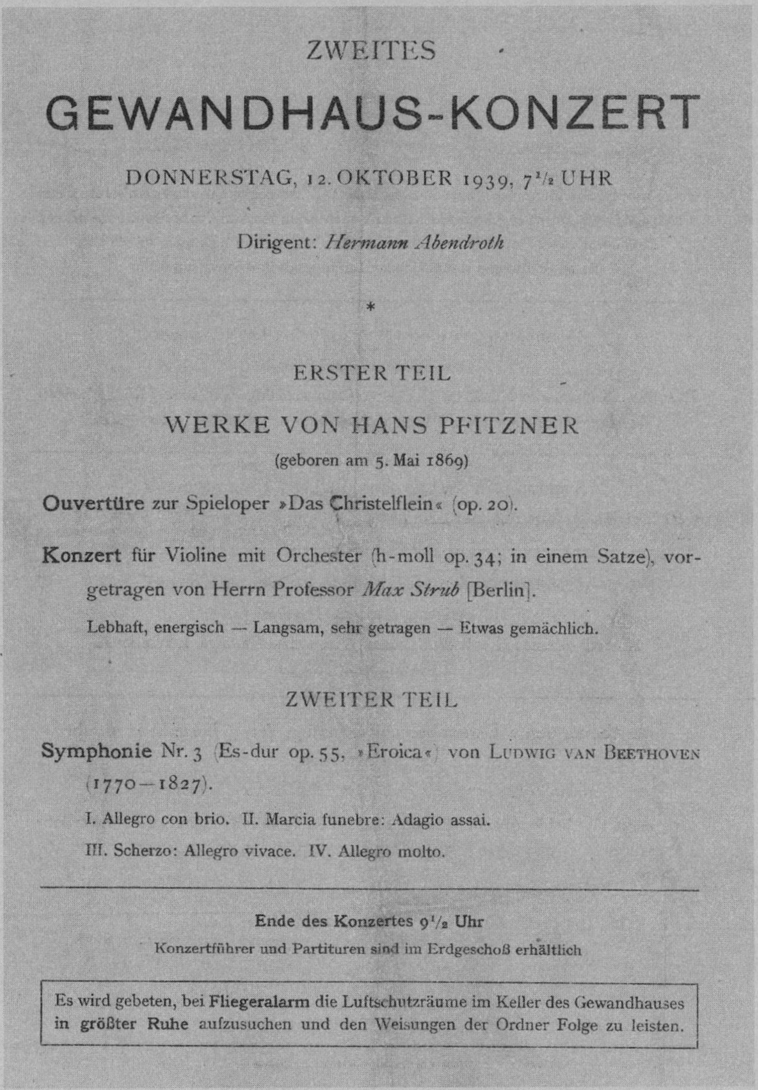

ZWEITES

GEWANDHAUS-KONZERT

DONNERSTAG, 12. OKTOBER 1939, 7½ UHR

Dirigent: *Hermann Abendroth*

*

ERSTER TEIL

WERKE VON HANS PFITZNER

(geboren am 5. Mai 1869)

Ouvertüre zur Spieloper »Das Christelflein« (op. 20).

Konzert für Violine mit Orchester (h-moll op. 34; in einem Satze), vorgetragen von Herrn Professor *Max Strub* [Berlin].

Lebhaft, energisch — Langsam, sehr getragen — Etwas gemächlich.

ZWEITER TEIL

Symphonie Nr. 3 (Es-dur op. 55, »Eroica«) von LUDWIG VAN BEETHOVEN (1770—1827).

I. Allegro con brio. II. Marcia funebre: Adagio assai.

III. Scherzo: Allegro vivace. IV. Allegro molto.

Ende des Konzertes 9½ Uhr

Konzertführer und Partituren sind im Erdgeschoß erhältlich

Es wird gebeten, bei **Fliegeralarm** die Luftschutzräume im Keller des Gewandhauses **in größter Ruhe** aufzusuchen und den Weisungen der Ordner Folge zu leisten.

jemand die Treppen hinauf- oder herabpurzelte. Doch das sind kleine Unzulänglichkeiten, wirkliche Gefahren beschwören sie nicht herauf. Ich will Dir von einer Frau erzählen, die in finstrer Zeit im Gewandhaus begonnen hat zu arbeiten, die seinen schwärzesten Tag miterlebte und zum Glück überlebte:

Im Herbst 1941 suchte das Gewandhaus per Zeitungsannonce eine Hilfskraft. Frau H., 48 Jahre alt und seit einem Jahr «Kriegerwitwe», bewarb sich in der Gewandhauskanzlei und wurde sofort eingestellt, weil sie aus einer Handwerkerfamilie stammte. Für ein monatliches Brutto-Gehalt von 194,67 Mark arbeitete sie als dritter Pförtner und Faktotum. Übrigens änderte sich die Höhe ihres Gehaltes bis zum 30. September 1949 nicht, als sich die Stadtverwaltung, die am 1. April des Jahres die Gewandhauskanzlei als «städtische Dienststelle» übernommen hatte, «zum Zwecke der Verwaltungseinschränkungen von einer Reihe von Mitarbeitern trennen» mußte. Zu den Dienstpflichten von Frau H. gehörte es, täglich morgens 7 Uhr die Straße rings um das Gewandhaus zu kehren, der «Besengarde» beim Reinigen aller Innenräume zu helfen, einmal monatlich die Kronleuchter im großen Saal herunterzukurbeln und zu polieren und für die richtige Möblierung des Podiums und des Saales zu sorgen. Wenn «tutti» angesagt war, mußten die Stühle der ersten sechs Parkettreihen in den Keller getragen werden, um Platz für alle Musiker zu schaffen. Gemeinsam mit zwei männlichen Kollegen war das zunächst auch gar nicht so problematisch, allerdings wurde der eine bald zur «Wehrmacht» eingezogen, der andere starb an Tuberkulose. Nun hatte sie alles allein zu bewältigen und mußte zudem auch noch die große Schalttafel bedienen. Als jeweils letzte Amtshandlung des Tages war im Keller der Hauptschalter zu betätigen, der so groß und schwer war, daß sie sich mit beiden Händen dranhängen mußte. Wann sie dieses Amtes walten konnte, hing ganz davon ab, wie lange sich die Dirigenten oder Solisten nach den Proben oder Konzerten zusammen mit den Herren von der Konzertdirektion noch im Hause aufhielten. Die Musiker sind immer sofort nach Schluß nach Hause gegangen.

Frau H.s Pförtnerloge befand sich am Nebeneingang, vor dem das Nikisch-Denkmal stand. Direkt neben der Tür war eine Nische, in die der Gewandhauskapellmeister Prof. Hermann Abendroth stets sein Fahrrad zu stellen pflegte, auf das sie besonders gut achtzugeben hatte.

Nachdem bei dem schweren Bombenangriff in der Nacht vom 3. zum 4. Dezember 1943 auch Frau H.s Wohnung ausgebrannt war, hat sie sogar im Gewandhaus gewohnt, in einem Kellerraum,

Fliegeralarm betreffend

Fliegeralarm wird während des Konzertes vom Podium aus angesagt, vorher und während der Pausen durch viermaliges Klingelzeichen bekanntgegeben. ***Die Inhaber der Saalplätze von Reihe 26 bis 41 und Rückwand*** *werden gebeten, sich nach Entnahme ihrer Garderobe in die Vorhalle des* ***Haupteinganges*** *zu begeben. Sie werden von dort in die Luftschutzräume der Universitätsbibliothek geführt. Die übrigen Konzertbesucher werden ersucht, sich in die Luftschutzräume im Keller des Gewandhauses zu begeben.*

Entnahme der Garderobe ist freigestellt.

der ursprünglich für Rundfunkübertragungen genutzt worden war. Da sie nun sowieso ständig im Hause war, hatte sie auch Brandwache zu halten. Es gab in dieser Zeit so häufig Alarm, daß ein gewisser Gewöhnungseffekt eintrat.

Von einem Fliegeralarm im Januar 1944 ist sie nicht wach geworden, erst die Entwarnung schreckte sie aus dem Schlaf. Da hörte sie von der Straße her ihren Namen rufen und eilte zur Tür, dem bewußten Nebeneingang. Überraschenderweise stand die Tür offen, die beiden Türflügel waren aufgedrückt worden, und zwischen ihnen lag ein länglicher Metallzylinder. Frau H.s erster Gedanke war: Bloß gut, daß das Fahrrad von Professor Abendroth nicht hier gestanden hat, das hätte leicht was abkriegen können. Dann aber wunderte sie sich doch darüber, woher dieses ungewöhnliche Stück Rohr stammen könnte, das nicht hierher gehörte. Trotz der zahlreichen Fliegerangriffe hatte sie noch nie eine Bombe von nahem gesehen. Auf der Straße wurde wieder nach ihr gerufen, also stieg sie – zum Entsetzen der Leute draußen – über die Bombe, die eine ziemliche Wärme abstrahlte. Dann kam auch schon ein Räumkommando und brachte den Blindgänger ohne viel Federlesens weg.

Diesmal war noch alles gut gegangen. So viele schöne Gebäude der Stadt waren schon zerstört, aber das Gewandhaus stand, und das Orchester spielte noch. Im «totalen Krieg» der Nazis war kein Platz für Theater, Oper und Ballett, nur das Gewandhausorchester wurde noch geduldet. Zwar waren auch viele Musiker eingezogen worden, doch saßen beim «tutti» noch immer 80 Musiker vorn, wovon einige allerdings «geborgt» waren.

Doch dann kam der 20. Februar 1944 und mit ihm ein erneuter Fliegerangriff. Über der Stadt brannten die «Christbäume», unten krachte und blitzte es. Als man es bemerkte, war es schon zu spät. Durch das Dach des Konzerthauses war ein Phosphorbrandsatz in den kleinen Saal eingeschlagen. Dieser bestand wie sein klassisches Vorbild ganz aus Holz. Und Phosphor brennt sogar auf Stein. Ein Löschtrupp war zwar gleich zur Stelle, aber es herrschte recht strenger Frost, weswegen die Wasserpumpen nicht richtig funktionierten. Es wurde versucht, mit einer Eimerkette aus dem Keller Wasser bis hinauf in den kleinen Saal zu bringen. Phosphorspritzer und Funken flogen ins Haus, das Feuer griff immer weiter um sich, bald war nichts mehr zu retten. Es war furchtbar, einfach furchtbar. Der Verlust der Wohnung war schon schlimm, aber nun auch noch das. Zum Glück waren keine Besucher im Haus. Als die Terrorangriffe begannen, war die Anfangszeit der Konzerte auf 6 Uhr abends vorverlegt worden, weil die Amis und Tommys immer erst im Dunkeln kamen. Auf den Programmzetteln stand immer drauf, wie sich die Leute bei Fliegeralarm verhalten sollten, aber zum Glück hat es niemals Alarm während eines Konzertes gegeben.

Das Archiv und die Noten des Gewandhauses waren sicherheitshalber in die tiefen Keller vom Neuen Rathaus ausgelagert worden. Als amerikanische Truppen am 18. April 1945 Leipzig erreichten, hatte sich eine SS-Meute ausgerechnet dorthin zurückgezogen. Mit 13 mittelschweren Tanks und 5 Jagdpanzern rückten die Amerikaner am Nachmittag gegen das Zentrum der Stadt vor. Beim Kampf um das Rathaus verlor die 69. Division 117 Soldaten. Zum Repertoire der psychologischen Kriegführung der Amerikaner gehörte es, das

Der große Saal im Neuen Concerthaus nach dem Bombardement vom 20. Februar 1944

Weihespruch für das Neue Gewandhaus zu Leipzig

Geweiht sei dieses Haus
dem Frieden, der Freude und der Fantasie.
Dies Haus, dem alle unsere Mühen galten,
es ist erbaut! Hier ist's! Es sei nun euer!
Doch dabei sei vergessen nicht des alten –
der Krieg zerbrach's mit Bomben und mit Feuer.
Drum wie die Kunst sei uns der Frieden teuer,
der Frieden nur kann uns dies Haus erhalten.
Was wir erbaut, es daure durch die Zeit.
Dem FRIEDEN sei das neue Haus geweiht!
Neu ist dies Haus in Fundament und Mauern.
Auch neue Menschen gehn hier aus und ein.
Und das Erbaute wird auch den Erbauern,
dem ganzen Volke zur Erbauung sein.
Stein wird Musik, Musik ein Edelstein,
die Freude wird die Schmerzen überdauern.
Hier herrscht der Töne schöne Heiterkeit.
Der FREUDE sei das neue Haus geweiht!
Doch bliebe dieses Haus nur leere Hülle,
und seine Gäste ein verlornes Heer,
wenn nicht des Künstlers schöpferischer Wille
hier unserer Fantasie Begleiter wär.
Nun trennen Kunst und Leben sich nicht mehr,
er wirkt, daß eins durchs andre sich erfülle.
Im Spiel verstehn wir unsre eigne Zeit.
Der FANTASIE sei dieses Haus geweiht!
Es sei geweiht
der Fantasie, der Freude und dem Frieden!

Hans Pfeiffer

nationalistisch übersteigerte Selbstwertgefühl der Deutschen in sein Gegenteil verkehren zu wollen, die nationale Identität zu zerstören. Für Leipzig bedeutete das unter anderem: Dem Gewandhausorchester, das sich nach der Zerstörung seines Hauses zunächst ins Varietétheater «Dreilinden» und danach ins Kino «Capitol» geflüchtet und trotz Krieg und Chaos noch gespielt hatte, wurde jetzt das Konzertieren untersagt.

Zum Konzept der sowjetischen Führung gehörte es, uns Deutsche zur Selbstbesinnung auf unsere tatsächliche Größe und unsere wirklichen Werte zu führen. Nachdem die Rote Armee am 3. Juli 1945 in Leipzig eingezogen war, durfte, sollte, ja mußte das Gewandhausorchester wieder spielen.

Ungewöhnlich zeitig, bereits am 8. Juli 1945, und am ungewohnten Ort, im Kino «Capitol», dem einzigen unzerstört gebliebenen Saal der Stadt, wurde die Spielzeit 1945/46 mit einem Sonderkonzert eröffnet: «Zur Begrüßung der Roten Armee» – erklang Musik von Beethoven und endlich auch wieder von Tschaikowski, der zu den von den Nazis verbotenen Komponisten gehört hatte.

Ungewöhnlich waren auch die Kleidung des Publikums – Offiziere, Unteroffiziere und Soldaten in doch recht fremd anzusehenden Uniformen – und die Form des Beifalls. Die Soldaten feierten, ihren Bräuchen entsprechend, nach dem Konzert die Musiker und die Musikstadt, die die Tradition der Gewandhauskonzerte durch Faschismus und Krieg bewahrt hatten, mit einem Salut aus ihren Maschinenpistolen.

Vierzehnter Brief, erzählt von Gewandhauskindern und Nachwuchsproblemen überhaupt

Natürlich! Damit habe ich gerechnet, daß Du eines Tages mit der Nachwuchsfrage herausrücken wirst. Nein, mein Freund, diesmal bringst Du mich nicht in Verlegenheit! – Vor ein paar Jahren lernte ich hier in Leipzig eine ältere Dame kennen, die sich mir damals als «das Gewandhauskind» vorgestellt hat. «Ich war doch das Gewandhauskind», hatte sie wortwörtlich gesagt. Du verstehst, daß ein solcher Satz, ganz ernsthaft ausgesprochen, neugierig macht.

Als sie geboren wurde, hatte der Vater als 1. Cellist des Stadtorchesters im Opernhaus Flotows «Martha» zu spielen. Muß ich Dir jetzt noch verraten, wie die Dame mit Vornamen heißt? Vater Max Kießling nahm, gerade daß sie «stubenrein» war, die Tochter mit zu den Proben ins Gewandhaus, wo sie bei Fräulein Politz hinter der Harfe stehen durfte. Arthur Nikisch habe immer zu ihr hingesehen, aber nicht etwa weil sie gestört hätte, sondern weil er, wie die Harfenistin sogleich bemerkt hatte, in das Kind regelrecht verliebt gewesen sei. Doch nicht nur im Gewandhaus, sondern auch im Elternhaus wurden das Mädchen und ihre drei Brüder, die der Vater «fachspezifisch» seine «Orgelpfeifen» zu nennen pflegte, musikalisch erzogen. Wirklich erzogen, und nicht gedrillt; Freude an der Musik war dem Vater erst einmal wichtiger als Perfektion, weil das zweite ohne das erste seelenlos bliebe. So erinnert sich das «Gewandhauskind» daran, wie sie mit ihren Brüdern zu Hause auf dem Teppich gelegen hat, und der berühmte Cellist spielte für sie – Tierstimmen. «Mache mal die Muh!» hat das Mädchen voller Begeisterung gerufen, und noch heute weiß die Frau: «Der Papa konnte alle Tiere auf dem Cello nachmachen.» Der unvergängliche Stolz auf den Vater ist in ihrem Erzählen unüberhörbar: «Der Papa war Erster Cellist am Gewandhaus. Verstehen Sie – Erster! Klengel war Solocellist, aber wenn Klengel spielte, mußte er vom Papa den

---

Mit besonderer Dankbarkeit und Liebe gedenke ich noch immer eines Mannes, der an meiner künstlerischen Entwicklung starken Anteil hat, Carl Reinecke.

Sein Name ruft mir eine ergötzliche Episode ins Gedächtnis, sozusagen mein erstes «solistisches« Auftreten im Gewandhaus, dem mein Leben von meinem vierzehnten Jahr ab verschrieben war. Da fragt mich Vater Reinecke eines schönen Tages: «Klengel, wollen Sie heut abend Frau Clara Schumann *die Noten umblättern?»*

«Selbstverständlich!»

«Also schön! Sie spielt das Konzert ihres Mannes. Aber Sie wissen doch: bei jeder Seite aufstehen und mit der linken *Hand* über *die Noten hinwegfassen!»*

Der Abend kam. Als ich neben Frau Schumann auf dem Podium Platz genommen hatte, flüsterte sie mir zu: «Ach, Herr Klengel, nicht wahr, Sie stehen nicht auf beim Umblättern, das stört mich. Fassen Sie mit der rechten *Hand* unter *den Noten vorbei.»*

Meine Lage war schwierig. Natürlich mußte ich mich nach ihrer Anweisung richten; aber die Miene

des ahnungslosen Reinecke, der sogleich bemerkte, wie ich Seite für Seite unter den Noten durchfaßte und mich durch zunächst ermahnende, dann wütende Blicke und schließlich durch lautes Aufklopfen mit dem Taktstock auf meinen Fehler aufmerksam machen wollte, werde ich nicht vergessen!

Prof. Julius Klengel,
Solocellist am Gewandhaus 1876–1924
1932

Strich aufnehmen.» Ihre Musikerziehung, Erziehung durch Musik, ist nicht folgenlos geblieben; die Tochter des Musikers wurde selbst Pianistin und eine begehrte Lehrerin. Ich habe von ihr auch etwas gelernt: einen bis dahin ungehörten Verwandtschaftsgrad. Sie ist nämlich nicht nur «Gewandhauskind», sondern auch «Urenkelschülerin von Beethoven». Hier der Stammbaum: Ihre Lehrerin – eine ihrer Lehrerinnen – war Elly Ney, deren Lehrer, Theodor Leschetitzky, war Schüler von Carl Czerny, dessen Lehrer schließlich Beethoven selbst gewesen ist. Sicher ist es von mir zu formalistisch gedacht, wenn mir bei der korrekten Benennung der Verwandtschaft ein Ur- zu fehlen scheint, aber immerhin hat sich da eine sympathische Vorstellung vom Urahn vererbt, die die Nachfahrin sagen läßt, es gefiele ihr ganz und gar nicht, daß er heute oft so gespielt werde, als ob er ein Militärmusiker sei: «Die Neunte ist doch kein preußischer Präsentiermarsch!»

Die Zahl der Mitglieder des Gewandhausorchesters, die zunächst Militärmusiker gewesen sind, dürfte heute recht klein sein. In der Leipziger Musikbibliothek habe ich vor längerem eine Mappe Manuskripte «ausgegraben», in denen Henry Walter Bading, ein nicht so sehr erfolgreicher Musiker, Anekdoten, biografische Notizen und persönliche Erinnerungen zusammengestellt hat. Daß die Fakten nicht immer ganz zuverlässig sind, ist gewiß dem Umstand geschuldet, daß Memoiren ohnehin zumeist erst dann geschrieben werden, wenn man sich nicht mehr genau erinnern kann. Detailreich und sehr anschaulich hat Bading aber darüber berichtet, wie sein berühmter Vater Heinrich vom Militär- zum Gewandhausmusiker avanciert ist:

«Zuerst aber mußte der junge Heinrich seiner Militärdienstpflicht genügen. Nachdem der junge Musicus alle Tonleitern in Dur und Moll, harmonisch und melodisch, in staccato und in legato auf seiner Klarinette auswendig vorgeblasen hatte, denn er hatte seine Musiknoten für das Probespiel vergessen, ernannte ihn Sarow, Königl. Musikmeister, zum Soloklarinettisten! Ein noch nie gesehenes Ereignis. Der junge Rekrut an der Soloklarinettistenstelle eines alten Hoboisten-Feldwebels. Erst wollte Heinrich zwölf Jahre als Soldat dienen, um einen Versorgungsschein als Beamtenwärter zu erhalten, aber bereits nach siebenjähriger Militärdienstzeit ging er im Jahre 1889 als Tonkünstler nach Montreux ... und wirkte dann in der Krolloper Berlin. Als eine Position im weltberühmten Gewandhausorchester zu Leipzig vakant war, meldete er sich zum Probespiel, bekam aber die Anstellung als 2. Klarinettist nicht, denn ein ca. siebzehnjähriger Musiker, mit durchlöcherten Ärmeln und defekten Schuhen, suchte sein Instrument in einzelnen Teilen aus allen Taschen zusammen und – erhielt die Stellung! Es war ein Instrumentalist, wie man ihn noch nie gehört hatte – ein Phänomen. Doch bald fand man dieses Genie tot zwischen Schrebergärten im Vorort Gohlis, nahe dem Scherbelberg. Alkoholvergiftung! Und das mit beinahe achtzehn Lebensjahren. Der damals berühmte Laube berief Heinrich Bading in das Philharmonische Orchester nach Hamburg ... Eines Tages erschien in Hamburg der Komponist Kremser und teilte ihm mit, daß der zweite Klarinettist des Gewandhausorchesters sehr schwer erkrankt sei. Bading möge sich zu einem Probespiel bereithalten. Aber es starb nicht der schwer erkrankte Eduard Bauer, sondern der I. Soloklarinettist des weltberühmten Orchesters. Nun lud die Gewandhaus-Direktion ... erneut vierzehn Bewerber zum Probespiel ein, und die Bewerber kamen von den größten Opernhäusern, weil eine Anstellung im Gewandhausorchester pensionsberechtigt war. Das Probespiel für die Neubesetzung einer ersten Klarinettistenstelle fand am 7. April 1896 im großen Gewandhaussaale statt. Zur Begleitung der vorzutragenden Solostücke war wohl ausnahmslos das ganze Orchester anwesend. Bading wählte sich C. M. v. Webers Quintett, II. und IV. Satz. Die Prüfungskommission war vertreten durch Prof. Arthur Nikisch, Oberbürgermeister Dr. Georgi, Thomaskantor Schreck, Theaterdirektor Staegemann, Kapellmeister Panzner, drei Herren von der Gewandhaus-Direktion und drei Herren des Orchester-Vorstandes ... Die Wahl fiel auf den 32jährigen Klarinettist Heinrich Bading aus Rixdorf. Dann wurden ihm die Bedingungen bekanntgegeben. Also: 150,– Reichsmark monatlich auf ein Probejahr, nach Ablauf dieses Aufnahme in den Pensionsfond. Reisekosten wurden den Bewerbern nicht geboten.»

Vom Gewandhaus engagiert zu werden, bedeutet jedoch nicht, aller Probleme ledig zu sein; einige entstehen dadurch erst. Da hatte sich doch ein Nachwuchsmusiker, der junge Konzertmeister Gerhard Manko, der die Matthäus-Passion 1943 zum ersten Mal gespielt hat, unterstanden, im Auftrage des Thomaskantors Ramin die Spielweise zweier älterer Kollegen zu kritisieren. Bei einem fand er die Haltung der Geige zu lässig, beim anderen störte ihn, daß er die Bachsche Barockmusik mit einem «Kaffeehaus-Vibrato» spiele. Die Kollegen waren über diese Zurechtweisung, «die nur dem Dirigenten zusteht», so empört, daß es zu einer langwierigen Untersuchung mit Zeugenvernehmungen, Gutachten und Protokollen kam. Die Herren Musiker wußten sich durchaus zu verteidigen! Herr Reinhardt: «Wenn

Bestimmungen für den Dienst des Stadtorchesters (Vom 1. April 1912 ab gültig.)

§ 17.

Für Verfehlungen der Mitglieder des Stadtorchesters beim Theaterdienste werden folgende Ordnungsstrafen festgesetzt:

a) für Versäumnis einer Probe	*3,00 M*
b) für Versäumnis einer Vorstellung, gleichviel ob sie den ganzen Abend füllt oder nicht, oder für Versäumnis eines Konzertes	*10,00 M*
c) für verspätetes Eintreffen am Pulte zur Vorstellung oder nach Anfang einer Probe oder einer Zwischenpause, seien dies Pausen in den Proben oder Zwischenakte in den Vorstellungen	*0,50 M*
d) für Präludieren nach dem Einstimmen	*0,50 M*
e) für jede Unterbrechung der Ruhe im Orchester während der Proben und Vorstellungen	*0,50 M*
f) für jede laute Bezeigung des Beifalls oder des Mißfallens im Orchester	*4,00 M*
g) für unbefugte Einführung dritter Personen, gleichviel ob Angehöriger eines Orchestermitgliedes oder Fremder, in den Orchesterraum während der Proben und Vorstellungen	*2,00 M*
h) für geräuschvolles und störendes Sichentfernen aus dem Orchesterraume, sowie für geräuschvolles und störendes Verwahren der Instrumente während der Vorstellung	*1,00 M*
i) für Unternehmen einer Reise ohne Einholung von Urlaub bei der Intendanz für jeden Tag der Abwesenheit von Leipzig	*15,00 M*
k) für entgeltliche Abgabe der dem Orchester zur Verfügung gestellten Freiplätze, für jeden einzelnen Fall	*10,00 M*

mir der Vorwurf gemacht wird, daß ich die Geige zu lässig halte, so bin ich gar nicht in der Lage, das anders zu tun; wenn ich die Geige anders halten würde, könnte ich gar nicht spielen.»

Herr Schork: «Wir sind Geiger der alten Schule, wie sie Nikisch wollte, die einen vollen satten Streicherklang verlangte und die seinerzeit überall auf unseren Konzertreisen von der Presse besonders hervorgehoben wurde. Nikisch wollte damit ein besonders seelenvolles Spiel hervorrufen.

Der typische Dresdner Klang ist ein silbriger, transparenter, das prädestiniert die Staatskapelle für die Musik von Mozart und Richard Strauss. Hingegen ist der Leipziger Klang gesättigter und erdhafter, was der Musik von Beethoven, Brahms, Bruckner oder Tschaikowski entgegenkommt. Die Dresdner spielen vielleicht präziser, die Leipziger temperamentvoller!

Dr. Johannes Forner,
Chefdramaturg des Gewandhauses von 1973 bis 1981

Infolgedessen hat er sich auch Spieler bei den Probespielen herausgesucht, die diesen vollen Ton mitbrachten.»

Der als Zeuge befragte Herr Denk wußte, weshalb Manko so mimosenhaft reagiert hatte: «Wir 3 haben gedient und mußten als Rekruten und oft noch viel, viel später manches uns nicht passende Wort hinnehmen. Herr Manko, dem infolge seiner Kränklichkeit diese militärische Schule erspart geblieben ist, beschwert sich einer Nichtigkeit wegen. – Ist es nicht eine Sünde, daß in einer Zeit, in der unsere gesündeste und höchstbegabte Jugend – die zuvor auch durch die Rekrutenausbildung mußte – verblüht, während in diesem Falle, einer Bagatelle wegen, Arbeitskräfte und Material vergeudet werden!»

Als die Zeit der Vergeudung von Menschen für den Krieg vorüber war, mußte auch das Gewandhausorchester neu formiert werden. Junge Musiker waren während der Kriegsjahre kaum hinzugekommen, ältere hatten sich «abgesetzt, weil sie schon immer unpolitisch waren». In diesen ersten Jahren konnte man ohne langwierige Prozedur, bereits nach einem geglückten Vorspiel, ins Orchester aufgenommen werden. Es fehlte an Musikern, aber nicht an interessiertem Publikum. Vor allem drängten auch jene zu den Aufführungen, denen die große Musik bisher vorenthalten worden war. So ist der traditionsreichen Einrichtung ganz natürlich ein neues Publikum erwachsen, ein Vorgang, den die neue Macht im Staate nach Kräften unterstützt hat. Die ersten Aktivisten erhielten zu ihrer Auszeichnung auch einen Ausweis, der ihnen den Besuch von Kulturveranstaltungen, inklusive der Gewandhauskonzerte, zum halben Preis ermöglichte.

Jetzt geht bei der Aufnahme neuer Musiker ins Orchester wieder alles geordnet zu. Sehr gut geordnet und vorsortiert. Die Absolventen unserer Musikhochschulen erfahren nach einem Vorspiel in der Schule, wer von ihnen die Erlaubnis erhält, sich um eine Stelle in einem Sonderklasseorchester bewerben zu dürfen. Dort erwartet sie dann ein weiteres Vorspiel. Als dessen Vor-Vorspiel hat jeder Bewerber ein Konzert zu spielen; danach wird dann ausgesucht, wer ins Haupt-Vorspiel

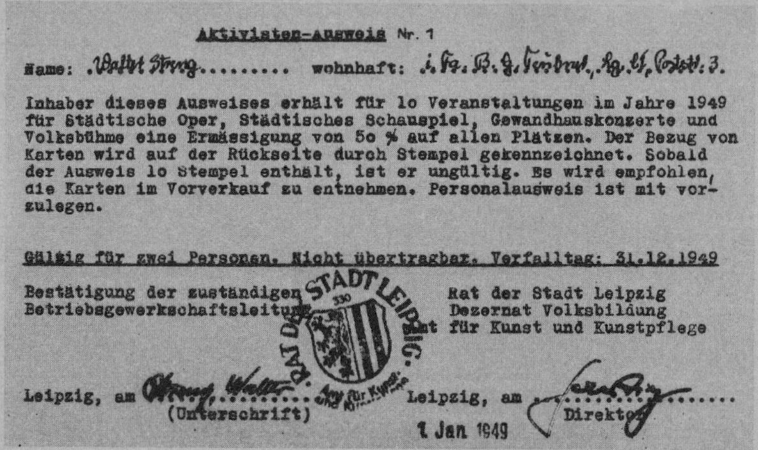
Aktivisten-Ausweis Nr. 1

Name: .[illegible]......... wohnhaft: [illegible]

Inhaber dieses Ausweises erhält für lo Veranstaltungen im Jahre 1949 für Städtische Oper, Städtisches Schauspiel, Gewandhauskonzerte und Volksbühme eine Ermässigung von 5o % auf allen Plätzen. Der Bezug von Karten wird auf der Rückseite durch Stempel gekennzeichnet. Sobald der Ausweis lo Stempel enthält, ist er ungültig. Es wird empfohlen, die Karten im Vorverkauf zu entnehmen. Personalausweis ist mit vorzulegen.

Gültig für zwei Personen. Nicht übertragbar. Verfalltag: 31.12.1949

Bestätigung der zuständigen Betriebsgewerkschaftsleitung

Rat der Stadt Leipzig
Dezernat Volksbildung
Amt für Kunst und Kunstpflege

RAT DER STADT LEIPZIG.

Leipzig, am .... (Unterschrift)

Leipzig, am .... Direktor

1 Jan 1949

darf. Für dieses bekommen die Gewandhausmusiker in spe je zehn Orchesterstellen zugeschickt, die sie, je nach Genie, üben, üben und üben können. Zwei weitere erfahren sie erst kurz vor dem entscheidenden Moment. Wer das alles musikalisch und nervlich am besten durchsteht, der wird genommen, egal ob Mann, ob Frau. So

Die Frauen sind sehr ehrgeizig, und wir haben in den letzten Probespielen doch sehr viel gute Frauen zu uns bekommen. Wir waren erst skeptisch, aber wir haben dann doch festgestellt, daß sie auch die schwierigsten, die anstrengendsten Reisen bei uns sehr gut durchhalten.

Horst Sannemüller,
stellv. 1. Konzertmeister
und Vorsitzender der Betriebsgewerkschaftsorganisation
1982

hatten bis 1982 immerhin 11 Frauen den Sprung unter die 175 Männer geschafft. Die 189 Musiker – 3 Solisten, unter ihnen ebenfalls eine Frau: die Sängerin, mußt Du noch hinzuzählen – spielen natürlich nicht alle gleichzeitig am selben Ort. Gewandhausdirektor Dr. Zumpe hat einmal aufgeschrieben, wie die Praxis aussieht: «Ein Beispiel, was ein so großer Klangkörper zu leisten vermag, stellte der 23. September 1977 dar. An diesem Tag führte ein Teil mit den Thomanern in Tokio das Weihnachtsoratorium auf, eine andere Besetzung spielte die Premiere von ‹Eugen Onegin› im Leipziger Opernhaus, und unter Leitung des Gewandhauskapellmeisters erklang zum Warschauer Herbst die 1. Sinfonie von Schostakowitsch. Allein 38 erste Violinen waren dafür notwendig.»

Mal abgesehen davon, daß eine Posaune auch Zahnschmerzen haben kann oder eine Geige

Brief des Vizeconcertmeisters Curt Hering, Sekretär des Orchesters, an das Theater- und Musikamt der Stadt Leipzig vom 23.9.1913

Leipzig ist bisher auf sein Orchester stolz gewesen und hat es gern gelegentlich grosser Congresse den Fremden vorgeführt und das Orchester hat den Ruf Leipzigs als Musikstadt stets gerechtfertigt, wenn wir aber weiterhin so abgearbeitet werden, können wir für unsere fernere künstlerische Qualität keine Garantie mehr bieten, das verbietet einfach schon die rein körperliche Anstrengung, die unser Beruf mit sich bringt.

Aber das ist noch nicht unsere schlimmste Erfahrung, das entschieden unwürdigste für uns ist das Verlangen, im Operettentheater spielen zu müssen.

Wir können wohl sagen, dass wir uns dieser Tätigkeit direkt schämen müssen. Die räumlichen Verhältnisse sind derart unwürdig, dass ein Orchester, das auf seinen künstlerischen Ruf hält, ja denselben sich mit wahrer Eifersucht zu erhalten strebt, dort nicht arbeiten kann. Die Sitzweise des Orchesters, die Akustik und anderes verhindern eine tonschöne Aufführung. Ein Orchester, das heute im Gewandhaus oder Opernhaus in hochkünstlerischer Weise wirkt und morgen dazu verdammt ist, in solchen Verhältnissen Dienst direkt niederer Art zu tun, wäre seiner selbst nicht würdig, wollte es sich zu solcher Arbeit herabwürdigen lassen. Wir sind es unserer Ehre schuldig, zu erklären, dass wir diesen Dienst ferner nicht ausführen werden.

Aehnlich verhält es sich mit dem Alten Theater ... Kein Aufenthaltsraum, kein Garderobeschrank, wo wir etwas verschliessen könnten. Wir fühlen uns auch hier nicht wohl, wir fühlen uns nicht als Musiker, sondern als Musikanten.

(72 Unterschriften)

Nachwuchs bekommt, immerhin haben schon sieben der elf Gewandhausdamen zusammen acht Kinder, fehlen auch einige aus langfristig geplanten, strategischen Gründen, denn «Musiker sind gute Kanoniere». Jedenfalls behauptete das Anfang April 1982 die «Leipziger Volkszeitung» in einer Reportage über den Grundwehrdienst von Udo Hannewald, der zuvor im Gewandhaus am letzten Pult der 2. Violinen gesessen hatte.

Komisch, bei Nachwuchs denkt man immer nur an die Musiker, aber auch Dirigenten waren ja mal Nachwuchs. Der jetzige Gewandhauskapellmeister wäre einmal beinahe von der bunten Nachwuchswiese gejagt worden. In einer 1976 erschienenen Biografie steht über ihn – in Klammern – der hintergründige Satz zu lesen: «Das Musizieren in studentischen Tanzkapellen brachte neben dem ersten selbstverdienten Geld auch erste nützliche Erfahrungen der musikalischen Praxis.» Da kann sich nun wieder jeder etwas schön Positives dabei denken, dabei hätte es ihm beinahe den Rausschmiß aus der Musikhochschule in Leipzig gebracht, und wir hätten heute einen Weltstar weniger. Da hatten sich doch fünf Studenten des ersten Nachkriegsmatrikels einfallen lassen, ihre Band ausgerechnet «Mendelssohn-Rhythmiker» zu nennen. So pfiffig das uns

NEUES GEWANDHAUS LEIPZIG

Gewandhaus zu Leipzig

Gewandhausfesttage

Junge Künstler

international

Freitag, den 8. Oktober 1982, 20.00 Uhr

— Großer Saal —

Saalempore links

Eingang J Reihe 3 M 20,— Sitz 3

auch heute klingen mag, nach den braunen Schmähungen gegen den großen, geschändeten Musiker war man gerade in diesem Punkte sehr sensibel. Aber auch nicht übertrieben dogmatisch; Kurt Masur und seine Freunde kamen mit einer Verwarnung wegen Mißbrauchs des Namens Mendelssohn davon.

Felix Mendelssohn Bartholdy hätte in seiner glücklichen Zeit sicherlich nichts gegen diese etwas respektlose Ehrung einzuwenden gehabt. Ob ihm wohl die offizielle Feier seines 175. Geburtstages gefallen hätte?

Zu 11 Uhr war eine «Kranzniederlegung» an seinem Denkmal angesagt, es soll sogar auch in einer Zeitung gestanden haben. Gelesen haben es wohl wenige, denn ich bin der einzige «Freiwillige» bei dieser Angelegenheit: Als erste sind die Männer von der «Aktuellen Kamera» da und gucken recht mißmutig in die Welt, weil an dem Gesträuch rings um die Mendelssohn-Stele nicht das kleinste Zipfelchen verhüllenden Grüns zu finden ist. Dann trudelt auch «das musikalische Leipzig» ein: der Erbelektor vom Musikverlag, der Thomaskantor, Vertreter der Parteien und Behörden, der stv. GD NFG JSB DDR, der Stadtrat für Kultur, der Gewandhausdirektor und die Fotografin – der Gewandhauskapellmeister gastiert noch in Amerika. Schließlich die Prozession von etwa 30 Studenten der einst von Mendelssohn gegründeten und heute unter seinem Namen lehrenden Hochschule, voran fünf Lehrer mit steifem Kranz und festlich gefaßten Gesichtern. Für die Kamera nehmen alle Kranzträger drei Schritt Anlauf, sodann das stumme Niederlegen der Gebinde, das obligate Ordnen der Kranzschleifen, Aufstellung wie beim Fußball in der Freistoßmauer, als befürchte man eine Reaktion des teuren Toten. – Aber hat er nicht eigentlich Geburtstag? Wäre nicht, trotz Februar, ein Ständchen angemessener? Vielleicht im Gewandhaus? Dort wird in dieser Saison, wegen des hohen Anlasses, ein Mendelssohn-Zyklus aufgeführt, aber heute abend gibt es Brahms und

Sibelius. Nichts gegen diese beiden, aber Mendelssohns Geburtstag ist nun mal heute! Tröstlich, daß eine «Nachfeier» vorgesehen ist, sobald der Gewandhauskapellmeister wieder in Leipzig sein wird. Nationale Jubiläen und internationale Verpflichtungen sind auch im Gewandhaus nicht so einfach unter einen Hut zu bringen.

Mendelssohn war der Komponist der Gebildeten, der vornehmen Gesellschaft. Das drückte seinen Kompositionen einen unverkennbaren Stempel auf. Er schrieb vornehm; auch wo er leidenschaftlich wurde, blieb er maßvoll, er liebte die elegante Schreibart und wurde dadurch – vornehmlich mit seinen poetisch feinen «Liedern ohne Worte» der Ausgangspunkt der Salonkomposition im besten Sinne des Wortes. Seine für das musikalische Leben jener Tage ebenso wichtige als einflußreiche Thätigkeit konzentrierte sich in Leipzig, das hauptsächlich durch ihn eine führende Stellung in der damaligen Musikwelt errang. Leipzig, die alte Handelsstadt, wurde nun mit den von Mendelssohn geleiteten Gewandhauskonzerten der Mittelpunkt des deutschen Musiklebens, selbst Wien, das seit den Tagen Haydns, Mozarts und Beethovens diese Stellung innegehabt hatte, mußte dagegen zurücktreten.

Friedrich Walter
in: Das XIX. Jahrhundert in Wort und Bild
1898

Einige Leute waren sogar heftig darob verwundert, daß von dem Geburtstag überhaupt offiziell Notiz genommen worden ist. Hatten sie doch am 125. Todestage Mendelssohns, am 4. November 1972, jenen Kranz gesehen, auf dessen Schleife der Spender die sehr endgültig klingende Versicherung hatte in Gold prägen lassen:
Letzter Gruß. Rat der Stadt Leipzig

Beruhigenderweise gelingt das, was im Offiziellen so verkrampft wirkt, «in Familie» noch immer sehr herzlich. Die Hochschule für Musik «Felix Mendelssohn Bartholdy» hatte eine Geburtstagsfeier arrangiert, an der der Jubilar gewiß seine helle Freude gehabt hätte. Während Musikstudenten einen Begrüßungskanon von Moritz Hauptmann sangen, stellte jeder der im sich anschließenden Geburtstagskonzert Mitwirkenden eine Blume – und das trotz Februar! – unter das große Porträt Mendelssohns, mit dem der Kammermusiksaal der Hochschule geschmückt war. Von Theodor Kirchner, der im Gründungsjahr 1843 als erster Schüler in den Annalen des Konservatoriums verzeichnet steht, erklangen zwei «Gedenkblätter» auf dem Klavier, und Romelia Lichtenstein, die im Februar 1984 als letzte Studentin in der Matrikel eingeschrieben war, sang Lieder von Mendelssohn. Dazwischen wurden, jeweils mit persönlichen Worten vorgestellt und miteinander verknüpft, Kompositionen von Freunden und Schülern, zumindest aber von Zeitgenossen des Geehrten aufgeführt. Auch eine richtige Tischrede, anstelle der offiziell-üblichen Laudatio, fehlte nicht.

So feierte «das Kind» Hochschule für Musik seinen «Vater» Felix Mendelssohn Bartholdy an dessen 175. Geburtstag!

P.S.
Lieber Freund,
ich fürchte, die schlichte Buchstabenkombination gegen Ende meines Briefes hat Dir ihren tiefen Sinn nicht gänzlich offenbaren können. Damit Du nun nicht mutmaßen mußt, ein «großer Unbekannter» wäre hier bei uns in Leipzig gewesen, sei Dir dieses Kurzdeutsch auch in einer dechiffrierten Version mitgeteilt: Es verbirgt sich dahinter niemand anders als der Stellvertretende Generaldirektor der Nationalen Forschungs- und Gedenkstätten «Johann Sebastian Bach» der Deutschen Demokratischen Republik.

Fünfzehnter Brief, der von Reisen, ihren Ursachen und schlimmen Folgen berichtet

Lieber Freund, ich bin in meinen Briefen schon mehrmals auf die Reisen des Gewandhausorchesters zu sprechen gekommen. Um Dir eine Vorstellung von der Weltläufigkeit und der Weltgeltung der Leipziger Musiker zu geben, muß ich in diesem Zusammenhange einmal etwas ausführlicher werden.

Zunächst stand für viele Jahrzehnte die Frage, ob und wohin gereist werden sollte, für das Orchester gar nicht zur Debatte. Wer von dessen Ruhm gehört hatte und es dabei aber nicht bewenden lassen wollte, der mußte eben nach Leipzig reisen. Schließlich finanzierten die Leipziger Kaufleute ihre Musik ja nicht, damit sich andere daran ergötzten.

Außerdem scheint das Reisen Gefahren zu bergen, die geeignet sind, die fest gefügte Ordnung einer Societät ins Wanken zu bringen. «Haben die Orchestermitglieder das Herumreisen einmal angefangen, so werden sie Gefallen an der Abwechslung finden und Wiederholung verlangen. Die Folgen aber der Verflachung und die Lockerung der Disziplin werden nicht ausbleiben», argumentierten die Herren der Konzertdirektion, als im Jahre 1896 ein Abstecher ins 40 Kilometer entfernte Halle erwogen wurde.

Zur Frage des Konzertes in Hannover möchte ich bemerken, dass ich persönlich nur froh sein würde etwas weniger Arbeit zu haben und gerne darauf zu verzichten bereit bin. Ein anderer Gesichtspunkt aber ist vielleicht zu berücksichtigen: dass nämlich höchste Zeit wäre das Leipziger-Gewandhaus-Orchester auch an anderen Stellen als nur in Leipzig hören zu lassen, um seinen alten Ruhm zu wahren und zu mehren und dass erwiesener Massen von solchen kleinen Ausflügen eine ganz unglaubliche Auffrischung und Arbeitsfreudigkeit bei einem Orchester erzeugt wird. Somit würde ich es aus den erwähnten Gründen im Allgemeinen begrüssen, wenn das Konzert in Hannover zustande käme, muss allerdings bemerken, dass 76 Herren für eine gute Orchesterleistung mit klassischem Programm notwendig wären.

aus einem Brief des
Gewandhauskapellmeisters Bruno Walter
an den Rat der Stadt Leipzig
vom 16.6.1930

Wenn jemand reisen durfte, dann der Dirigent oder ausgesuchte Solisten und manchmal auch nur die Instrumente. Das reicht auch schon aus, um Unordnung ins Gefüge zu bringen. Beispielsweise Mendelssohn, das war so ein Vielreiser: mal an den Rhein, mal nach England, dann wieder nach Berlin. Ihm zuliebe war die gestrenge Konzertdirektion sogar bereit, selbst ein planmäßiges Abonnementskonzert um drei Tage vorzuverlegen, damit der Frischverlobte ein paar Tage länger Zeit für sein Fräulein Braut in Frankfurt hätte. Zwar hat sich der «voyageur d'amour» mit einer nicht enden wollenden freien Improvisation am Klavier für seinen Urlaubsschein bedankt, aber erwünscht waren solche Extravaganzen nicht. Denn was ist die Folge davon, daß die Leute in der Weltgeschichte herumreisen? Sie lernen andere Leute kennen und provozieren somit Gegenbesuche, die unsere Künstler unnötig von ihrer verantwortungsvollen Tätigkeit zur Erfüllung des Spielplanes abhalten. Manch ein Besucher scheint dann darauf auch noch stolz zu sein, wie der Märchenausdenker Hans Christian Andersen, der von seinem Besuch in Leipzig gleich in aller Welt herumschreiben mußte:

«In Leipzig lebte damals *Mendelssohn-Bartholdy*, dem ich einen Besuch schuldete. *Collins's* Tochter und deren Gemahl, Etatsrath *Drewsen*, hatten mir ein Jahr vorher Grüße von ihm überbracht. Auf einer Rheinfahrt begriffen, hörten sie, er sei an Bord. Da sie seine Compositionen hochverehrten, sprachen sie ihn an. Sobald er erfuhr, sie seien Dänen, fragte er sofort, ob sie *Andersen* kennen. ‹Ich betrachte ihn als meinen Bruder›, antwortete Frau Drewsen. Er erzählte ihnen, man habe ihm während einer Krankheit meinen ‹Geiger› vorgelesen, welches Buch ihn so interessirte, daß er mich liebgewann. Er bat meine Landsleute, mich von ihm zu grüßen und mir zu sagen, ich möge ihn, falls ich einmal nach Leipzig kommen sollte, gewiß besuchen. Da ich nun blos einen Tag in Leipzig bleiben wollte, ging ich sofort zu *Mendelssohn* und als ich ihn nicht zuhause traf, ins Gewandhaus, wo er eine Concertprobe leitete. Statt meinen Namen zu nennen, ließ ich mich als ein Reisender melden, der ihn ganz besonders zu begrüßen wünsche. Aergerlich, weil gestört, kam er herbei und sagte: ‹Ich habe nicht viel Zeit; hier kann ich eigentlich mit *Niemandem* sprechen.› – ‹Sie haben mich selbst eingeladen›, erwiderte ich, ‹und ich möchte nicht durch Ihre Stadt reisen, ohne Ihre Bekanntschaft zu machen.› – ‹Sie sind *Andersen*!› rief er aus und schien freudig überrascht. Er umarmte mich und ich mußte der Probe beiwohnen. Er lud mich zu Tische, doch konnte ich nicht annehmen, weil ich bereits einem älteren Freunde, dem Verleger *Brockhaus*, zugesagt hatte, bei ihm zu speisen, und bald nach Tische ging der Postwagen ab, der mich nach meinem nächsten Ziel bringen sollte. Ich mußte *Mendelssohn* versprechen, mich auf der Rückreise wieder in Leipzig aufzuhalten, damit wir länger beisammen seien. Ich hielt Wort.»

Als Mendelssohn in Leipzig seinen Lobgesang aufführte, nachdem er ihn kurz vorher in Berlin aufgeführt hatte, und in der Thomaskirche Probe abhielt, begann der Posaunist Queißer mit dem nachher vom Chor zu singenden Hauptthema: «Alles was Odem hat, lobe den Herrn!»

Queißers Vortrag entsprach aber den Erwartungen Mendelssohns nicht ganz; er klopfte aufs Pult und sagte: «Herr Queißer, so habe ich's in Berlin auch gehört; von Ihnen verlange ich's besser.» Das wirkte wie elektrisch auf den Bläser.

mitgeteilt von Bernhard Klemm,
Musikalienhändler,
im Leipziger Kalender
1906

Mendelssohns später Nachfolger Arthur Nikisch, der gleichzeitig Gewandhauskapellmeister, Chefdirigent des Berliner Philharmonischen Orchesters und Dirigent der Philharmonischen Konzerte zu Hamburg gewesen ist, war so viel auf Reisen, daß man seinen Wohnsitz spottenderweise mit «im Schlafwagen zwischen Leipzig und Hamburg über Berlin» angab. Sein Nachfolger, Wilhelm Furtwängler, hat ihn darin sogar noch übertroffen. Als er am 19. März 1922 zum Gewandhauskapellmeister berufen worden war, wußten die Stadtväter wohl nicht einmal genau, ob Furtwängler überhaupt eine Wohnung in Leipzig brauchen

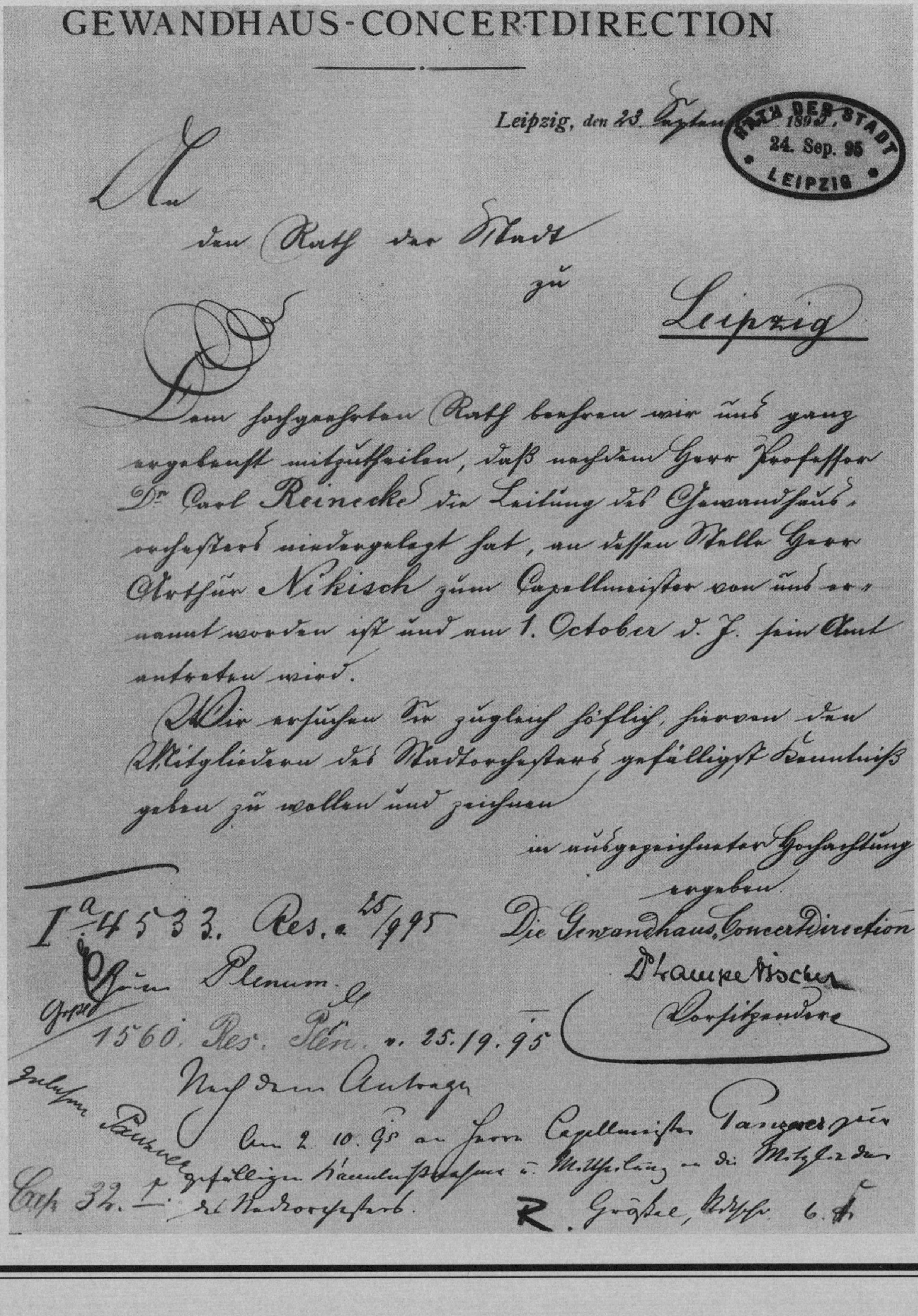
GEWANDHAUS-CONCERTDIRECTION

Leipzig, den 23. September 1895.

RATH DER STADT 24. Sep. 95 LEIPZIG

An

den Rath der Stadt

zu

Leipzig

Dem hochgeehrten Rath beehren wir uns ganz ergebenst mitzutheilen, daß nachdem Herr Professor Dr. Carl Reinecke die Leitung des Gewandhaus-orchesters niedergelegt hat, an dessen Stelle Herr Arthur Nikisch zum Capellmeister von uns ernannt worden ist und am 1. October d. J. sein Amt antreten wird.

Wir ersuchen Sie zugleich höflich, hiervon den Mitgliedern des Stadtorchesters gefälligst Kenntniß geben zu wollen und zeichnen

in ausgezeichneter Hochachtung
ergeben
Die Gewandhaus-Concertdirection
Dr. Lampe-Vischer
Vorsitzender

Iª 4533. Res. v. 25/9 95

Zum Plenum.

1560. Res. Plen. v. 25.9.95

Nach dem Antrage

Am 2. 10. 95 an Herrn Capellmeister Panzner zur gefälligen Kenntnißnahme u. Mittheilung an die Mitglieder des Stadtorchesters.

Cap. 32. I.

R. [illegible]

würde. Am 21. Dezember 1923 (21 Monate später!) schreibt der Oberbürgermeister an Herrn Max Brockhaus, den Vorsitzenden der Gewandhaus-Konzertdirektion:

«Wegen einer Wohnung für Herrn Furtwängler habe ich gestern mit Frau Professor Heineke gesprochen und diese hat von ihrer Wohnung in der Bismarckstr. drei unmöblierte Zimmer nebst Küche und evtl. noch Zubehör angeboten. Nach meinem Dafürhalten kann eine günstigere Wohnung für Herrn Furtwängler nicht gefunden werden als eine solche in der Bismarckstraße, und es erscheint im Interesse des Herrn Furtwängler nur geboten, wenn bei der häufigen Abwesenheit von Herrn und Frau Furtwängler die Wohnung nicht abgeschlossen wird, sondern noch jemand auf demselben Flur mit wohnt.»

Obwohl der Gewandhauskapellmeister dann doch eine abgeschlossene Wohnung gemietet hat, in der Hauptmannstraße 10, ist er in Leipzig nicht gerade seßhaft geworden. Wenn er unterwegs war in Europa und Amerika, von Dirigat zu Dirigat, von Erfolg zu Erfolg gejagt ist, sagten seine Leipziger Verehrer etwas betrübt: FURT ist er, WÄNGLER nur erst wieder hier wär!

Trotz aller internationaler Anerkennung, Reisen ist für eine geregelte und geordnete künstlerische Arbeit nur hemmend, wie Dir das folgende Beispiel beweisen wird: Da wurde Furtwängler aus Amerika zurückerwartet, und zwar vom kompletten Gewandhauschor! Noch vor der Abreise war für den Tag nach seiner Rückkehr eine Probe zu 19.30 Uhr angesetzt worden, aber er hatte den Termin ohne das Wetter gemacht. Als das Schiff verspätet in Hamburg einlief, war der Anschlußzug nach Leipzig längst abgefahren. Damit alles seine Ordnung habe, telefonierte Furtwängler mit einem Herren der Konzertdirektion. Dieser überbrachte die Absage dem Chor, aber der beschloß: Wir warten! Dies wiederum wurde Furtwängler mitgeteilt, und als er endlich 23.45 Uhr im Gewandhaus ankam, begann die Probe.

Eine zusätzliche Gefahr beschwört das Reisen dadurch herauf, daß es den Menschen frühzeitig verschleißt: Mendelssohn starb im 39., Nikisch im 66. und Furtwängler im 68. Lebensjahr. Der Solo-Oboist Alfred Gleißberg ist 99 Jahre alt geworden. 1954, an seinem 90. Geburtstag, wollten jüngere Kollegen von ihm einen Tip haben, was man denn tun müsse, um so alt zu werden und dabei so rege zu bleiben. Der Nestor antwortete ihnen ver-

Daß unser Meister Nikisch auch am 23. Januar (1922), an seinem Todestag, noch mit der Arbeiterschaft verbunden war, möchte ich noch erwähnen. Es streikten damals schon einige Zeit die elektrischen Straßenbahnen, da wurde ich am 23. von Nikischs Schwiegersohn, dem Schauspieler Schindler, nachmittags angerufen: «Wir hörten, daß auch die Elektrizitätswerke heute den Streik beginnen, das wäre für den kranken Meister die größte Gefahr, da er für die Herzbehandlung unbedingt die Elektrizität braucht.» Ich setzte mich daraufhin mit unserer Gewerkschaft der Gemeinde- und Staatsarbeiter in Verbindung und man erklärte mir, daß vorderhand kein Streik in Aussicht sei, sollte er jedoch wirklich ausbrechen, so würde die Gewerkschaft dafür sorgen, daß der Abschnitt, wo Nikisch wohnt, weiter mit Strom versorgt bleibt. Ich telephonierte der Familie Nikisch diesen Bescheid und er selbst ließ mir sagen, wenn er wieder gesund ist, wird er sich für das Entgegenkommen der Arbeiterschaft noch persönlich bedanken.

Das war 1/2 6 Uhr abends und 1/2 10 Uhr starb Arthur Nikisch.

mitgeteilt von Barnet Licht,
Dirigent und Leiter der Musikabteilung
des Leipziger Arbeiter-Bildungsinstituts,
Leipziger Volkszeitung
15.10.1925

schmitzt: «Das kann ich euch sagen: Immer alles hübsch in Maßen! Nicht zu viel gegessen, nicht zu viel getrunken, nicht zu viel geliebt und nicht zu viel gearbeitet. Im Sommer nicht nach Bayreuth, sondern hübsch in die Ferien!»

Zwei Klarinettisten fuhr'n nach Bayreuth
der Eine war dumm, der Andre gescheut
doch als der «Parzival» war um
da war auch der Andre dumm!

Bleistiftnotiz in der
Baßklarinettenstimme zu Wagners Parsifal
um 1920

Wenn Du denkst, die heutigen Reisen des Gewandhausorchesters wären Ferienreisen, dann irrst Du. Bei einer der letzten Tourneen durch die USA hatten die Musiker nach 16 «Diensten» ihren ersten freien Tag. Doch ist auch ein solcher Tag noch keine Garantie für unbeschwerte Erholung; Unkenntnis der Landessitten beschwört ungeahnte Gefahren herauf. Da machte sich eine Gruppe von Musikern auf den Weg, um die Tagegelddollars in einem Supermarket ökonomisch umzusetzen. Der lag zwar in Sichtweite des Hotels, war aber wegen der Weitläufigkeit selbst kleinerer amerikanischer Städte doch erst nach einem mehrminütigen Fußmarsch zu erreichen. Während die Männer dann die von ihnen überlegt gewählten Waren in die Einkaufswagen legten, wurden sie von den wie erstarrt stehenden Kunden und dem Personal nicht aus den Augen gelassen. Verwirrung entstand indes erst dann, als sie an der Kasse bezahlen wollten. Die Kassiererin verstand die Welt nicht mehr: Wieso wollen die bezahlen? Da verstanden auch die Musiker die Welt nicht mehr: Wieso wollen die kein Geld von uns? Aufklärung brachte das Gespräch mit dem hereinstürzenden Polizisten, war doch das Konzert des Gewandhausorchesters *das* Stadtgespräch. Man hatte die Gewandhäusler für entflohene Zuchthäusler gehalten, da sie, entgegen landesüblicher Gepflogenheiten, zu Fuß gekommen waren.

Nicht ganz so schnell klärte sich eine Angelegenheit auf, in die die Gewandhaussängerin, Frau Regina Werner, in Spanien verwickelt war. Ein Gastspiel hatte die Solistin mit dem Thomanerchor am 24. Februar 1981 nach Valencia geführt. Auf dem Programm standen drei Kantaten von Bach. Kaum, daß deren zweite begonnen hatte, kam ein Saaldiener zur ersten Reihe geschlichen, in der die Honoratioren der Stadt saßen, und tuschelte ganz unauffällig mit einem der Herren. Dieser erhob sich sodann und verließ den Saal. Wenig später nahte der Saaldiener erneut, redete mit zwei weiteren Herren, die ebenso still und leise den Saal verließen. Während des Baß-Rezitativs setzte dann eine regelrechte Saalflucht ein, die eine Unterbrechung des Konzertes erzwang. Du wirst Dir vorstellen können, daß die Leipziger Sängerbuben, ihr Kantor und die Solisten einer gewissen Verunsicherung anheimfielen. Die im Saal verbliebenen Spanier wollten die Kantate aber bis zum Schluß hören, also sang man – trotz allem – weiter. Der Applaus war zwar herzlich, aber doch etwas dünn, auch klang er wie gehetzt. Und ohne das Ende des Konzertes abzuwarten, die Kantate «Ich hatte viel Bekümmernis» stand symbolischerweise noch auf dem Programm, lief der Rest der Zuhörer davon. Da kam mit betretenem Gesicht der Herr von der spanischen Konzertagentur zur Bühne geeilt, um den Musikern zu erklären: Nein, nein, das habe gar nichts mit ihnen zu tun, es wäre ihm furchtbar peinlich, aber in der Stadt sei etwas Schreckliches geschehen – ein Militärputsch. Es sei eine Ausgangssperre ab 21.00 Uhr verhängt, deshalb hatten die Leute alle gehen gemußt. Im Moment sei die Lage noch völlig undurchschaubar, aber alle sollten Vertrauen haben, die Agentur werde alles tun, um ihre Gäste zu schützen und sicher nach Madrid zu bringen. Es wurde eine lange Nacht mit lautem Herzklopfen, aber die Busse schafften den Weg durch das militante Chaos zum Bahnhof, der Zug fuhr planmäßig, und am folgenden Tag wurde das Gastspiel in Madrid regulär fortgesetzt. Lediglich die vereinbarte Fernsehübertragung des Konzertes fiel wegen des Putsches aus.

Das schönste Erlebnis während der Auslandsgastspiele hatten wir in Argentinien. Als uns die Leute in Buenos Aires auf der Straße erkannten, kamen sie zu uns gerannt, wir wurden umringt, umarmt und geküßt.

mitgeteilt von Orchestermitgliedern

Das Schönste am Reisen ist – aber dieser Satz wurde schon Dutzende Male so originell fortgesetzt, daß Du einen passenden Schluß in jeder beliebigen Aphorismensammlung findest. Jedenfalls ist es auch sehr schön, wenn man etwas mitbringt. Sich und anderen. Der Chef, oder «der Alte», wie ihn die Musiker nennen, brachte sich – seine Frau mit. Im Jahre 1974 hat Professor Masur in Brasilien, er ist dort Ehrenmitglied des Orchestra Sinfonica Brasileira Rio de Janeiro, die Japanerin Tomoko Sakurai kennengelernt: «Sie saß vor mir als Bratscherin im Orchester, und da hatte ich sie immer im Blickfeld.»

Die schöne Bratscherin sitzt hier in Leipzig allerdings nicht mehr im Orchester, sie hat zusätzlich noch Gesang studiert und singt gerade im benachbarten Altenburg die «Madame Butterfly». Zudem sorgt sie dafür, daß wir in Leipzig ab und zu mal Musik aus ihrer Heimat hören können, gespielt auf der Koto, der Shamisen oder der Shakuhachi. Der Klang dieser Instrumente ist für uns genauso ungewohnt wie ihr Name.

Daß in der Musikstadt selbst ein recht bekanntes Instrument, sobald es verpackt ist, nicht ohne weiteres von jedermann identifiziert werden kann, belegt eine Geschichte, die sich um das Jahr 1910 zugetragen haben soll: Nach einer Probe wartete Professor Klengel mit seinem wohlverpackten Cello an der Straßenbahnhaltestelle. Als ein Wagenzug der «Blauen» hält, will er, sein Instrument voran, einsteigen. Doch der Schaffner vertritt ihm den Eingang. «Mit dem Kontrabaß können sie nicht mitfahren!» – «Na, hören Sie, das ist doch kein Kontrabaß, das ist ein Cello.» – «Da hört sich doch alles auf! Wollen Sie mich auf den Arm nehmen? Ich kann einen Kontrabaß von einem Cello unterscheiden! Geben Sie den Eingang frei!» So putzte der Schaffner den unerkannten Virtuosen herunter, bimmelte, und die Bahn fuhr weiter. Ohne Klengel. Dieser ging voller Wut in die nahegelegene Bosestraße, zur Direktion der Großen Leipziger Straßenbahn, wo er den empörenden Vorfall berichtete. Auf diese Beschwerde hin wurde ihm eine Bescheinigung ausgestellt:

«Herr Prof. Julius Klengel, Solo-Cellist des Gewandhausorchesters zu Leipzig, ist berechtigt, sein Violincello, welches *kein Kontrabaß* ist, auf der Großen Leipziger Straßenbahn mit sich zu führen.»

Das Cello war persönliches Eigentum von Professor Klengel; Instrumente, die der Stadt gehörten, wurden bisweilen auch an «Fremdnutzer» ausgeliehen. Zum Leidwesen der Musiker, wie Du Dir denken können wirst. So trug der Oboist Herr Heinze dem Musikausschuß der Stadt die Bitte vor, «aus hygienischen Gründen, das von ihm gespiel-

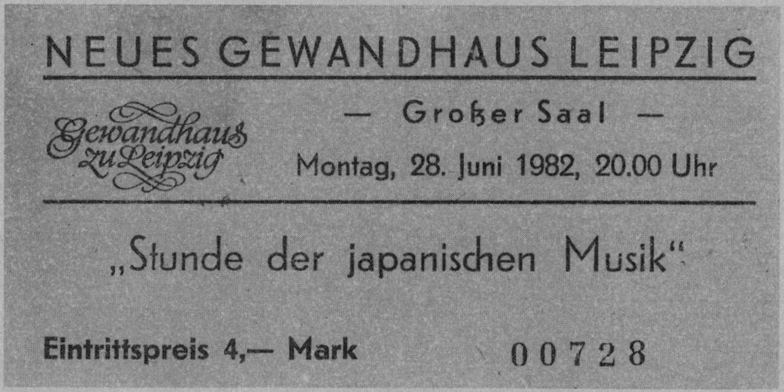
NEUES GEWANDHAUS LEIPZIG

Gewandhaus zu Leipzig

— Großer Saal —

Montag, 28. Juni 1982, 20.00 Uhr

„Stunde der japanischen Musik"

Eintrittspreis 4,— Mark

00728

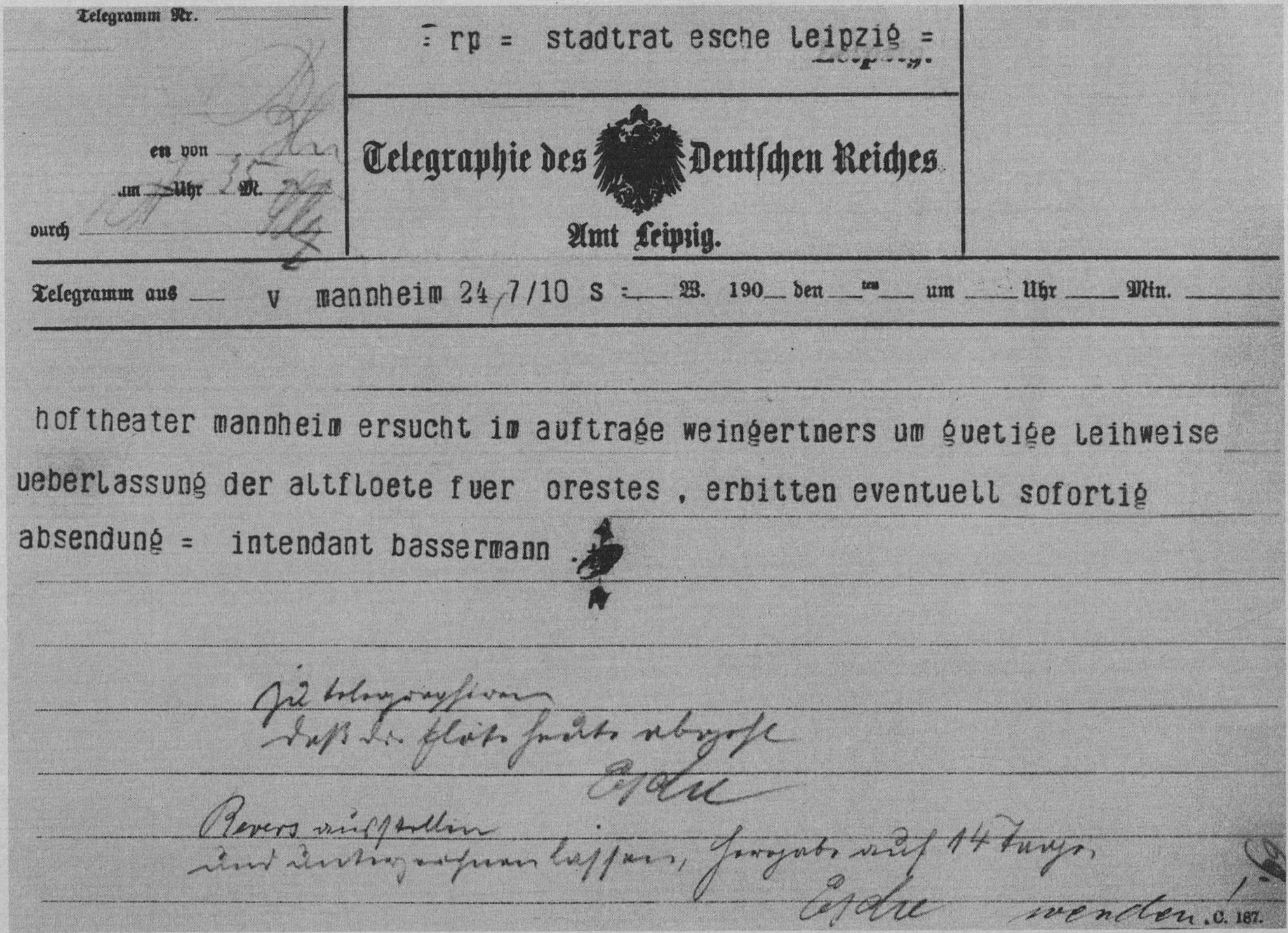

Telegramm Nr.

= rp = stadtrat esche leipzig =

Telegraphie des Deutschen Reiches

Amt Leipzig.

an von

um Uhr M.

durch

Telegramm aus v mannheim 24/7/10 s = W. 190 den ten um Uhr Min.

hoftheater mannheim ersucht im auftrage weingertners um guetige leihweise ueberlassung der altfloete fuer orestes , erbitten eventuell sofortig absendung = intendant bassermann .

C. 187.

te Dienstinstrument Oboe d'amore *nicht* – wie erst vor kurzer Zeit geschehen – an andere Musiker zu verleihen».

Daß das Gewandhausorchester nach «von oben» auferlegter Reiseabstinenz plötzlich doch Fracks und Instrumente zu seiner ersten Konzerttournee einpacken konnte, lag daran, daß es «noch viel obere» Interessen gab.

Der Krieg, auf den der deutsche Kaiser im Oktober 1913 im Gewandhaus, beim Bankett zur Einweihung des Völkerschlachtdenkmals, schon spekuliert hatte, war zum Weltkrieg ausgeufert. Die Rolle, die das deutsche Kaiserreich dabei spielte, wurde vor allem auch in den neutralen Ländern so realistisch gesehen, daß es das Auswärtige Amt für notwendig hielt, «die deutsche Propaganda allenthalben weiter auszubauen … Umsomehr ist es dringend erwünscht, daß Deutschland die ihm auf diesem Gebiete zur Verfügung stehenden überlegenen Mittel ohne Zögern einsetzt. Insbesonders kann es hier auf die Wirkung der deutschen Musik rechnen.» So war denn die erste Konzertreise des Gewandhausorchesters nicht schlechthin eine Reise, sondern eine Mission! Die hohen Herren in Berlin haben die Aktion als ganz normale Konzerttournee getarnt, indem sie den

Berliner Musikverlag Fürstner beauftragten, die Unternehmung zu «decken». Dessen Vertreter nun bietet den Leipzigern eine «Pauschale von *10000M* als Ablösungs-Summe für die Diäten der Orchestermitglieder» und fordert, in Abstimmung mit dem Grafen Kessler vom Auswärtigen Amt, daß «die Orchestermitglieder über den Zweck des Gastspiels möglichst spät orientiert würden und dann auch nur insoweit, daß Sie den Herren mitteilen, ein hiesiges Konsortium will aus patriotischen Gründen die Verbreitung der deutschen Musik und damit der deutschen Kultur in der Schweiz unterstützen».

Trotz aller «Rücksicht auf den vaterländischen Zweck des Unternehmens» sieht man in Leipzig aber auf den ersten Blick, daß die «achttägige Beurlaubung des Stadtorchesters für die Stadtgemeinde einen beträchtlichen Einnahmeausfall bedeutet». Und bei einem Wort wie «Pauschale» stutzt man sofort, denn daß der Zahlungspflichtige damit für sich etwas gutzumachen sucht, weiß man in einer Handelsstadt natürlich. Also muß man deutlich werden, Konzertmeister Hering schreibt am 5. Oktober 1916 an die Tarn-Agentur:

«In unserer am 27. September stattgehabten Besprechung wurde die Kostenfrage des Unternehmens wohl eingehend beraten, jedoch kann meines Wissens von einer ‹Vereinbarung› nur in dem Sinne die Rede sein, dass die Mitglieder des Gewandhausorchesters in Anbetracht der sonst entstehenden enormen Schwierigkeiten, das bedeutungsvolle Unternehmen zu finanzieren, auf ein Honorar verzichten und sich mit Tagesgeldern begnügen würden.

Die Höhe der Ablösungssumme wurde nicht festgelegt, sondern ich versprach nur zu prüfen, ob mit einer Auslösung von 12 M täglich – Ihr Vorschlag war 10 M – gerechnet werden könne. Es dürfen bei der Bemessung der Höhe der Diäten folgende Punkte nicht ausser Betracht gelassen werden: 1. Die Valuta: 1 Fr. = 1,10 M und 2. der Zweck des Unternehmens, der erfordert, dass das Gewandhausorchester nicht nur ‹künstlerisch› auf das glänzendste abschneidet, sondern dass seine Mitglieder auch in der Lebensweise und der ganzen Art des Auftretens eine Form wahren müssen, die dem Rufe des berühmten Instituts, an dem sie wirken, entspricht und die sie vor allem vor herabsetzender Nachrede schützt. Kleinliches Wesen wäre hier nicht am Platze. Es wird sich aus diesem Grunde auch notwendig machen, dass die Fahrt, zum mindesten innerhalb der Schweiz, II. Klasse geschieht.

Wenn's auf der Weltbühne nicht klappt,
fällt das Orchester ein.

Karl Kraus
1909

Weiterhin kommt in Betracht, dass – wie alljährlich – das Orchester sich auch diesmal dem Leipziger Bach-Verein zu einem Kirchenkonzert zugesagt hatte, das den Mitgliedern einen Verdienst von 25–50 M eingebracht hätte, nun aber abgesagt werden musste. Ferner muss als sehr wesentlich der Verlust bezeichnet werden, den die Herren des Orchesters, die zum Teil Lehrer am Königlichen Konservatorium für Musik und zumeist auch Privat-Musiklehrer sind, durch Stundenausfall innerhalb der 9 Tage erleiden.

Ziehe ich alle diese Punkte zusammen und stelle noch die Ausgaben für Saiten, Rohre usw. in Berechnung, so kann ich 20 Fr. pro Kopf und Tag nunmehr als zumindest erforderlich bezeichnen.

Wie hoch sich die Kosten des Instrumententransportes in Leipzig und in den div. Städten der Schweiz belaufen werden, bin ich zurzeit nicht in der Lage festzustellen, doch wäre auch hierfür Sorge zu tragen. – Ich bitte Sie im Auge zu behalten, dass das Orchester bei alledem seine Kunst kostenlos zur Verfügung stellt.»

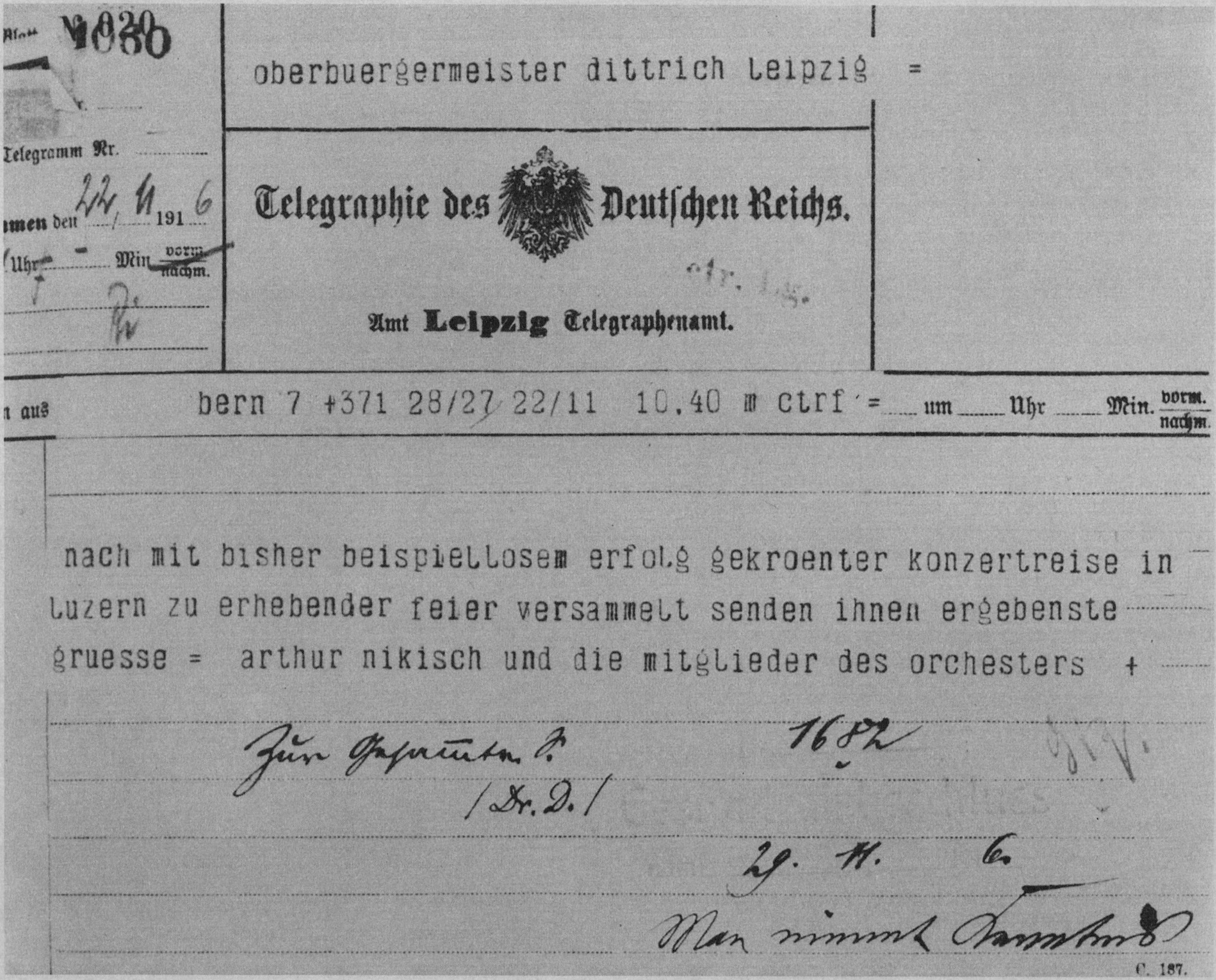

oberbuergermeister dittrich leipzig =

Telegramm Nr.

…men den 22/11 1916

Uhr Min vorm. nachm.

Telegraphie des Deutschen Reichs.

Amt Leipzig Telegraphenamt.

…n aus bern 7 +371 28/27 22/11 10.40 m ctrf = um Uhr Min. vorm. nachm.

nach mit bisher beispiellosem erfolg gekroenter konzertreise in luzern zu erhebender feier versammelt senden ihnen ergebenste gruesse = arthur nikisch und die mitglieder des orchesters +

(Dr. D.)

29. 11. 6.

C. 187.

Auch der Herr Geigenbaumeister Albin Wilfer, der gebeten wurde, «die geplante Schweiz-Reise mitzumachen», meldete Sorge an: «Da das Orchester noch niemals eine Konzertreise unternommen hat, fehlt es auch an allem zur Verpackung u.s.w. der Instrumente Erforderlichen, an dessen Herstellung und Beschaffung ich umgehend herangehen muss; dies wird in der jetzigen Zeit garnicht so einfach sein.»

Damit die «deutsche Musik in aller Gewalt und Schönheit» erklingen möge, erhielten vierzehn zum Militärdienst eingezogene Musiker für die Reise Urlaub.

Nach Abschluß all der ungewohnten Vorbereitungen begann die erste Konzertreise des Gewandhausorchesters Mitte November 1916 mit der Fahrt in einem Sonderzug von Würzburg nach Basel. Daß das Gastspiel künstlerisch ein Erfolg für das Orchester und seinen Dirigenten gewesen ist, steht außer Frage. Ob es aber auch sein propa-

Unter der Schirmherrschaft
Seiner Königlichen Hoheit des Kronprinzen Georg von Sachsen

SCHWEIZERISCHES MUSIKFEST IN LEIPZIG

Zweites Konzert im Gewandhause

Freitag, den 20. September 1918

ERSTER TEIL

Passacaglia (Fmoll Op. 6) für Orgel von OTTO BARBLAN, vorgetragen von Herrn Professor *Karl Straube.* (Barblan geb. 1860 in Scanfs, Engadin, lebt in Genf.)

Symphonie (Dmoll Op. 17) von HERMANN SUTER. (Suter geb. 1870 in Kaiserstuhl im Aargau, lebt in Basel.)

I. Nebuloso, piùttosto moderato — Allegro — Marziale e fiero. II. Capriccio militaresco, alla marcia. III. Adagio molto — IV. Sostenuto — Vivace (Rondo).

Dirigent: *Der Komponist.*

ZWEITER TEIL.

„**Verheißung**“ für gemischten Chor, Orchester und Orgel von FRITZ BRUN, gesungen vom *Bach-Verein.* Orgel: *Max Fest.* (Brun geb. 1878 in Luzern, lebt in Bern.)

Dirigent: *Der Komponist.*

Die Zukunft decket
Schmerzen und Glücke
Schrittweis dem Blicke;
Doch ungeschrecket
Dringen wir vorwärts.

Und schwer und ferne
Hängt eine Hülle,
Mit Ehrfurcht und Stille
Ruhn oben die Sterne
Und unten die Gräber.

Doch rufen von drüben
Die Stimmen der Geister,
Die Stimmen der Meister:
Versäumt nicht zu üben
Die Kräfte der Guten!

Hier flechten sich Kronen
In ewiger Stille,
Die sollen mit Fülle
Die Tätigen lohnen!
Wir heißen euch hoffen.

Goethe.

Elfenreigen für großes Orchester von FRIEDRICH KLOSE. (Klose geb. 1862 in Karlsruhe, 1889—1907 in Genf und Basel tätig, lebt in Thun und München.)

Dirigent: *Arthur Nikisch.*

gandistisches Ziel erreicht hat, wage ich nicht zu sagen; in dem Erfolgsbericht, den der Herr Dr. Baumgarten vom «Berner Intelligenzblatt» nach Leipzig kabelte, ist die Begeisterung so dick aufgetragen, daß sie mich eher mißtrauisch macht:

«... im gleichen, hochragenden, vornehmen Saale des Kasinos, wo noch vor kurzem ‹die Geschichte Frankreichs› in Lichtbildern produziert wurde, wo urteilsloses welsches Publikum sich an hohlen und unwahren Phrasen eines von der französischen Regierung bezahlten Wanderredners berauschte, sprach heute *deutsche* ‹Propaganda› zu uns. Aber welch ein Unterschied! Das war ehrliche, offene Propaganda, die ihr Publikum nicht mit aufgeputztem, leeren Krimskrams täuschte, ihm nicht mit lautem, krampfhaftem Phrasengeklingel die Sinne benebelte, sondern die uns das Höchste, Schönste brachte, was uns das stammverwandte Deutschland geben kann: *deutsche Kunst!*... Als die letzten Töne verzittert waren, erhob sich von neuem ein tosender Beifallssturm; kein Mensch dachte daran, wegzugehen, ehe er dem Meister und seinen Künstlern den Dank bezeigt hatte. Ich sah an der Galeriebrüstung Damen, die weinten. Man wollte Arthur Nikisch nicht mehr von der Bühne lassen; immer wurde er wieder gerufen, zehn, zwölf und mehr Male. Was das heißt, kann nur der ermessen, der das sonst so kühle, lauten Gefühlsäußerungen durchaus abholde Berner Publikum kennt.»

Zwei Jahre später, es weltkriegte noch immer, wollten die Schwyzer nun ihrerseits nach Sachsen kommen. Die Leipziger Konzert-Direktion versucht, dieses Vorhaben in Berlin freundlich abzuwimmeln. Man verweist darauf, daß der Interessentenkreis für Schweizer Musik «nicht all zu groß sein würde», und daß das Vorhaben «nur dann eine gewisse Aussicht auf Erfolg hätte, wenn das Auswärtige Amt selbst mit ganz gewichtigen Gründen an den Rat herantrete und den Rat außerdem ermächtige, bei der Veranstaltung selbst das politische Moment zu betonen.» Daraufhin spricht die «Kaiserlich Deutsche Gesandtschaft» in Bern Klartext: «..., indem den Schweizern gezeigt wird, dass Deutschland nicht bloss die Schweiz als Absatzgebiet für seine Kunst erobern will.» Hoppla, wofür denn sonst noch? Es ist schon so: In den kleinen Fehlern steckt oft die größte Wahrheit!

Die Schweizer hatten nicht daran gedacht, ein komplettes Orchester nach Leipzig zu schicken, lediglich einige «Tonsetzer» sollten reisen, um mit dem Gewandhausorchester ihre Kompositionen aufzuführen.

Man rang sich also schweren Herzens zum «Schweizer Musikfest in Leipzig» durch. Vorbereitungen waren zu treffen. Die «im Felde stehenden» Musiker mußten erneut reklamiert werden. Die Antworten hören sich jetzt unwilliger an, aus

Plock wird vom «Ers.-Batl. K.S. Landwehr – Inf.-Regt. Nr. 107 XIX» die Nachricht «zurückgereicht»:

«Da die zur Bataillons-Kapelle kommandierten Leute auch zum Wachdienst herangezogen werden und das Bataillon bei dem umfangreichen Dienstbetrieb (Wachen, Dreschkommandos, Gefangenentransporte, Begleitkommandos usw.) sehr unter Mannschaftsmangel zu leiden hat, können die Beantragten dienstlich nicht als abkömmlich bezeichnet werden. Außerdem ist Unteroffizier Heinze der Leiter der zum größten Teil aus ungelernten Musikern bestehenden Bataillons-Kapelle und müßte während seiner Abwesenheit

Zwei Musiker sitzen zusammen im Café. Plötzlich schaut der eine zur Uhr und sagt zu seinem Gegenüber: «Du, warte doch bitte mal zehn Minuten auf mich, ich muß mal kurz weg, um Privatstunde zu geben.»

beliebter Musikerwitz

der Betrieb der Kapelle mangels geeigneten Ersatzes vollständig eingestellt werden. Ferner soll hier Mitte September ein, von einem Offizier des Gouvernements verfaßtes Volksstück, zu dem Unteroffizier Heinze die Musik geschrieben hat, für die Garnison, die deutschen Beamten und die Rückwanderer zur Aufführung kommen. Zu dieser Theateraufführung probt die Kapelle schon seit einiger Zeit. Durch Freigabe des Unteroffiziers Heinze und des Gefreiten Nissen wären alle Mühe und alle Kosten zwecklos gewesen und somit der Garnison, den deutschen Beamten und dem Deutschtum in Polen überhaupt eine Unterhaltung genommen, auf die sie sich schon seit Monaten freuen.»

Wenn also schon das Orchester nicht ganz besetzt war, der Saal mußte es unter allen Umständen, voran die ökonomischen und die politischen, sein. Also: Werbung! Aber auch das ist nicht einfach; die Kaiserliche Ober-Postdirektion stellt sich stur: «In den Schalterräumen der Verkehrsanstalten werden grundsätzlich nur solche amtlichen Bekanntmachungen usw. ausgehängt, die sich auf den Post- und Telegraphendienst unmittelbar beziehen oder deren Zulassung vom Reichs-Postamt ausdrücklich angeordnet worden ist. (wie z. B. die vom Kriegspresseamt zur Aufklärung herausgegebenen Plakate ‹Das Europa der Zukunft› u.a.).

Die Zahl der Aushänge hat in letzter Zeit bedeutend vermehrt werden müssen, sodaß bei den meisten Postanstalten kein Platz zur Anbringung weiterer Aushänge vorhanden ist, abgesehen davon, daß die Aufmerksamkeit des Publikums durch anderweitige Bekanntmachungen von den in der jetzigen Zeit besonders wichtigen amtlichen Bekanntmachungen abgelenkt wird. Unter diesen Umständen ist die Ober-Postdirektion zur Vermeidung weitgehender Berufungen zu ihrem Bedauern nicht in der Lage, die Anbringung der Plakate, betr. das Schweizerische Musikfest, in den Schaltervorräumen der vorgeschlagenen Verkehrsanstalten zu gestatten.»

Besser spielt die Polizei mit und läßt die Organisatoren wissen, sie wolle «von der Erhebung der Anmeldegebühr den Schweizer Herren gegenüber absehen», überhaupt geben sich die Herren in Uniform gegenüber den neutralen Ausländern betont zivil: «... teilen wir mit, dass wir diese bei der Melde- und Passangelegenheit, in der schonendsten Weise behandeln werden.»

Im Gewandhaus konnte natürlich kein «Gratiskonzert» veranstaltet werden, aber es wurde für das Musikfest «kein zu hoher Eintrittspreis» ins Auge gefaßt; die geübten Rechner wußten, «daß aber andererseits auch von einem zu billigen Preis abzusehen ist, um den Charakter der Konzerte dem Orte der Veranstaltung entsprechend zu wahren.» Schließlich erwog man doch, «um den Konzertsaal unter allen Umständen zu füllen, eine größere Anzahl Freikarten» auszugeben.

Aber die Sorgen waren unbegründet, Rat der Stadt und Konzert-Direktion hätten getrost auf die Gewandhaustreue der Leipziger bauen können. Herr Ernst Hirzel, Nachkomme einer Züricher Patrizierfamilie und schweizerischer Konsul in der Messestadt, bat sofort nach Bekanntwerden der Termine «6 möglichst 7 Logen = 54 bis 63 Plätze auf der Galerie für die Schweizerkolonie zu reservieren». Und alle, alle kamen, um die selten gespielte Schweizer Musik im Gewandhause hören zu können. Das heißt, einer kam nicht; der Schirmherr des Festes, der sächsische Kronprinz, war «durch die Reise nach Sofia ferngehalten». Staatsminister Graf Vitzthum von Eckstädt erging sich beim abschließenden Bankett mit seiner Stellvertreterrede in deutsch-triefender Heldenfolklore: «Wenn wir Symbole für das deutsche Wesen suchen, so steigen die Gestalten der deutschen Heldensage vor uns auf: Hagen mit dem Schwert und Volker mit der Geige. Sie bezeichnen auch heute noch deutsches Wesen. Wenn in Schützengräben der deutsche Feldgraue die Mundharmonika spielt, so zeigt sich darin der Kern deutschen Wesens, unser deutsches Gemüt. Diese Tage sind Volker dem Spielmann geweiht, die wir in Ruhe feiern können, weil draußen Hagen, der Mann mit dem Schwerte, steht, der die Heimat schützt.»

Der Komponist Dr. Hermann Suter aus Basel dankte allen, was blieb ihm als Gast übrig, «für die Hingebung, mit der sie sich den Werken Schweizer Kunst gewidmet haben».

Wie oft und wie weit das Gewandhausorchester seither gereist ist, das schreibe ich Dir am besten in einer Tabelle auf, die, ohne daß ich ein Wort des Kommentars hinzufügen muß, garantiert eindrucksvoll ist.

Früher hieß es stets: Wer das Gewandhausorchester hören will, der muß nach Leipzig kommen. Im Zeitalter der Schallplatte ist es im Grunde kein Problem, das Gewandhausorchester an jedem beliebigen Ort, selbst in Leipzig, hören zu können. Heute besteht das Problem darin, daß diese Aufnahmen nicht nur künstlerisch, sondern auch technisch von bester Qualität sein sollen. Wenn in der Kongreßhalle Konzerte mitgeschnitten wurden, mußten deshalb Autos und Straßenbahnen umgeleitet werden. Das neue Haus steht an einem so sensiblen Verkehrsknotenpunkt unserer Stadt, daß Umleitungen oder gar Sperrungen ein totales Verkehrschaos zur Folge hätten. Diese Tatsache sprach eigentlich gegen seinen jetzigen Standort, doch Architekten und Akustiker haben so lange berechnet und geknobelt, verschalt und gedämmt, bis alle Straßengeräusche ausgeschaltet waren.

Wie so oft, siehst Du auch bei den Gewandhauswänden nur die harmonischen Oberflächen; wie's drinnen aussieht, was alles aufgewandt werden mußte, um die vibrierenden Klänge des pulsierenden Verkehrsstromes unhörbar zu machen, will ich Dir jedoch nicht vorenthalten. Stell Dir das Gewandhaus zwischen Podium und Roßplatz einmal aufgeschnitten vor, dann fändest Du, von außen nach innen gesehen:

1. eine 30 mm starke Sandsteinplatte,
2. ein anderthalb Meter dickes Luftpolster, sodann
3. 40 mm Schaumglas auf
4. einer 240 mm mächtigen Stahlbetonwand; es folgen
5. ein 2 Meter breiter Gang, also wiederum ein Luftpolster,
6. noch einmal 240 mm Stahlbeton mit
7. einer 80 mm starken Schicht Mineralwolle; hier schließt sich
8. das dritte Luftpolster von 1,80 Meter Breite an, und
9. begrenzen 36 mm starke Möbelspanplatten die Wand zum Podium hin, wobei
10. zwei Drittel dieser Wand mit 3 mm dickem Stahlblech hinterlegt sind.

Damit Du weißt, was Du Dir von unserem renommierten Orchester per Platte anhören kannst, wollte ich Dir einen Plattentip mitschicken. Na, dachte ich, frag doch direkt an der Quelle, dort gibt es sicher ein Gesamtverzeichnis aller Aufnahmen. Denkste! Gibt es nicht. Vielleicht haben die Leipziger, historisch betrachtet, ein etwas distanziertes Verhältnis zur Schallplatte. Die erste nämlich, auf der ein deutsches Sinfonieorchester zu hören ist, hat im Jahre 1913 zwar Arthur Nikisch, allerdings mit den Berliner Philharmonikern, bespielt. Als ich im Gewandhaus nach solch einer Discografie gefragt habe, meinte man, daß es sehr schön wäre, wenn es so etwas gäbe. Erfreulicherweise beließ es der Archivar des Gewandhauses, Herr Heinig, nicht beim «Man müßte», sondern er stellte tatsächlich eine zusammen.

Selbst ohne Musik interessieren sich noch massenhaft Leute für unser, für ihr Gewandhaus. Für die dort Beschäftigten ist das zwar sehr schmeichelhaft, so im Zentrum des öffentlichen Interesses zu stehen, aber eben auch sehr problematisch. Würden sie ein «offenes Haus» daraus machen, wie sollten Proben, Aufnahmen, technische Wartungen und Reparaturen erfolgen? Die Reinigung, schon jetzt nicht einfach, würde sich zu einer unlösbaren Aufgabe auswachsen. Also wird die Gewandhausdirektion wohl auch noch weiterhin mit Briefen, bittenden und barschen, freundlichen und fordernden, attackiert werden.

Es ist also gewiß richtig, was in der Zeitungsnotiz steht, die Du mir mitgeschickt hast, wenngleich mich das Wort «Besuchermagnet» in all seiner journalistischen Scheußlichkeit frösteln macht. Ich mag dieses Verbalmonster gar nicht in reales Deutsch übersetzen; oder sollte ich mir etwa vorstellen, daß die Leute, eisenfeilspangleich, an den Gewandhauswänden zappeln? Da kann ich mir das Äußere des Hauses wahrlich freundlicher dekoriert vorstellen:

Aus Cottaer Sandstein sind an der Fassade sechzig plastische Schmuckelemente angebracht worden, für die die Steinmetzen seinerzeit den liebevollen Ausdruck «Klopse» gefunden hatten. Als Freund der Heraldik wirst Du darin mühelos modern aufgefaßte Kartuschen erkennen, worauf sich die Wappen all jener Länder unterbringen lassen, in denen das Orchester bereits gespielt hat und künftig noch spielen wird. Du siehst, bis ins Detail ist unser Leipziger Gewandhaus nicht nur der Tradition verpflichtet, sondern in gleichem Maße auch der Zukunft!

Das Herz von Leipzig
ist hier im Neuen Gewandhaus.

Yehudi Menuhin

Gerald Große

Meine Bilder vom Gewandhaus

Herzstück: Blick in den Konzertsaal auf Podium, Orgel und «Wolkendecke»

... und in das vieretagige Hauptfoyer

Tradition:
Vom Balkon unter der Turmuhr des Alten Rathauses bliesen einst die Stadtpfeifer, ... deren Bild und deren Name heute das Gewandhaus-Restaurant ziert

Fassaden: Im Glanze des Gewandhauses spiegelt sich der Karl-Marx-Platz; ein Straßenschild zur Erinnerung an das alte Gewandhaus

Gewand=
gäßchen

Das «Gewandhaus» (Frühjahr 1984)

Technik:
Verteiler in der Klimaanlage ...

und gedeckte Trichterpfeifen
im Hauptwerk der 6638 Pfeifen umfassenden Konzertorgel

Die «Unsichtbaren» (Frühjahr 1984)

235

Vor Konzertbeginn:
Kammervirtuos Reinhard Zellner
beim Einspielen;

das möblierte Podium

Stadtpfeiffer

Passage:
Durchgang zum Restaurant «Stadtpfeifer» und zur Hauptkasse

Nachbarschaft:
Von der Universität blickt man hinab aufs Gewandhaus

Begegnungen:
Beliebte Diskussionsveranstaltungen im Hauptfoyer

... das Gewandhausquartett
unter Palmen im Schloß Mosigkau bei Dessau

Konzertorgel:
Der Mittelteil des Orgelprospektes mit den spanischen Trompeten (vorhergehendes Seitenpaar)

Orgelbauer:
Heimliches Wandbild von Sighard Gille hinter der Orgel

Probenarbeit:
Gewandhauskapellmeister Prof. Kurt Masur

. . . und Kammervirtuos Heinz-Harald Fleischhauer,
1. Violine

Das Gewandhausquartett:
Prof. Karl Suske, 1. Violine
Giorgio Kröhner, 2. Violine
Prof. Dietmar Hallmann, Viola
Jürnjakob Timm, Violoncello

Die Fußballmannschaft «Orchester» von links:
Gunter Navratil, Trompete
Kammermusiker Hermann Schicketanz, Bratsche
Kammermusiker Dieter Köpping, Kontrabaß
Gerhard Hundt, Schlagzeug
Friedrich Schlager, Schlagzeug
stellvertretender 1. Konzertmeister der 2. Violinen
Horst Baumann
Dr. Siegfried Raschke, Leiter des Orchesterbüros
vorn Gewandhauskapellmeister
Prof. Kurt Masur

Prof. Kurt Masur, der Gewandhauskapellmeister

P
7-20 00
2h
ab 18 00
reserviert für
Mitarbeiter
Gewandhaus
UO 87-06
UX
94-75

Privileg: Die Stadt hält einen Platz frei

Abendkasse: Hoffnung auf Restkarten

Prof. Christian Funke: 1. Konzertmeister

Henry Schneider: Bratscher

Der Große Saal:
Das Orchester sitzt «unten in der Schüssel»
(folgendes Seitenpaar)

Martin Heinig: Mitarbeiter der Betriebswache

Gertraude Rothfahl: Schließerin

Temperamente:
Soloklarinettist Klaus Stöckel beim Einspielen

... im Mendebrunnen bläst Triton die Muscheltrompete

Bewegungen:
Kammervirtuos Prof. Karl Mehlig, 1. Solopauker ...

Konzentration:
Kammermusiker Eckhard Runge, Hornist

Konstruktionen:
Der Trägerwald im Dachraum über dem Großen Saal

die Malerwerkstatt im Gewandhauskeller

Schülerkonzert
im Gewandhaus

Kleiner Saal

Im Foyer zum Kleinen Saal:
die Beethoven-Plastik von Max Klinger

Standort:
Zwischen dem Karl-Marx-Platz und den Parkanlagen des Promenadenringes

Konzertpause:
Sekt und Martini im Hauptfoyer

Technik: Schlosserwerkstatt

... moderne Tontechnik ermöglicht die «Begegnung im Gewandhaus» mit der Musik der Beatles

Sitzplätze: Bei «BIG» gibt es keine freie Stufe

Regina Werner: Die Gewandhaussängerin

Konzertpause:
Kunstbetrachtung am riesigen Deckengemälde von
Sighard Gille

«Gesang vom Leben», Detail der oberen Schräge

Das Bachorchester:
Leitung Prof. Gerhard Bosse, 1. Konzertmeister

Gemäldegalerie in der 2. Etage des Hauptfoyers:
vorn drei Bilder von Heinz Zander (folgendes Seitenpaar)

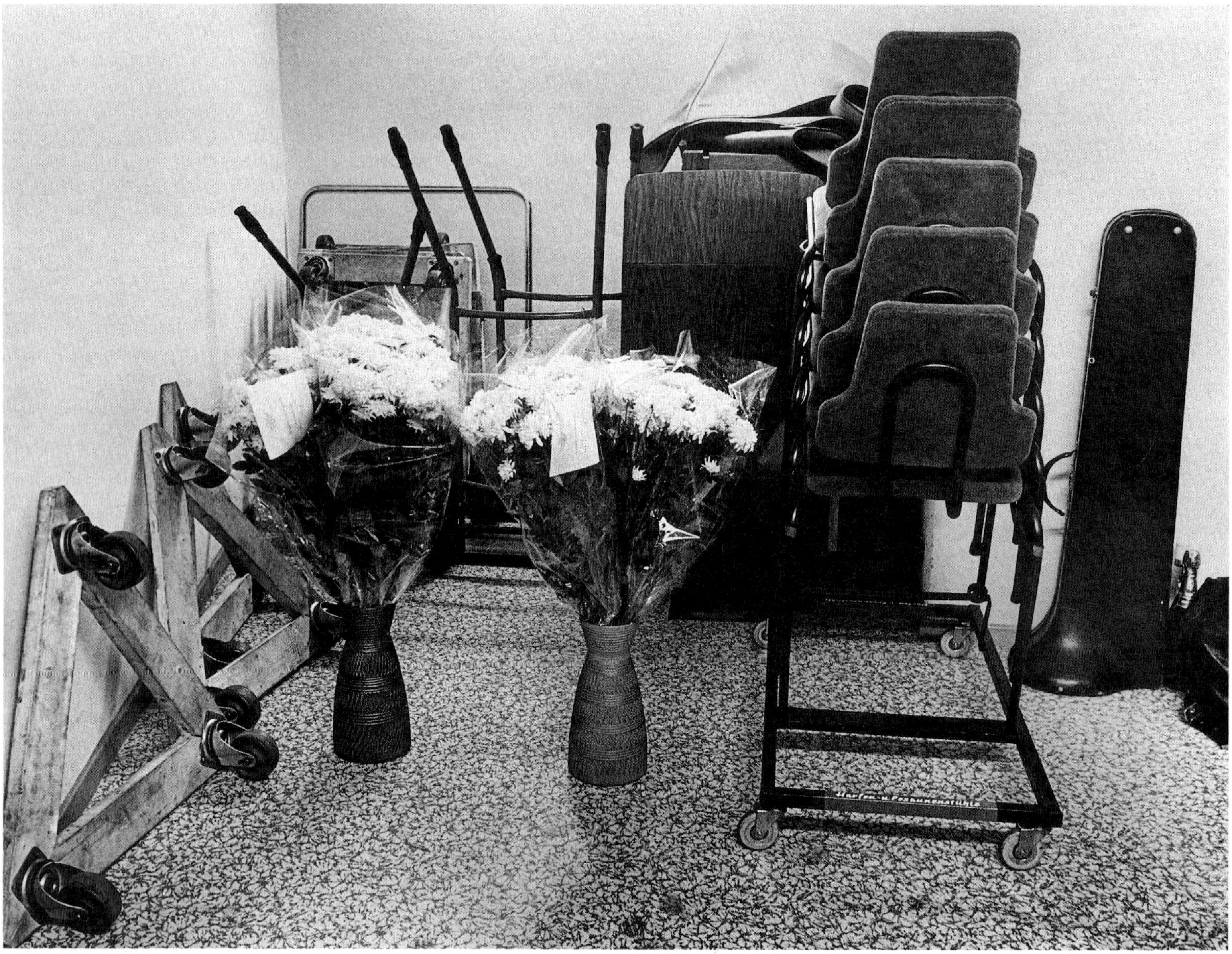

Hinter dem Podium: Blumen für den Solisten

Prof. Peter Rösel: Der Gewandhauspianist

Vis-a-vis:
Das Opernhaus, die zweite Wirkungsstätte der Gewandhausmusiker

Über Orchester und Chor:
Der viermanualige Spieltisch der Konzertorgel mit Pedal und Registerschaltfeld

HR zur Walze
Walze an
g
h
i
k

In Wartestellung:
Instrumentenkisten vor der Konzertreise ...

In Bewegung:
Orchesterwart Lothar Petrausch

Hausputz: Abgedeckte Sitzreihen
während der Reinigung der Wände im Großen Saal, ... die Fensterputzer zwischen Himmel und Erde

Perspektiven:
Das Gewandhaus aus der Sicht der Spaziergänger
im Promenadenpark, ... die Höhe des zentralen Treppenhauses

Reminiszenzen:
Kranzspenden für Mendelssohn
und Mozart auf dem Gewandhauspodium

Breitkopf & Härtels Orchesterbibliothek
Mozart
Divertimento Nr. 7
D dur · D major · Ré majeur
Werk 205
Violine
Verlag von
Breitkopf & Härtel
Leipzig

Horst Sannemüller: Konzertmeister

Georg Christoph Biller:
Dirigent des Gewandhauschores

Doppeldenkmal:
Das unter dem Patronat von Felix Mendelssohn Bartholdy im Jahre 1843 zu Ehren des Thomaskantors Johann Sebastian Bach errichtete Monument

Die Thomaskirche:
Das Weihnachtsoratorium von Johann Sebastian Bach, aufgeführt von Musikern und Solisten des Gewandhauses und dem Thomanerchor

Heinz Morawietz: 1. Solobassist

Der Maler und sein Werk:
Sighard Gille, der «Gewandhausmaler», ... und die Sängerin mit dem Super-Dekolleté

ELECTRA

Probenarbeit:
Prof. Karl Suske: 1. Konzertmeister der 1. Violinen . . .   Ulrike Pfeuffer: Stellvertretender Solocellist

Restaurant «Stadtpfeifer»:
Die Glasmalerei von Robert Syrbe zeigt Leipzig,
wie es die Stadtpfeifer gesehen haben

. . . exclusive Inneneinrichtung und Gastronomie
entsprechen heutigen Vorstellungen

JLM
JLM

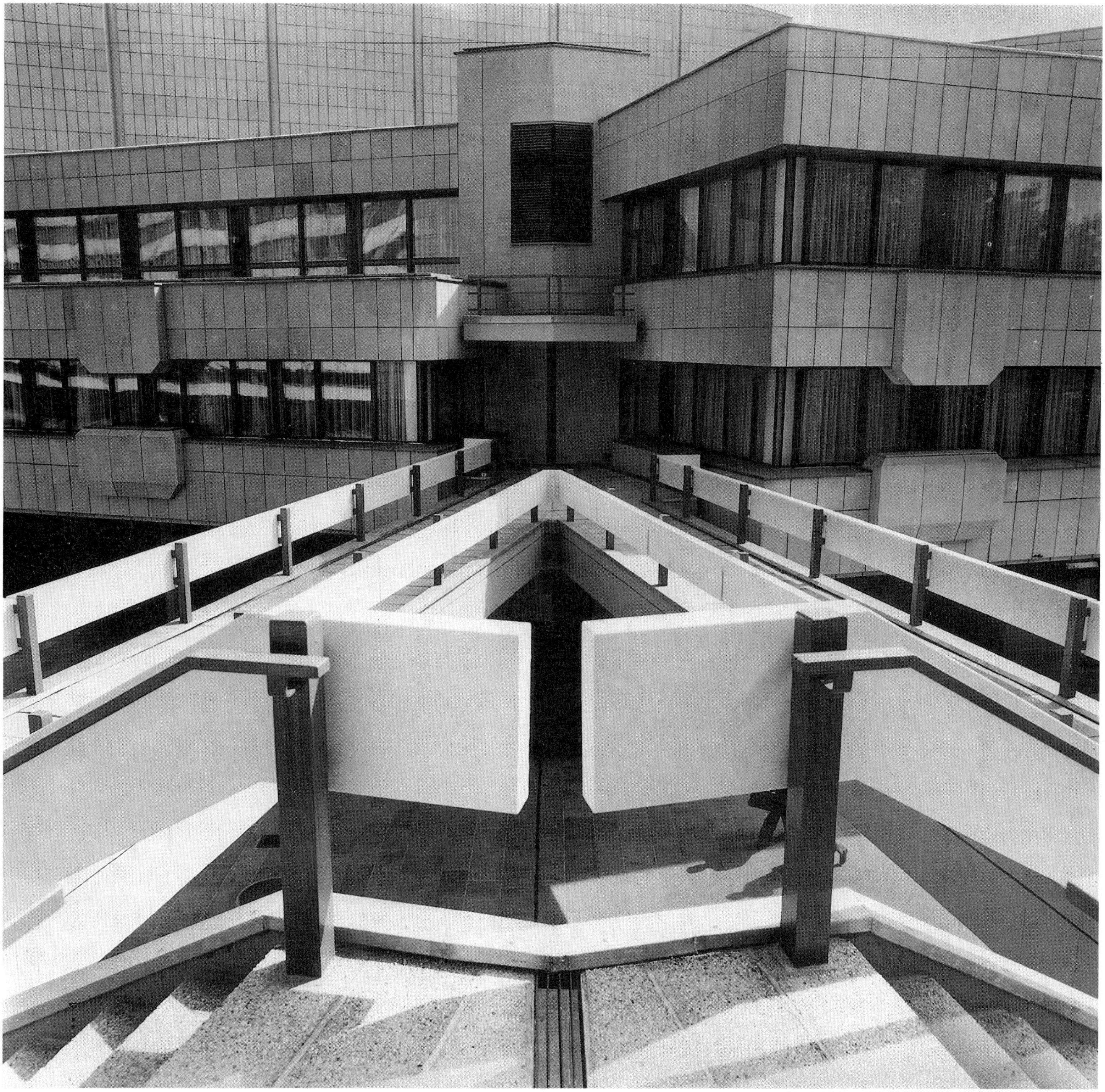

Verbindungen:
Treppen führen zum Hauptfoyer, zu den Rängen und Emporen, eine Brücke zur Universität

Armin Männel: Solotrompeter

Keller: Übungsräume für Musiker auf der «Nulletage»

026
Übungsraum
Schweres Blech

Kontrapunkte:
Jeder der bronzenen Türgriffe am Hauptportal wiegt
75 Kilogramm
... der intime Innenhof

Stadtpanorama (von links):
Turm der St. Petrikirche,
Lichter des Wilhelm-Leuschner-Platzes,
Gewandhaus,
Kuppel des ehemaligen Reichsgerichtsgebäudes,
Hochhaus der Karl-Marx-Universität,
Turm des Neuen Rathauses
Seminargebäude der Universität
(folgendes Seitenpaar)

Silvesterkonzert:
zum Jahresausklang die 9. Sinfonie von Ludwig van Beethoven, aufgeführt vom Gewandhausorchester und den Gewandhauschören

Schlußapplaus:
Gewandhauskapellmeister Prof. Kurt Masur
Georg Christoph Biller, Dirigent des Gewandhauschores
Ekkehard Schreiber, Dirigent des Gewandhauskinderchores

Anhang

Gewandhausliteratur

sei Dir für all jene Fälle empfohlen, in denen Dich meine Andeutungen und Abschweifungen auf wissenschaftliche Ausführungen neugierig gemacht haben.
Vergleichsweise einfach dürften folgende Bücher zu beschaffen sein:

1. Die Gewandhausconcerte in Leipzig. Geschichte der Gewandhausconcerte zu Leipzig vom 25. November 1781 bis 25. November 1881.
Im Auftrage der Concert-Direktion verfasst von Alfred Dörffel.
Leipzig 1884 (Reprint 1980)

2. Fritz Hennenberg: Das Leipziger Gewandhausorchester. Bildbiografie.
Leipzig 1968 (5., durchgesehene und erweiterte Auflage 1984)

3. Musikstadt Leipzig, vorgestellt von Irene und Gunter Hempel.
Leipzig 1979

4. Die Gewandhauskonzerte zu Leipzig 1781–1981.
Im Auftrage des Gewandhauses zu Leipzig herausgegeben von Johannes Forner.
Leipzig 1981 (2., erweiterte Auflage 1983)

5. Rudolf Skoda: Leipzig, Neues Gewandhaus.
Baudenkmale Heft 58.
Leipzig 1984

6. Rudolf Skoda: Neues Gewandhaus Leipzig. Baugeschichte und Gegenwart eines Konzertgebäudes.
Berlin 1985

Nicht weniger wichtig oder interessant, aber ungleich schwieriger zu beschaffen sind folgende Bücher:

1. Bartholf Senff: Führer durch die musikalische Welt. Adreßbuch, Chronik und Statistik aller Städte von Bedeutung.
Leipzig 1868

2. Emil Kneschke: Die Hundertfünfzigjährige Geschichte der Leipziger Gewandhauskonzerte, 1743–1893.
Leipzig 1893

3. Rudolf Wustmann/Arnold Schering: Musikgeschichte Leipzigs. In drei Bänden.
Leipzig 1909/1926/1941

4. Eberhard Creuzburg: Die Gewandhaus-Konzerte zu Leipzig 1781–1931. Mit einem Vorwort von Bruno Walter.
Leipzig (1931)

5. Hans-Joachim Nösselt: Das Gewandhausorchester – Entstehung und Entwicklung eines Orchesters.
Leipzig (1943)

6. Das Neue Gewandhaus Leipzig und seine Erbauer. Herausgeber: Rat des Bezirkes Leipzig, Abteilung Kultur.
Leipzig 1981

Disco-Report

Von Schallplattenaufnahmen, die das Gewandhausorchester vor 1945 produziert hat, ist bisher nur die Matthäus-Passion von 1941 bekannt geworden.

Die 45 Schreibmaschinenseiten starke Discografie erfaßt alle Aufnahmen des Orchesters, die sowohl auf 78er als auch auf 45er und 33er Platten zwischen 1947 und Ende 1986 in der DDR erschienen sind.

Hinzuzählen könnte man noch all jene Aufnahmen, die von Musikervereinigungen eingespielt wurden, deren Mitglieder aus dem Gewandhausorchester stammen: Bach-Orchester, Gewandhaus-Quartett, Collegium instrumentale lipsiense, Leipziger Kammermusikvereinigung und Neues Bachisches Collegium Musicum.

Zudem muß die Gesamtzahl der Platten noch um jene vermehrt werden, die als Lizenzen an ausländische Firmen vergeben wurden.

Nicht mitzuzählen wären hingegen Aufnahmen, die, wie «A Festival Of Strauss» des englischen Labels «Boulevard» (Nr. 4031), zwar das «Gewandhaus-Orchestra» werbewirksam auf dem Cover vermerken, an deren Produktion sich aber niemand, weder im Orchester noch in der Direktion, erinnern kann.

81 Platten sind dem Schaffen Johann Sebastian Bachs gewidmet. Das musikalische Schaffen Felix Mendelssohn Bartholdys wird auf 15 Platten vorgestellt.

Kompositionen von Ludwig van Beethoven sind auf 37 Platten zu hören; seine neun Sinfonien liegen komplett in zwei unterschiedlichen Interpretationen, durch Franz Konwitschny und Kurt Masur, vor. Ebenso die vier Schumann-Sinfonien.

Bei der Interpretation des sinfonischen Gesamtwerkes von Anton Bruckner ist das Gewandhausorchester unter fünf Dirigenten zu hören. Insgesamt weist die Discografie Aufnahmen mit 31 Dirigenten aus.

Vom Eröffnungskonzert des Neuen Gewandhauses – Siegfried Thiele «Gesänge an die Sonne» und Ludwig van Beethoven «Sinfonie Nr. 9 d-Moll» – liegt ein Originalmitschnitt vom 8.10.1981 als Doppelalbum vor.

Konzertreisen

1916
Schweiz: Basel, Zürich, Bern, Sankt Gallen, Luzern

1917
Schweiz: Basel, Bern, Luzern, Zürich, Sankt Gallen

1923
Schweiz: Basel, Zürich, Bern, Luzern

1931
Deutschland/Belgien/Frankreich/Schweiz: Köln, Brüssel, Paris, Strasbourg, Genf, Stuttgart, München

1951
BRD: Frankfurt am Main, Düsseldorf, Essen, Krefeld, Köln, Dortmund, Hannover, Bremen, Hamburg, Lübeck

1952
Schweiz: Zürich, Neuchâtel, Montreux, Genf

1954
ČSSR: Praha, Brno, Bratislava, Plzen

1956
BRD/Schweiz: Nürnberg, Bad Kissingen, Bad Homburg, Schwetzingen, Fribourg, Lörrach, Zürich
BRD: Hanau, Fulda, Kassel
BRD/Schweiz: Frankfurt am Main, Baden-Baden, Lahr, Tübingen, Bern
Sowjetunion: Moskau (8), Leningrad (4)

1957
BRD/Luxemburg/Niederlande/Belgien: Offenbach, Luxemburg, Amsterdam, Brüssel, Dortmund, Hagen, Viersen, Bielefeld, Herdorf, Solingen, Köln, Essen, Wuppertal, Neuß, Siegen
BRD: Hof
BRD/Schweiz: Leverkusen, Hameln, Offenbach, Stuttgart, Basel, Fribourg

1958
Großbritannien/BRD: London, Edinburgh, Sheffield, Leeds, Newcastle, Manchester, York, London, Bristol, Brighton, Leicester, Nottingham, Birmingham, Hannover

1959
BRD/Belgien/Frankreich/Schweiz: Nürnberg, München, Heilbronn, Heidelberg, Hamburg, Hildesheim, Hameln, Hannover, Holzminden, Gladbeck, Karlsruhe, Frankfurt am Main, Gent, Antwerpen, Paris (2), Stuttgart, Colmar, Lyon, Strasbourg, Zürich, Bern, Genf, Lausanne, Neuchâtel, Fribourg

1960
Großbritannien: Ipswich, Newcastle, Nottingham, Leicester, Bradford, Leeds, Portsmouth, Bristol, Sheffield, Coventry, London
Österreich: Wien (2), Graz

1961
Polen: Poznan, Bydgoszcz, Warszawa (2), Łódź, Krakow, Wrocław
Japan: Osaka (6), Yamata, Nagoya, Tokyo (6), Koriyama

1962
Rumänien/Ungarn: Ploieşti, Braşov, Sibiu, Craiova, Bucureşti, Szeged, Kecskemet, Szolnok, Budapest (3)

1964
Österreich: Wien (4), Salzburg, Linz

1965
BRD: Hannover, Kassel, Hamburg, Bremen, Köln, Bad Godesberg, Duisburg, Essen, Düsseldorf, Bochum
Großbritannien: London, Huddersfield, London, Portsmouth, Croydon, Leeds, Billingham, Newcastle, Nottingham, Bristol, Bournemouth

1966
Frankreich/Schweiz/Niederlande: St. Etienne, Dijon, Lausanne, Fribourg, Lugano, Genf, Chalon sur Saône, Lyon, Nice, Marseille, Clermont-Ferrand, Auxerre, Paris, Le Havre, Rotterdam

1967
BRD: Hildesheim, Hamburg, Hannover, Duisburg, Koblenz, Viersen, Neuß, Bochum, Düsseldorf, Heilbronn, Stuttgart, München, Nürnberg
Dänemark/Finnland/Schweden/Norwegen: København, Helsinki, Stockholm, Göteborg, Bergen (2)
Ungarn: Budapest (2)

1968
Bulgarien: Russe (2), Vraca, Sofia
Italien: Ravello (3)

1969
Libanon/Zypern: Baalbek (2), Nicosia, Salamis, Limassol
Jugoslawien: Pula, Ljubljana
Sowjetunion: Moskau (2), Smolensk (2), Leningrad (2)

1970
ČSSR: Praha (3), Košice, Bratislava (2)
Frankreich: Paris
Großbritannien/Belgien: Haverfordwest, Barry, Swansea, Aberystwyth, Llangefni, Wrexham, Rhyl, Carlisle (2), London, Folkeston, Brüssel, Mans, Antwerpen

1971
Jugoslawien: Ljubljana
Japan: Tokyo (4), Shizuoka, Kyoto, Okayama, Osaka, Oita, Fukuoka, Osaka (2), Nagoya, Tokyo (2), Kawasaki, Tokyo

1972
Großbritannien: Bristol, Huddersfield, Sheffield, Leeds, Newcastle, Billingham, Nottingham, London, Portsmouth, Great Yarmouth
BRD: München
Jugoslawien: Dubrovnik (2)
Sowjetunion: Minsk (3), Leningrad, Moskau (2)

1973
Bulgarien: Sofia (2), Jambol, Burgas, Nessebar
Ungarn/Österreich/Italien: Eger, Szolnok, Budapest, Salzburg (2), Linz, Klagenfurt, Graz (2), Dornbirn, Villach, Wien (2), Trieste

1974
Italien: Perugia, Bologna, Venezia (2), Firenze (2), Bologna
Belgien: Leuwen, Gent, Brüssel
Berlin (West)
USA/Kanada: Staten Island, Washington, Hartford, Boston, New York (2), Concord, New Bedford, Ithaca, Toronto, East Lansing, Ann Arbor, Muskegon, Oxford, Athens, Akron, Tifton, Macon, Dallas, Lubbock, Austin, College Station, Houston, Ruston

1975

Italien: Pavia, Milano, Pavia, Firenze
Japan: Tokyo (4), Yokohama, Osaka (2), Nagoya, Hiroshima, Hakata, Kumamoto, Nishi Kagoshima, Osaka, Matsumoto, Niigata, Akita, Morioka, Sendai, Mito, Chiba, Takasaki, Tokyo (2)

1976

BRD: Wesel, Essen, Wuppertal, Leverkusen, Bonn, Krefeld, Gelsenkirchen, Wiesbaden, Baden-Baden, Heidelberg, Kaiserslautern, Frankfurt am Main, Augsburg, Regensburg, Nürnberg, Mannheim, Stuttgart, München, Ingolstadt
Sowjetunion: Kiew (3)
Großbritannien: Edinburgh (2)
Österreich: Linz

1977

Portugal: Lisboa
ČSSR: Praha (2)
Jugoslawien: Ljubljana
Jugoslawien: Beograd, Dubrovnik (2)
Polen: Warszawa
Sowjetunion: Vilnius, Kaunas, Moskau (2), Leningrad (2)
Großbritannien: Huddersfield, Liverpool, Bristol, Birmingham, Sheffield, Brighton, Nottingham, London, Middlesbrough, Newcastle, Leeds, London
Berlin (West)

1978

Österreich/Schweiz/Italien: Dornbirn, Biel, Fribourg, Basel, Zürich, Wien, Villach, Salzburg (2), Linz, Graz (2), Rimini, Parma, Venezia (2)
Kanada/USA: Ottawa, Reading, New York (2), Washington, Oxford, West Lafayette, Appleton, Downers Grove, Bloomington, Peoria, Urbana, Columbia, Lincoln (2), Lawrence, Quincy, Sewanee, Raleigh (2)

1979

Italien: Catania, Palermo, Messina, Perugia, Torino, Venezia, Reggio Emilia, Milano, Firenze (4)
Ungarn: Budapest, Györ, Szolnok, Miskolc, Budapest
Berlin (West)
Japan: Tokyo (2), Yokohama, Shizuoka, Nagoya, Osaka, Kobe, Kokura, Nagasaki, Gamagori, Kyoto, Toyama, Niigata, Koriyama, Akita, Sendai, Takasaki, Tokyo, Atsugi, Tokyo (2)

1980

BRD: Ansbach, Frankfurt/Hoechst, Mannheim, Karlsruhe, Stuttgart, Freiburg, Augsburg, Nürnberg, Rosenheim, Ulm, Kaiserslautern, Witten, Bonn, Leverkusen, Aachen, Duisburg, Wuppertal, Bielefeld, Osnabrück, Kiel, Braunschweig, Hamburg, Hannover
Argentinien/Brasilien/Venezuela/Mexiko: Buenos Aires (7), Curitiba, Rio de Janeiro (2), Belo Horizonte, São Paulo (2), Caracas (2), Guanajuato (2), Mexico-City (3)
Großbritannien: Edinburgh (2)
Niederlande/Belgien/Frankreich/Schweiz: Rotterdam (2), Amsterdam, Antwerpen, Brüssel, Lille, Paris, Strasbourg, Basel, Neuchâtel, La Chaux de Fonds, Zürich, Bern, Lausanne, Genf

1981

USA: Madison, Iowa City, Lincoln (2), Columbia (2), Topeka, Kansas City, Rolla, Macomb, Champaign-Urbana, DeKalb, North Manchester, Ann Arbor, Toledo, Athens, Columbus, Youngstown, State College, Washington, Wilmington (2), Hershey, Storrs, Boston, Hartford, New York
ČSSR/Österreich/BRD: Praha (2), Wien (2), Linz, Graz (2), Innsbruck, Erl, Bamberg

1982

Großbritannien: London, Leeds, Middlesbrough, Newcastle (2), Edinburgh, Nottingham, Reading, Sheffield
Berlin (West)
USA: Boston, West Point, Washington, New Brunswick, Scranton, Ithaca, Schenectady, Greenvale, New York (2), Williamsburg, Winston-Salem, Raleigh (2), Charlotte, Greensboro, Asheville, Charleston, Oxford, Lafayette, Ann Arbor, Chicago, Ames (2)

1983

BRD: Wolfsburg, Kiel, Bremen, Bielefeld, Gütersloh, Münster, Osnabrück, Marburg, Mannheim, Karlsruhe, Frankfurt/Hoechst (400. Auswärtskonzert!), Erlangen, Nürnberg, Ansbach, München, Augsburg, Rosenheim
Italien/Schweiz: Napoli (6), Lausanne (4)
Japan: Tokyo, Matsudo, Chiba, Yokohama, Sendai, Utsunomiya, Maebashi, Tokyo, Kofu, Nagoya, Toyama, Osaka, Kobe, Tokushima, Tokuyama, Hakata, Kumamoto, Kagoshima, Tokyo (2)

1984
Spanien/Italien: Madrid (2), Barcelona (2), Modena, Firenze (2), Perugia, Ravenna, Reggio Emilia, Parma, Ferrara, Torino, Milano, Piacenza, Venezia
Griechenland: Athen (2)
ČSSR: Praha (2), Bratislava (2)
Berlin (West)/USA/Kanada: Berlin (West), Richmond, Washington, New York (2), Worcester, Boston (100. Konzert des Gewandhausorchesters in den USA), Burlington, Ottawa, Toronto (3), East Lansing, Columbus, Urbana, Iowa City, Chicago, Ann Arbor (2), Toledo, Cleveland, Pittsburgh, Philadelphia, New York (4) (In den insgesamt 6 Konzerten in der Carnegie Hall hat das Gewandhausorchester erstmals während *einer* Tournee alle neun Sinfonien von Beethoven aufgeführt.)

1985
BRD/Belgien/Frankreich/Schweiz/Österreich/ČSSR: Kassel, Dortmund, Köln, Düsseldorf, Duisburg, Courtrai, Lille, St. Denis, Saarbrücken, Marktoberdorf, Lugano, Dornbirn, Zürich, Salzburg (2), Linz, Graz (2), Wien (2) (500. Auslandskonzert, unter Kurt Masur!), Brno
BRD: Bielefeld, Bremen, Hamburg, Hannover, Witten, Leverkusen, Aachen, Bonn, Frankfurt am Main, Wiesbaden, Stuttgart, Ludwigshafen (2), Karlsruhe, Friedrichshafen, Nürnberg, Rosenheim, Augsburg, München

1986
USA/Kanada: Wilmington (2), Richmond, Raleigh (2), Spartanburg, Charlotte, Winston-Salem, Washington, New York (2), Greenvale, New York (2), Greenvale, Boston, Hartford, New Haven, Albany, Ottawa, Montreal (3)
Österreich: Salzburg (2)
Großbritannien: Birmingham, London, Northampton, Nottingham, Halifax, Bedford, Portsmouth, Oxford, Derby, Bradford, Leeds, Cardiff, Belfast (3)

Abbildungsnachweis

Für die Abbildungen, die die Briefe illustrieren, wurden Originale oder Reproduktionen von den im folgenden genannten Personen und Institutionen dankenswerterweise zur Verfügung gestellt:
Deutsche Bücherei Leipzig: S. 38, 72
Gewandhaus zu Leipzig, Barbara Stroff: S. 66
Gerald Große, Halle/S.: S. 18, 43
Matthias Hoch, Leipzig: S. 81
GG Interdruck Leipzig: S. 102
Musikbibliothek der Stadt Leipzig: S. 87
Nationale Forschungs- und Gedenkstätten der klassischen deutschen Literatur in Weimar: S. 49
Stadtarchiv Leipzig:
S. 8, 9, 17, 21, 29, 33, 46, 54, 56, 58, 77, 92, 93, 109, 112, 113, 115
Jürgen Weber, Leipzig: S. 95, 96
Alle anderen Abbildungsvorlagen stammen aus der Sammlung des Autors.

Inhaltsverzeichnis